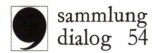
sammlung
dialog 54

g. M. Loughridge

November 5 th, 1971.

EPOCHEN DEUTSCHER KULTUR
VON 1870 BIS ZUR GEGENWART

BAND 1

RICHARD HAMANN / JOST HERMAND

GRÜNDERZEIT

Mit 40 Abbildungen

NYMPHENBURGER VERLAGSHANDLUNG

© 1971 Nymphenburger Verlagshandlung GmbH., München
Lizenzausgabe für die Bundesrepublik Deutschland, Österreich und die Schweiz
des im Akademie-Verlag GmbH, Berlin – © 1965 – unter dem Haupttitel
„Deutsche Kunst und Kultur von der Gründerzeit bis zum Expressionismus"
erschienenen Bandes „Gründerzeit".
Druck: Passavia Passau
Umschlagentwurf: Ingeborg Geith & Willem Weijers
ISBN 3-485-03054-6 [Pb] · 3-485-04054-1 [Ln]

INHALTSVERZEICHNIS

VORWORT

Ein Reihenthema wie „Epochen deutscher Kultur von 1870 bis zur Gegenwart" ist in vieler Hinsicht immer noch so erregend, daß es selbst den objektivsten Betrachter in Fragen verstrickt, die sich nicht ohne eine bestimmte Stellungnahme behandeln lassen. Man könnte daher von streng wissenschaftlicher Seite den Einwand erheben, mit der nüchternen Analyse der hier aufgeworfenen Probleme lieber noch etwas zu warten, um nicht in den aktuellen Streit der Meinungen hineingezogen zu werden. So hört man immer wieder, daß man bei einem solchen Thema keine historischen Tatsachen vermitteln könne, daß man keine Kunst- oder Kulturgeschichte treibe, sondern Kunst- oder Kulturpolitik. Doch was sind Tatsachen? Schließlich gibt es auch in weiter zurückliegenden Epochen keine unumstößlichen Fakten, sondern nur Denkmäler, die erst interpretiert, gedeutet und verstanden werden müssen, bevor sie sich der historischen Erkenntnis wirklich erschließen. Denn verstehen können wir immer nur aus dem unmittelbaren Erlebnis heraus, das wir in den Denkmälern der Geschichte wiederzufinden versuchen. Ob es sich dabei um die Antike, die Renaissance oder die jüngste Vergangenheit handelt, ist nur ein gradueller Unterschied. Solche Erlebnisse aber zu haben, müssen wir Mensch und Zeitgenosse sein, um überhaupt zu erfahren, was geschichtliches Dasein bedeutet. Nur so läßt sich das Paradoxon verstehen, daß das Gestern nur aus dem Heute lebendig wird. Wo nicht in die Gegenwart Reste der Vergangenheit als Lebensinhalte hineinragen, die wir uns aneignen können, da bleiben die Denkmäler der Geschichte notwendig unverstanden. Wie würden wir den Begriff des Heros verstehen, wenn es nicht heute noch einen Heroenkult gäbe, und ohne den immer noch lebendigen Katholizismus würden die mittelalterlichen Kirchenbauten und die für den Kult bestimmten Gemälde und Skulpturen nur halb begriffen werden. Vor aztekischen Tempeln erleben wir nur ein ästhetisches Staunen. Was ehemals Gegenwart war, wird also nur lebendig durch unsere eigene Gegenwart. So müssen wir die Bedeutung von Reaktion und Revolution in der Geschichte selbst erleben, um sie als geschichtliche Tatsachen würdigen zu können. Auch die Bedeutung der Partei, der Agitation, des Befreiungskampfes muß erfahren sein, um sie als geschichtliches Phänomen lebendig zu erfassen. Kurzum, um den geschichtlichen Ablauf wirklich zu verstehen, muß der Mensch selbst in das eingreifen, was später Historie wird. Es ist also gerade umgekehrt, wie man allgemein annimmt, daß wir die Gegenwart aus der Vergangenheit verstehen müssen. Wenn Gegenwart wirklich Gegenwart ist und damit wert Historie zu werden, dann ist sie einzigartig und in ihrer Einzigartigkeit in keiner Geschichte wiederzufinden. Die Frage, was bedeutet uns die Gegenwart, was wird und was soll werden, läßt sich daher nie mit Hilfe der Vergangenheit beantworten, sondern kann nur durch unmittelbare Entscheidungen gelöst werden. Die Befragung der Vergangenheit für das Heute ist immer ein Ausweg, eine Rückwendung zur Geschichte aus Angst vor der Entscheidung. Bei einer solchen Einstellung führt der Ballast des Historischen notwendig zur Lähmung des eigenen Willens. Das Ergebnis wäre ein Historismus, wie er zum Charakterbilde des 19. Jahrhunderts gehört, eines Zeitalters der Historie, das überwunden werden muß.

Eine Seite dieses Historismus besteht darin, daß man die Gegenwart als Ziel einer Entwicklung, also eines Gewesenen, hinzustellen versucht und damit als historisch gerechtfertigt erklärt. Man denke an den naiven Optimismus gewisser Zeiten, wo man das Entwickeltere notwendig als das Bessere empfand. Dem steht jedoch entgegen, daß Entwicklungen ebensogut zum Verfall wie zum Aufstieg führen können. Was ist „besser", die Hochgotik oder die Spätgotik, der Barock oder das Rokoko? Die Veränderung als solche — rein formalistisch gesehen — kann daher nie die Frage beantworten, ob sich Größe oder Verhängnis entwickelt, ob die Entwicklung wünschenswürdig oder hassenswert ist, ob wir sie befördern oder bekämpfen sollen. Auch hier hilft nicht der Blick in die Vergangenheit, sondern nur die wohlüberlegte Einschätzung der gegenwärtigen Lage. Eine andere Form des Historismus ist die Berufung auf große Männer und ihre Nachahmung, wie die Glorifizierung Caesars, Napoleons oder Bismarcks. Dem steht jedoch zweierlei entgegen. Erstens kann man Genie nicht nachahmen, zweitens bestand deren Willensleistung in der Bewältigung der ihnen gegebenen Umstände, die in der Gegenwart immer andere sind als in der Vergangenheit. Die kleinen Tyrannen unseres Jahrhunderts beweisen das zur Genüge. Am verhängnisvollsten ist, wenn man sich in der Frage Krieg oder Frieden auf solche Gestalten beruft und damit die These verbindet, Kriege habe es immer gegeben. Die das sagen, befördern damit schon den Krieg.

In ähnlicher Weise haben sich gewisse Kunstströmungen an verwandte Epochen innerhalb des geschichtlichen Wandels anzulehnen versucht. So berief sich die Monumentalkunst der Romantik auf die Gotik, die Kunst der Gründerzeit auf die Renaissance, der Expressionismus auf das frühe Mittelalter. Das Ergebnis spricht gegen diese Versuche, weil man dadurch in den Sog einer Stilnachahmung geriet, aus der kein neuer Stil, sondern nur ein allgemeiner Manierismus entstehen kann. Geschichte wiederholt sich nicht. Wer es trotzdem versucht, sieht sich schnell in ein Museum versetzt. Was alle diese Epochen nicht wahrhaben wollten, ist die Tatsache, daß ein echtes Geschichtsbewußtsein nicht in der Nachahmung des Vergangenen, sondern in der Achtung des spezifisch Gegenwärtigen besteht, und zwar durch die Erkenntnis der Einmaligkeit und Unwiederholbarkeit der Geschichte. Die Architekten des 19. Jahrhunderts, die nach Musterbüchern aus allen Zeiten arbeiteten, ahmten nach, nicht weil sie zu viel Geschichte, sondern weil sie zu wenig Geschichte trieben. Das historisch Einmalige war für sie immer noch das zeitlos Gültige. Es fehlte ihnen der Sinn für die historischen Zusammenhänge, die Verbundenheit eines Werkes mit Zeit und Ort und die Einsicht in das Werden und Vergehen bestimmter Stile.

Wahre Historie ist demnach die Erkenntnis jeder Zeit als ehemaliger Gegenwart. Hier wie dort sind es nicht die Geschichtskenntnisse, die das Geschehen bedingen, sondern Interessen, Kämpfe und aktive Entscheidungen. Man sollte daher erkennen, daß gewisse historische Urteile, die nur in der Rückschau zutreffen, nicht als Grundlage für Ziele auftreten können, die für die Zukunft gelten. Denn historische Größe oder Bedeutsamkeit ist stets ein Qualitätsmerkmal, das erst die Folgezeit einer zurückliegenden Epoche oder einem hervorragenden Menschen zuerteilt und das von späteren Zeiten wieder zurückgenommen oder revidiert werden kann. Für einen Menschen der Gegenwart kann es sich nur darum handeln, bestimmte Ideen zu vertreten oder zu verneinen, für die Gegenwart wertvolle oder wertlose Handlungen zu vollziehen, den Beifall der Zeitgenossen zu erstreben oder ein Leben der inneren und äußeren Abgeschlossenheit zu führen. Geschichte in diesem Sinne, nämlich Objekt der Geschichtsschreibung zu werden, geschieht immer posthum. Dasselbe gilt für den Begriff des Stiles. Unter Stil im weitesten Sinne verstehen wir in dieser Reihe die innere Einheit der verschiedenen Zeittendenzen im Auge eines darüber stehenden Betrachters. Von der Gegenwart kann man nicht verlangen, daß sie Stil habe, oder beklagen, daß sie keinen habe. Stil ist wie Geschichte nicht etwas, das man erzeugen kann, sondern was hinterher konstatiert wird. Stil in diesem Sinne hat nur Wert für den, dem sich die Stileinheit einer Zeit im Überblick eröffnet. Bei einer solchen Distanz kann die Einheit einer Zeit wie ein Kunstwerk genossen werden. Ganz unmöglich aber ist es für den, der unmittelbar handelnd in der Gegenwart steht, seine Handlungen danach einzurichten, daß in ihnen ein bestimmter Stil zum Ausdruck kommt, kann er doch gar nicht wissen, welchen Stil seine Zeit eigentlich hat. Außerdem kann man von keinem Menschen verlangen, daß er bei der Zielsetzung seines Lebens bereits im Hinblick auf einen künftigen Betrachter handelt, dem aus theoretischen oder ästhetischen Erwägungen heraus eine Zeit danach gefällt oder mißfällt, ob sich in ihr ein durchgehender Stil nachweisen läßt. Dasselbe gilt für die absurde Forderung, daß jeder Mensch einen bestimmten Nationalcharakter, den nur die überschauende, historische Betrachtung feststellen kann, repräsentieren solle. Ein Nationalcharakter läßt sich nicht improvisieren. Gibt es ihn, so muß er sich, ob wir wollen oder nicht, in jeder Äußerung eines Franzosen, Deutschen oder Engländers offenbaren.

Ein Mensch lebt nicht, um seinen Charakter darzustellen, sondern der Charakter zeigt sich unabhängig von seinem Wollen, falls ein solcher wirklich existiert. Von den Deutschen zu verlangen, daß sie deutsch seien, wäre ein Unding. So galt die Grobheit lange als eine besondere Eigenschaft des deutschen Charakters. Aber nun zu fordern, daß der Deutsche deutsch sei und darum das Grobe kultivieren müsse, wäre ebenso verblendet, wie von einem Spanier zu verlangen, stolz zu sein, oder jeden Franzosen nach seinem „savoir vivre" zu beurteilen.

Ein solcher „Stil" zeigt sich selbstverständlich nicht in allem, was überhaupt geschieht, sondern nur in dem, was wir für das Wesentliche einer bestimmten Epoche halten, das heißt worin das von anderen Zeiten Unterschiedene und Neue zum Ausdruck kommt. Stil ist daher etwas, das sich nie statistisch oder annalistisch nachweisen läßt, sondern vom Betrachter stets eine gewisse Kombinatorik verlangt. Würde man alles und jedes einzuschließen versuchen, wäre das Ergebnis ein unhistorischer Amorphismus, der überhaupt keine Erkenntnisse erlaubt. Es wird daher im Folgenden auf jede summarische Zusammenfassung verzichtet und nur das herausgehoben, worin sich die stilbildenden Elemente einer bestimmten Ära manifestieren. Was ist jedoch dieses Stilbildende? An sich ein rein formalistischer Begriff, der sich nur durch eine strenge Bindung an den Gesamtverlauf der geistigen, künstlerischen, gesellschaftlichen, ökonomischen und politischen Entwicklung mit konkreten Bewußtseinsinhalten erfüllen läßt. Um eine solche Aufgabe verwirklichen zu können, muß man notwendigerweise aus der Fülle des Überlieferten bestimmte Einheitskomplexe herausgreifen, in denen man das Neue und damit Einmalige dieser Ära vermutet. Doch wie lassen sich solche Wirkungskräfte überhaupt erkennen? Tauchen sie rein willkürlich auf oder unterliegen sie einer gewissen Kausalität?

Alle diese Probleme führen uns zwangsläufig zur Frage nach der methodischen Konzeption solcher Zeitsynthesen. Das Nächstliegende wäre eine soziologische oder gesellschaftswissenschaftliche Betrachtungsweise, da in allen Bänden dieser Reihe das künstlerische Ausdrucksverlangen als ein integrierender Bestandteil der Gesamtkultur verstanden wird. Wo man diese Methode bisher auf kulturgeschichtliche Phänomene angewandt hat, steht meist das absolute Primat der ökonomischen oder sozialen Verhältnisse im Vordergrund. Das hat zweifellos seine Berechtigung und wurde in einer Zeit, als die Welt noch als Schöpfung Gottes galt und alles bemerkenswerte Geschehen in der menschlichen Entwicklung nur als Ausfluß bestimmter Herrscher angesehen wurde, ganz bewußt übersehen. Kunst war die Schöpfung gottbegnadeter Genies, Kultur der gesteigerte Ausdruck für das Leben der herrschenden Klasse. Darüber sind wir hinaus. Der Verpflichtung, die ökonomischgesellschaftliche Grundlage alles Geschehens in die historische Betrachtung einzubeziehen, kann sich heute niemand mehr entziehen. Dennoch sollte man sich hüten, in Fragen der Kunst einer vulgär-materialistischen Vereinfachung im Sinne einer absoluten Identifizierung von Basis und Überbau zu verfallen, sondern stets jene mühsam zu entziffernde dialektische Bezogenheit im Auge behalten, die wie alles Lebendige oft im Zeichen seltsamer Brechungsfaktoren und geistiger Sublimierungen steht. Dafür ein Beispiel, das abwegig erscheint und doch genau auf den Kern der Sache führt. Im Paleolithikum lebten die Menschen als Jäger und Früchtesammler fast noch auf derselben Stufe wie gewisse Tiere, die ihre Beute suchen und überwältigen oder Wildfrüchte sammeln. Aus diesem ökonomischen Dasein heraus sind auch ihre Produkte, selbst die künstlerischen zu verstehen: Pfeil und Bogen, Steinäxte, Faustkeile, die wie ein Schlagring als Waffe dienen können, aber auch zum Aufknacken von Nüssen oder sonstigen Verrichtungen verwendet wurden. Aus der Kenntnis und dem scharfen Blick des Jägers heraus versteht man die verblüffende Naturtreue der Höhlenmalerei und die magische Bedeutung einer solchen Kunst. Man glaubte, daß der Besitz oder die Erzeugung solcher Nachbildungen der Jagdobjekte einen bestimmten Einfluß auf das Jagdglück haben könnte. Besonders in Hinblick auf Nachkommenschaft und Zeugung haben viele solcher Malereien einen besonderen magischen Wert gehabt. Wir erfahren auch schon von rituellen Tänzen, in denen die Menschen als Tiere verkleidet eine Art Kult vollzogen, der ebenfalls mit den Hoffnungen auf materiellen Erfolg zusammenhing. Zweifellos ist ohne diese Grundlage auch das geistige Leben dieser Menschen nicht zu verstehen. Wie will man aber aus rein materiellen Bedingungen erklären, daß sich der Mensch über das Tier hinaus gerade zu dieser Form des ökonomischen Lebens entwickelt hat. Muß man nicht sagen, daß durch die geistige Entwicklung, die im Menschen angelegt ist, auch der ökonomische Status der entwickelteren Stufe gegenüber der unentwickelteren mitbedingt wird. Daß es zu religiösen Vorstellungen kommt, daß man an die Magie der Dinge glaubt, daß man sich zum Zeichnen oder Malen entschließt, daß man im Malen zu einer ungewöhnlichen Fertigkeit kommt: all das sind Faktoren des Geisteslebens, die nicht nur aus dem Materiellen heraus verstanden werden können, sondern umgekehrt ein Licht werfen auf die von der jeweiligen Kulturstufe angewendeten Praktiken zur Bewältigung der Natur. Wenn sich dann die Menschen zusammenschließen zu nomadisierenden Horden, die Weideplätze suchen und um diese Weideplätze kämpfen, die für ihr Zusammenwirken als Horde einen Führer brauchen, die durch das Einwirken der Familienzusammenhänge innerhalb dieser Horde einen stark patriarchalischen Charakter aufweisen, die in der Fürsorge für die Tiere schon in die Wissenschaft vom Tier und die ärztliche Behandlung von Tieren eindringen, die eine Sprache zur Verständigung untereinander entwickeln, so ist ebenso klar, wie das materielle Leben, die ökonomische Situation unlöslich mit den gesellschaftlichen Formen und den geistbedingten Produkten zusammenhängen. Wiederum aber ist die

Frage, wie weit nicht Formen der Gesellschaft und des äußeren und inneren Lebens einen Geisteszustand bedingen, der die ökonomische Situation mit sich gebracht haben kann. Hierüber wird sich das letzte Wort wohl nur am gegebenen Beispiel, von Fall zu Fall entscheiden lassen, vor allem in Zeiten wie der jüngsten Vergangenheit, wo das Determinierte und das Determinierende auf Grund der wesentlich komplizierteren Gesellschaftsstruktur manchmal kaum noch auseinanderzuhalten sind.

Es handelt sich daher im folgenden um den Versuch, aus der kulturellen Entwicklung Deutschlands von der Gründerzeit bis zur Gegenwart bestimmte Einheitskomplexe herauszuschälen, in denen sich Geisteszustände manifestieren, die sich nur aus ihrer Zeit erklären lassen, zugleich aber dieser Zeit ihr Gepräge gaben. Damit ist eine Perspektive angedeutet, die man mit dem Paradoxon einer materialistischen Geistesgeschichte umschreiben könnte. Eine solche Geschichtsschreibung, die mehr das Verbindende als das Heterogene einer geschichtlichen Epoche oder gesellschaftlich-ökonomischen Stufe herauszustellen versucht, ist zwangsläufig auf eine Fülle von Tatsachen des scheinbar unerheblichen oder nichtöffentlichen Lebens angewiesen, das wir als das Leben des Volkes bezeichnen. Dennoch handelt es sich bei dem, was wir wollen, nicht um etwas Kollektivistisches, das heißt um die Erkenntnis von Vorgängen des Gemeinschaftslebens, die durch Kollektive, Massen ausgeübt werden, was auf eine völlige Eliminierung des Einzelnen und seiner Genialität hinauslaufen würde, sondern um eine Wesensbestimmung der stilbildenden und damit entwicklungsgeschichtlichen Momente. Zeiten, in denen die Massen eine entscheidende Rolle spielen, wie zum Beispiel Revolutionszeiten, sind durch dieses Massenerleben als besondere charakterisiert. Es kann jedoch auch Zeiten geben, in denen die genialen Einzelpersönlichkeiten das Leben bestimmen und ihm ihren Stempel aufdrücken. Andere wiederum sind nur im Zusammenspiel von Genie und Masse zu verstehen wie das napoleonische Zeitalter oder Lenin und die russische Revolution. Das Neue einer bestimmten Epoche, in dem das spezifisch Andersartige und von der Vergangenheit Unterschiedene zum Ausdruck kommt, läßt sich daher nie quantitativ bestimmen. Oft kann es nur von wenigen sich hervortuenden Geistern vertreten sein und dennoch eine neue Zeit, einen neuen Stil bedeuten, der die Massen manchmal erst nach Jahrzehnten erreicht.

Diese Anschauung läßt sich durchaus mit der Tatsache vereinbaren, daß auch die hervorragenden Einzelpersönlichkeiten, die Genies, vom ökonomisch-gesellschaftlichen Leben getragen werden. Nur daß sie dessen entwicklungsfähige Besonderheit stärker erleben als die Masse und darum das, was werden soll, früher erkennen als die Epigonen und Durchschnittstalente, die noch im Banne der eben abgelaufenen Epoche stehen. Die Sonderleistung des Genies widerspricht darum keineswegs dem allgemeinen Charakter der Zeit. Das Wort Avantgarde ist daher höchst irreführend. Nicht sie sind die Vorhut, sondern die anderen sind die Zurückgebliebenen. Rein äußerlich kommt das meist als Vereinzelung, Unverstandenheit oder Sezession zum Ausdruck. Oft hat man das Gefühl, daß es sich hier um Gruppen handelt, die nur eine verschwindende Minderheit bilden. Aber auch der Gegensatz, die Opposition kann Zeitgepräge tragen, so wie man vom Schatten über den Sonnenstand belehrt wird. Also nicht Massenerscheinungen sind es, die ihre Zeit repräsentieren, sondern große Ideen oder der Stil ihrer Werke, die von Einzelnen ausgesprochen und verwirklicht werden.

Wer ist jedoch diese Zeit und wer sind diese Einzelnen? Jedenfalls nicht alle, die in ihr leben und in ihr schaffen, und nicht alles, was in einer Zeit geschaffen wird. Das ist schon durch die Klassengegensätze unmöglich, durch die sich in vielen Zeiten ein Nebeneinander „zweier Kulturen" ergibt. Zu einer solchen Parallelität gehört jedoch die Voraussetzung, daß sich die aufstrebende Klasse bereits im Stadium der geistigen Mündigkeit befindet, wie es für den bürgerlichen Emanzipationskampf des 18. Jahrhunderts bezeichnend ist. Dort war es durchaus möglich, daß sich neben der höfischen Barockkultur, die allmählich immer stärker ins Rokoko überging, eine ungewöhnlich rasche Folge von bürgerlichen Kulturbewegungen entwickelte, die man gemeinhin mit Begriffen wie Empfindsamkeit, Aufklärung oder Sturm und Drang umschreibt. Was in diesen Strömungen zum Ausdruck kommt, steht geistig bereits auf einem Niveau, das der Bildung der feudalaristokratischen Kreise nicht nur ebenbürtig, sondern zum Teil weit überlegen ist. Eine solche Situation war jedoch im Zeitalter konsequenter Bildungsprivilegien wie der wilhelminischen Epoche von vornherein ausgeschlossen. Auch die Volksbühnenbewegung und die Arbeiterbildungsvereine lieferten hier keinen vollwertigen Ersatz, so wichtig ihre Funktion im einzelnen war. Daher kann man von einer wirklichen Opposition auf künstlerischem Gebiet höchstens in der sozialistisch-naturalistischen Revolte der späten achtziger Jahre sprechen. Doch auch hier handelt es sich weitgehend um bürgerliche Parteigänger, nicht um eine genuin proletarische Kultur. Ähnliches wiederholt sich später im Expressionismus, wo die Diskrepanz zwischen Form und Inhalt vielleicht sogar noch größer ist.

Neben den Klassenunterschieden spielen bei einer solchen Stilbestimmung selbstverständlich auch die Altersgrenzen eine gewisse Rolle. In jeder Zeit gibt es Älteste und Jüngste, Kinder und Greise. Dazu kommt der ständige Wechsel, der sich aus der Tatsache ergibt, daß die geistige Entwicklungsstufe eines Menschen stets auf der Fülle des bisher Erlebten beruht. Das bedeutet, daß jedes neue Erleben in der Seele des Einzelnen sofort eine neue Färbung bekommt, je nach der Fülle der Erfahrungen, die ihm das Leben bisher verschafft hat. Daraus ergibt sich konsequenterweise, daß sich im Laufe des Lebens in der Entscheidung dem noch Unbekannten gegenüber immer mehr Hemmungen entwickeln. Im Alter wird der Mensch vorsichtiger und abwägender. Daher ein gewisser Konservativismus der Erfahrenen und

Altgewordenen. Aus diesem Grunde sind es nicht die Alten, die das Neue und Werdende einer Zeit vertreten. Bei ihnen verliert das Neue gegenüber der Masse des bereits angehäuften Erfahrungsstoffes merklich an Kraft und wird nicht mehr rezipiert. Also scheint es die Jugend zu sein mit ihrer unverbrauchten Empfänglichkeit, die sich dem Neuen begeistert in die Arme wirft. In der Tat ist die Jugend nicht so mit Vorstellungen belastet, daß sie nicht in eine neue Kultur hineinwachsen könnte. Die Jugend pflegt deshalb radikal zu sein und ist bei Revolutionen schnell bei der Hand. Andererseits lehrt uns die anthropologische Forschung in bezug auf Ontogenese und Phylogenese, daß der Mensch in seinem individuellen Leben gewisse Stationen der von der Menschheit zurückgelegten Entwicklung wiederholt. Die Anteilnahme der Jugend an allen revolutionären Bewegungen, am „Neuen" ist deshalb meist rein formaler Natur, ein Stück Entwicklungsgeschichte. Die Inhalte dieses Neuen werden stets von denen erarbeitet, die schon eine gewisse Erfahrung zu diesem Neuen als dem Besonderen und Zukunftsträchtigen geführt hat. Daher werden Revolutionen inhaltlich nicht von denen vollzogen, die die Jugend haben, sondern die die Jugend bereits hinter sich haben. Wenn wir also das innerhalb einer Entwicklung Neue und Eigenartige einer Zeit betrachten, so kommt es uns nicht darauf an, alles, was in dieser Zeit geschieht, zusammenzutragen und darin eine Einheit zu suchen, sondern das, was als das Besondere, noch nicht Dagewesene hervortritt, das sich in seinen Anfängen meist polemisch durchsetzen muß, auf seinen stilbildenden Charakter hin zu untersuchen. Inwieweit das Neue dabei wirklich mit dem Qualitätsvollen zusammenfällt, was sich oft beobachten läßt, kann bei einer solchen Blickrichtung selbstverständlich nur gestreift werden.

Die Gleichzeitigkeit von jungen, reifen und gealterten Menschen, das heißt das Nichtzusammenfallen von historischer Stufe oder Lebenszeit einer Kultur und den jeweiligen Altersstufen, bedingt, daß in jeder Zeit neben der Avantgarde noch der Stil der gestern Führenden, der rückständige neben dem sich entwickelnden Stil, das Neue neben der lehrmäßig erworbenen Wiederholung des Alten steht. Immer findet sich etwas Überschneidendes. Reine Stile sind wie reine Rassen eine Unmöglichkeit. Was in der Idee so ungetrennt erscheint, läßt sich in der Wirklichkeit immer nur in Bruckstücken zusammenlesen.

Diese vielfältige Verschlungenheit alles lebendig Wirkenden führt uns zum Problem der Generation. Es ist kein Zweifel, daß an der Entwicklung einer bestimmten Stilstufe eine gewisse Altersgenossenschaft beteiligt ist und daß nach einer bestimmten Zeit eine andere Altersstufe dafür eintritt. Es liegt daher nahe, diesen Wechsel mit der Folge von Altersstufen innerhalb einer Familie zusammenfallen zu lassen, in der etwa drei Generationen — Großvater, Sohn und Enkel — aufeinander folgen und jede Generation ungefähr einen Zeitraum von 25 bis 30 Jahren umfaßt. Dagegen spricht jedoch, daß die Zeitdauer einer historisch fixierten Kulturstufe keineswegs mit der Lebensdauer eines

Generationswechsels zusammenfällt. Die Stilstufen der Gotik erstrecken sich über Jahrhunderte. Im späten 19. Jahrhundert dagegen folgen sie im Abstand von je einer Dekade. Was der Generationswechsel an Unterschiedlichkeiten bietet, wird zudem durch die Tatsache aufgehoben, daß in jedem Jahr, ja in jedem Augenblick neue Menschen geboren werden, sich die Gegensätze also nur im Rahmen einer Familie beobachten lassen. Und doch fällt eine bestimmte Stilstufe oft mit dem Schaffen derjenigen Menschen zusammen, die das Glück haben, gerade in dem Jahre geboren zu sein, das für die Altersgenossenschaft eines künstlerischen Stils entscheidend ist. Damit erweist sich der Begriff der Generation nur für die Erkenntnis wertvoll, daß eben die Träger einer bestimmten Kulturstufe gleichaltrig sind. Mit anderen Worten, Stil und Stilstufe sind geschichtliche Erscheinungen, die über die Erlebnisse des Einzelmenschen und seine biologischen Gegebenheiten als immanente Entwicklungen des Lebens oder des Geistes hinausreichen. Wir können froh sein, wenn sich im Übergang von einem zum anderen Stil eine gewisse Logik feststellen läßt, wie zum Beispiel von der Frühgotik zur Hochgotik, oder wenn sich eine gewisse Verbindung zwischen zwei verschiedenen Stilen zeigt, indem das Vergehen des einen das Werden des anderen bedingt. Durch das Prinzip der Generation wird dazu nur ein Analogon, aber keine Erklärung gegeben.

Für den hier ins Auge gefaßten Zeitraum läßt sich das Zusammentreffen von höchst unterschiedlichen Kulturstufen auf derselben historischen Ebene, zu dem noch das Nachleben ganz alter, längst überwundener Richtungen kommt, am besten an Hand der verschiedenen Zeitschriften illustrieren, die oft die entscheidenden Ideenträger bestimmter Stilhaltungen bilden. So existierten 1913 neben den „Weißen Blättern", der Zeitschrift des Expressionismus, immer noch „Westermanns Monatshefte", die auch die letzten fünfzig Jahre gut überstanden haben. Als sie gegründet wurden (1856), waren sie die Lektüre des liberalen Bürgertums, das sich nach dem Scheitern der Achtundvierziger Revolution in einem poetischen Innenbereich zu trösten versuchte. Ihnen gegenüber standen die „Preußischen Jahrbücher", gegründet 1858, das Hauptorgan der nationalen Einheitsbewegung, deren Redakteur der fanatische Bismarck-Anhänger Heinrich von Treitschke war. 1874 wurde die „Deutsche Rundschau" gegründet, bei der weniger das Politische als das Kulturelle im Vordergrund stand, und zwar im Sinne eines anspruchsvollen Klassizismus, wie er für die Gründerzeit bezeichnend ist. In ihr erschienen die Werke von Conrad Ferdinand Meyer und Paul Heyse. Demgegenüber vertraten die „Gesellschaft" und die „Sozialistischen Monatshefte" den Naturalismus der achtziger Jahre, dem sich 1889 die ebenso kämpferisch ausgerichtete „Freie Bühne" anschloß. Ihr wichtigster Autor war der junge Gerhart Hauptmann. 1893 verwandelte sich die „Freie Bühne" in die „Neue deutsche Rundschau", die unter dem Einfluß von Oskar Bie eine immer stärker impressionistische Ausrichtung bekam. 1904 ließ man das Adjektiv „deutsche" weg und ging zu dem Titel „Die neue

Rundschau" über. Damit wird eine Entwicklung abgeschlossen, die vom revolutionären Arbeiterblatt über eine impressionistische Haltung immer stärker ins
Ästhetische tendiert. Ein ähnlicher L'art-pour-l'art-Standpunkt findet sich in
den „Blättern für die Kunst" (1892), dem Organ einer exklusiven Literaten-
gruppe, die sich um den jungen Stefan George scharte. In ihren Beiträgen
offenbart sich das Extrem von Stiltendenzen, und zwar Stil im Sinne des Stili-
sierten, des Gewollten und damit Stillosen, wie es gleichzeitig in der Pracht-
zeitschrift „Pan" (1895), der Münchener „Jugend" (1896) und der „Insel"
(1899) zum Ausdruck kommt, die sich aus Abneigung gegen die stillose An-
archie der impressionistischen Kreise einem kunstgewerblichen Formalismus
in die Arme warfen. Mehr ins Völkisch-Heimatliche oder Neudeutsch-Idea-
listische tendierten Zeitschriften wie „Die Tat" (1909) oder der bereits vor der
Jahrhundertwende gegründete „Kunstwart". Es folgten „Der Sturm" (1910)
und „Die Aktion" (1911), beides Organe des revolutionären Expressionismus,
dessen Hauptwerke dann in den 1913 gegründeten „Weißen Blättern" heraus-
kamen. Hier las man die Werke von Georg Kaiser, Kasimir Edschmid, Stern-
heim und anderen. Nach dem Kriege erschienen dann die vielen Revolutions-
zeitschriften, „Tribüne", „Forum", „Ziel", alle sehr kurzlebig, die über den
Zusammenhang zwischen dem Desaster des Krieges, der Revolution und des
Expressionismus nachdenken ließen. Auch Prachtzeitschriften wie „Marsyas"
und „Eos" mit Originalkupferstichen waren dabei, eine Revolution auf Bütten-
papier.

Damit wird ein Zeitalter abgeschlossen, das man nur mit einigen Vorbehalten
als das „wilhelminische" bezeichnen kann, da sich in diesen Jahren mehr
vollzieht als der Aufstieg und Fall des „Zweiten Reiches". Ebenso nichts-
sagend wäre es, das Ganze nur als eine relativ geschlossene Entwicklungs-
phase der spätbürgerlichen Gesellschaftsordnung hinzustellen. Schließlich geht
es um eine Epoche, in der sich Altes und Neues, Überlebtes und Zukunfts-
weisendes oft so unentwirrbar durchdringen, daß eine summarische Bestands-
aufnahme der vorhandenen Tendenzen einen höchst chaotischen Eindruck
ergäbe. Es gibt daher genug Kunst- und Literaturhistoriker, die bei dieser
Epoche auf jede Gliederung verzichten und das Ganze einfach als die erste
Phase einer nicht näher definierten „Moderne" bezeichnen. Unter rein formalen Gesichtspunkten läßt sich das durchaus vertreten, da in allen Strömungen dieser Ära eine eigenartige Experimentierfreudigkeit herrscht. Bei
einer solchen Simplifikation wird jedoch die frappante geistige und gesellschaftliche Dynamik der einzelnen Entwicklungsstufen unterschlagen, deren
weltanschauliche Dialektik sich fast lehrbuchmäßig nachzeichnen läßt. So folgt
auf den gründerzeitlichen Personenkult die naturalistische Entheroisierung,
auf den impressionistischen Ästhetizismus ein stilisierendes Einheitsstreben,
das sich im Laufe der Jahre zu einem neudeutschen Monumentalismus steigert,
und schließlich auf den Chauvinismus der „Völkischen" der menschheitliche

Enthusiasmus der expressionistischen Generation, um es einmal ganz grob auszudrücken. Daß es daneben auch anderes gibt, liegt auf der Hand. Doch was trägt dieses andere zur Erkenntnis der entwicklungsgeschichtlichen Tendenzen bei?

Greifen wir ein Beispiel heraus: den Naturalismus der achtziger Jahre. Sobald man an die Malerei dieser Richtung denkt, fallen einem Namen wie Liebermann und Uhde ein, deren Hauptwerke in diesen Zeitraum fallen. Selbstverständlich waren auch sie einmal Anfänger und haben in den siebziger Jahren durchaus „gründerzeitlich" epigonenhaft gemalt, vor allem Uhde. Dieses Schicksal bleibt wohl kaum einem Schüler erspart. Daß jedoch ihre Lehrer, inzwischen älter geworden, in den achtziger Jahren ihren alten Stil ruhig weiter verfolgen, ist ebenso selbstverständlich. Daher sind die Werke eines Böcklin, Thoma, Marées oder Leibl im Rahmen der naturalistischen Ära nicht weniger gründerzeitlich als zuvor. Bei Böcklin und Thoma trifft das sogar noch auf die Zeit um 1900 zu. Inwieweit sie dabei neue Elemente aufnehmen und sich anzuverwandeln suchen, wie Leibl den Impressionismus, ist für ihre persönliche Entwicklung von höchster Bedeutsamkeit, nicht aber für eine stilgeschichtliche Untersuchung, die unbarmherzig immer dann abbricht, wenn eine inzwischen herangewachsene Gruppe den Bann ihrer Lehrer durchbricht und sich zu einem neuen Stil bekennt, in diesem Falle dem Naturalismus. Daß daneben sogar noch ein Menzel tätig ist, der aus dem Realismus der fünfziger und sechziger Jahre stammt, hat ebenso wenig zu sagen. Nicht das Nebeneinander, sondern das Nacheinander ist hier von Bedeutung.

Man mag gegen solche „Ismen" einwenden, was man will. Stilerkenntnis, wie sie hier geübt wird, ist notwendig auf vereinfachende Begriffe, ja Schlagworte angewiesen. Wenn man schon vereinfachende Zeitsynthesen darzustellen versucht, kann man den Gang der Entwicklung nicht ständig mit nuancierten Analysen unterbrechen, sondern muß sich mit knappen Hinweisen zufrieden geben, so sehr das eigene Gewissen dagegen auch rebelliert. Mit der Angst vor dem Ismus käme man hier kaum von der Stelle. So problematisch solche herauspräparierten Modellsituationen sind, die es als „reine Stile" oft gar nicht gibt, ebenso gefährlich wäre es, auf solche Möglichkeiten der Unterscheidung überhaupt zu verzichten und sich auf Einzelstudien zu beschränken, da man sich zur Erkenntnis von größeren Zusammenhängen nicht mehr kompetent genug fühlt. Man sollte daher neben dem philologischen oder naturwissenschaftlichen Exaktheitsanspruch nicht jenen humanistischen Universalismus vergessen, für den alles, auch die Wissenschaft, nur ein Teil eines übergreifenden Ganzen ist. Eine solche Haltung läßt sich nur erreichen, wenn man sich von Zeit zu Zeit aus der spezialistischen Verengung seines Fachgebietes, die notwendig zu verzerrenden Gesichtspunkten führen muß, zu einer Betrachtungsweise erhebt, die alle künstlerischen und geistigen Ausdrucksformen unter einem einheitlichen Gesichtspunkt zu begreifen versucht. Dazu gehört ein gewisser Mut zur Unvollkommenheit, wie er vielleicht nur der Jugend und dem hohen Alter zu eigen ist.

Einen ersten Impuls in dieser Richtung, die Oskar Walzel als die „wechselseitige Erhellung" der einzelnen Künste bezeichnet hat, gab das Buch „Impressionismus in Leben und Kunst" (1907) von Richard Hamann, in dem bereits manches vorgebildet ist, was zur Richtschnur dieser Reihe wurde: ein kulturgeschichtlicher Anspruch, der auf einer inneren Korrespondenz aller kulturellen Äußerungen beruht, was damals in den lakonischen Ruf „Mehr Hegel!" ausklang, um die Richtung auf eine neue Systematik auf ästhetischem Gebiet anzudeuten. Die fünfzig Jahre, die seitdem vergangen sind, haben an dieser Konzeption selbstverständlich manches geändert, zu neuen Erkenntnissen geführt und zudem das Prinzip der Zusammenarbeit wünschenswert erscheinen lassen, um solchen Versuchen, die eine große Materialkenntnis voraussetzen, eine breitere Basis zu geben. Die Grundlagen dazu wurden in langen Gesprächen im Frühjahr 1956 geschaffen. Alter und Jugend, Kunstgeschichte und Germanistik, unmittelbar Erlebtes und historische Distanz schienen beiden Seiten die Gewähr einer fruchtbaren Gemeinschaftsarbeit zu sein, zumal der Jüngere seine kunsthistorischen Kenntnisse weitgehend der Marburger Schule verdankt. Umso schmerzlicher ist, daß der Initiator dieser Reihe nur noch die Vollendung des zweiten und dritten Buches erlebte, deren Entstehungsprozeß er bis in seine letzten Tage verfolgen konnte. Diesen Verlust mit Worten zu ermessen, verbietet sich fast von selbst, vor allem bei einem Menschen wie Richard Hamann, für den sich die Persönlichkeit stets in der Leistung manifestierte. In seinem Sinne weiterzuarbeiten, ist daher höchste Ehre und höchste Verpflichtung zugleich.

Das gilt in einem ganz besonderen Maße für den Gründerzeitband, den Hamann als seinen persönlichsten Beitrag zu der vorliegenden Reihe empfand und dem er trotz seines hohen Alters noch die endgültige Fassung zu geben hoffte. Wie er sich — hochbetagt und von einem Leben der Arbeit erschöpft — immer wieder diesem Manuskript zuzuwenden versuchte, hatte fast etwas Heroisches. Das Ergebnis dieser unablässigen Bemühung war eine erste Konzeption des gesamten Bandes, die sich bei aller Vielseitigkeit vor allem mit Nietzsche, der Macht- und Rangideologie und den Stilidealen der bildenden Kunst auseinandersetzt. Aus diesen Bereichen stammen daher große Teile noch aus seiner eigenen Feder und sind selbst da, wo man noch den Duktus der ersten Niederschrift spürt, in den endgültigen Text aufgenommen worden. Anderes, wie die Abschnitte über Literatur, Wissenschaft und Musik wurden überarbeitet, neu hinzugefügt und schließlich das Ganze aufeinander abgestimmt. Falls sich bei diesem Verfahren dennoch Brüche ergeben haben, möge man die nötige Nachsicht üben und die Kritik lieber den folgenden Bänden zuwenden, deren schriftliche Fixierung allein das Werk des anderen Autors ist.

Vielleicht ist dies der Ort, den vielen Mitarbeitern an dieser Reihe zu danken: allen voran dem Leiter des Akademie-Verlages, Herrn Ludolf Koven, ohne dessen Initiative das Ganze vielleicht nie Realität geworden wäre; aber ebensosehr Frau Ursula Münchow, deren ständige Anregung und Hilfsbereitschaft ein ideales Arbeitsklima schuf. Von Freunden und Kollegen diesseits und jenseits des Atlantiks, die in Gesprächen, Kritiken und Briefen am Entstehen dieser Reihe teilgenommen haben, seien hier nur Peter Feist, Richard Hamann-MacLean, Wolfgang Heise, Gert Hillesheim, Paul Jagenburg, Lida Kirchberger, Helmut Kreuzer, Hans Mayer, George L. Mosse, Walther Vollmer und Charlotte Zerath genannt. Elisabeth Hermand war auch diesmal nicht nur stille Teilhaberin des Ganzen, sondern sorgte für Korrekturen, Register und Bildmaterial.

Madison (Wisconsin), im November 1963   Jost Hermand

VORWORT ZUR 2. AUFLAGE

Für das Zustandekommen dieser Paperback-Ausgabe habe ich in erster Linie ihrem Verleger Herrn Berthold Spangenberg zu danken. Daß dabei im Text nur ein paar offensichtliche Druckfehler verbessert wurden, hängt mit den besonderen Umständen bei der Entstehung dieses Buches zusammen. Denn schließlich hätte jede Änderung den Anteil Richard Hamanns notwendig verringert und damit die Grundabsicht dieses Buches verfälscht. Was mir selbst an neuen Gesichtspunkten zu dieser Ära wichtig erscheint, habe ich in den Aufsätzen „Zur Literatur der Gründerzeit" und „Hauke Haien. Kritik oder Ideal des gründerzeitlichen Übermenschen?" zusammengefaßt, die 1969 in meinem Essayband „Von Mainz nach Weimar. 1793–1919" erschienen sind.

Madison (Wisconsin), im April 1971   Jost Hermand

EINLEITUNG

GRÜNDERPRUNK UND GRÜNDERGEIST

Der Name Gründerzeit ist für viele mit dem Odium tiefsten Kulturverfalls verbunden. Man denkt an eine Zeit rücksichtslosesten Kapitalismus, deren Hauptbestreben es war, durch betrügerische Spekulationen Macht und Besitz an sich zu reißen und zugleich einem hemmungslosen Genußleben zu huldigen. Als Grund dieses Gründerrausches und Gründerschwindels gelten allgemein die Milliarden, die nach dem Krieg von 1870/71 in das Reich hineinströmten. In allen Gegenden Deutschlands schossen plötzlich Aktiengesellschaften aus dem Boden, die sich die Erschließung von Bergwerken, die Anlage von Werften oder die Gründung von Schiffahrtsgesellschaften zur Aufgabe setzten. Bereits bestehende Industriekomplexe wie Borsig und Krupp verwandelten sich über Nacht in einflußreiche Konzerne. Andere wie Blohm und Voß (ab 1877) kamen neu hinzu und vergrößerten sich rasch. In denselben Jahren wurden die ersten Großbanken gegründet: 1871 die Deutsche Bank, 1875 die Reichsbank. Auf diese Weise entstand ein Spekulationsfieber, ein Gründergeist, der das behaglich dahinlebende Bürgertum der fünfziger und sechziger Jahre in eine Schicht ehrgeiziger und rücksichtsloser Kaufleute verwandelt. Der Zug in die Großstadt setzt ein. Nichts scheint mehr am Boden zu haften: alles wird Geld, Ware, Arbeitskraft — die Börse das eigentliche Zentrum des Lebens. Ein gutes Spiegelbild dieser Situation bietet ein Roman wie Spielhagens „Sturmflut" (1876). Das Wort Sturmflut ist hier gewählt als Symbol einer elementaren, blinden Naturmacht ohne Sinn und Idealität, hinter der ein alles verschlingendes, zerstörerisches und in den Strudel der Vernichtung hineinziehendes Schicksal steht, das durch die menschliche Hybris herbeigeführt wird. Um nur ein Beispiel dieser Lebenshaltung herauszugreifen, sei auf den Eisenbahnkönig Strousberg verwiesen, der sich mit der Gründung von Eisenbahnen in ganz Europa einen Riesenbesitz sicherte, und zwar unter Verwendung vertrauenerweckender Namen, ungesicherter Zahlungen und fremder Kapitalien. Man lese dazu eine Szene aus der „Sturmflut", wo diese Verflüssigung des Geldes wahre Orgien feiert:

> „Der Graf hatte das Signal gegeben; er konnte sich nicht wundern, daß in der nächsten halben Stunde ausschließlich von Geschäften gesprochen wurde, von seiner Seite so eifrig und interessiert, daß ihm das Blut in die Stirn stieg und er ein Glas nach dem anderen trank. Man war von der Kaiserin-Königin Hütte auf die Niedersächsische Maschinenfabrik, von dieser auf die Berliner Nordbahn, von dieser auf die Berliner Sundiner-

Bahn gekommen. Die Herren wußten die interessantesten Details über die Geschichte dieser Bahn mitzuteilen, welche nach einem so gloriosen Anfang an der Grenze des Konkurses stand — in den Augen von Leuten, die nicht wußten, daß man die Kurse künstlich gedrückt hatte, um die Aktien zurückkaufen zu können — dieselben Aktien, die, sobald die Konzession für die Fortsetzung der Bahn da war, wie ein Phönix aus der Asche erstehen mußten. — Ob der Herr Graf sich beteiligen wolle, es sei jetzt der richtige Augenblick! Der Herr Graf habe kein bares Geld? Spaß! Das Geld spiele überhaupt in der ganzen Sache gar keine Rolle! Wieviel der Herr Graf wolle? Fünfzigtausend? Hunderttausend? Einhundertfünfzigtausend? Der Herr Graf brauche nur eine Zahl zu nennen! Der Herr Graf solle ja nichts geschenkt haben! Die Erklärung des Herrn Grafen, daß er eventuell in die Direktion der Inselbahn eintreten würde, sei allein fünfzigtausend unter Brüdern wert.

Daß ich die Herren nur nicht beim Wort nehme, rief der Graf" (VIII, 223).

Aus dieser Situation heraus erwarten wir eine Kunst und einen Stil, wie er in unserer Vorstellung lebt, eine Kunst von Emporkömmlingen, die sich weniger für die persönliche Vertiefung in Kunstwerke mit gemütbewegender Intimität interessieren als für die Renommage mit durch Geld erworbener Fürstlichkeit. Einen späten Reflex von dieser Art von Gründerstil bietet der Kurfürstendamm in Berlin, wo das Treppenhaus wie in einem Schloß einen großen Teil des Wohnhauses einnimmt, unten bewacht von einem Portier, ohne den niemand das Haus betreten kann und der dafür sorgt, daß Lieferanten und schäbig gekleidete Besucher die Hintertreppe benutzen. Riesige Prunkfassaden und große Gesellschaftsräume sollen den Eindruck einer fürstlichen Existenz erwecken, bei der die vornehme Repräsentation im Vordergrund steht. Dabei handelt es sich meist um Leute, die nur die Mieter einer Etagenwohnung sind, die im Grunde mit dem prunkvollen Treppenhaus gar nichts zu tun hat. Besonders wichtig und den sozialen Rang bestimmend war bei dieser Art von Wohnkultur der Gegensatz von Vorderhaus und Hinterhaus, wie ihn Hermann Sudermann in seinem Drama „Die Ehre" (1889) schildert, wo der Sohn einer reichen Vorderhausfamilie die Tochter aus dem Hinterhaus verführt und der Vater des Verführers eine Mesalliance mit Hilfe des Geldes zu verhindern sucht. Daß daraus kein offener Konflikt entsteht, wird durch eine plötzliche Erbschaft verhindert, was trotz der naturalistischen Oberfläche eine weitgehende Anerkennung des gründerzeitlichen Amoralismus verrät.

Im Zentrum dieser Wohnpaläste steht wie im Barock und Rokoko der Salon. Alles ist auf das Gesellschaftliche zugeschnitten: auf das Sehen und Gesehenwerden. Hier lebte man, tanzte, machte Konversation, schloß Geschäfte ab. Das Private blieb den oft ärmlich ausgestatteten Hinterräumen vorbehalten. Selbst die Wohnungen der Künstler wurden von diesem übermächtigen

Repräsentationsbedürfnis erfaßt. Wir denken dabei in erster Linie an Makart, dessen Gemälde für solche Räume gedacht sind: prächtig, groß, freskal und sinnlich üppig wie Gemälde der venezianischen Renaissancepaläste. Meist sind es Riesenformate, für die er sich einen besonderen Aufzug bauen ließ, der ihm ein wesentlich schnelleres Malen ermöglichte. Um ein äußerstes an Brillanz zu erreichen, sind manche seiner Farben mit Metallstaub vermischt und obendrein auf Asphaltpappe aufgetragen, was die kurze Lebensdauer dieser Werke erklärt. Die Skizzen dazu entwarf er auf verschwenderischen Festen, die er sich fünfzehntausend Gulden kosten ließ. Alles ist bei ihm auf Wirkung bedacht, auf Rausch, auf Dekoration. Wohl das üppigste Schaustück war sein Atelier, weniger eine Werkstätte als ein Ateliermuseum, erfüllt mit Kunstwerken und Luxusgegenständen aller Art, die für das Auge, für den Bewunderer wie zu einem riesigen Barockgemälde zusammengestellt waren. „Besuchszeit: nachmittags von vier bis fünf. Adel und Hochfinanz zahlen das Doppelte." Wohl die beste Schilderung des Ganzen findet sich in der Schrift „Hans Makart und seine bleibende Bedeutung" (1886) von Robert Stiassny:

> „Das war kein kleines Museum, wie es sich etwa Rembrandt in seinem Haus in der Amsterdamer Jedenbreetstraat aufgestapelt hatte, noch ein Sammelsurium von echtwertigen Kunstwerken und Pasticci, ein Raritätenladen im Sinne landläufiger Liebhaber. Wohl geriet man auch hier vom Hundertsten ins Tausendste und schienen sich alle Zeitalter und Völker ein kosmopolitisches wie synchronistisches Stelldichein gegeben zu haben.
>
> Da begegnet man auf reichornamentierter, deutscher Renaissancetruhe einem chinesischen Idol oder einem hellenischen Anathema aus Terrakotta; unter einem Baldachin, getragen von zwei spätrömisch gewundenen Säulen, die Armatur eines Geharnischten; in einem Spinde altitalienischer Arbeit prunkt eine Kollektion gold- und perlenbesetzter, orientalischer Hauben; von einem hohen, kaminartigen Aufsatze grüßt aus phantastisch in Holz geschnittenem Encadrement ein weibliches Brustbild nieder, das zwei flott modellierte Allegorien flankieren; Smyrnaer und Gobelins verkleiden die Wände, von denen sich eine Anzahl guter Kopien nach alten Italienern und Niederländern wirksam absetzen; abenteuerlich geformte Kronen, Ampeln, Lüsterweibchen lassen den Blick zum mächtigen Deckengetäfel emporschweifen; antikes und mittelalterliches Gewaffen ziert hier einen Türsturz, füllt dort eine Ecke. Und auf Boulemöbeln und Intarsiengestühl sitzend, umgeben von Büsten, Tierskeletten, Mumien, Oleanderbäumen und Musikinstrumenten, kommt man erst allgemach dazu, in der scheinbar wüst durcheinander wogenden Herrlichkeit die künstlerischen Einklänge zu entdecken.
>
> Denn zu welch wunderfein zusammengestimmten Gruppen gliederte sich nicht, in welche Farben- und Linienharmonien ergoß sich nicht dies Chaos!" (S. 13/14).

Daß nicht allein ein Malerkönig wie Makart, dessen Sträuße zum Stichwort für die Zimmereinrichtungen dieser Zeit wurden, in solchen Prachträumen wohnte, sondern daß es sich hier um eine Allgemeinerscheinung im Lebensstil der oberen Zehntausend handelt, beweist die Wohnung des Malers ·Eduard Grützner. Das Eßzimmer ist nichts als eine Häufung von Altertümern, Stilmöbeln aus verschiedenen Zeiten, jedes Ding eine Kostbarkeit. Venezianische Lüster hängen an den Wänden. Rokokostühle mit alten Gobelins bezogen sind mehr zum Sehen als zum Sitzen da. Neben einer Kredenz gewahrt man eine altertümliche Waschnische, deren Wasserbecken nur tropfenweise das Wasser von sich gibt. Ein großer, altdeutscher Kachelofen schiebt sich ins Zimmer hinein, kostbare Bilder prangen an den Wänden, ein Spiegel bietet sich dar in einem riesigen Barockrahmen. Das Ganze ist ein Sammelsurium von auserlesener Pracht einzelner Dinge, die mehr durch Fülle und Üppigkeit als durch Geschmack überzeugen. Dasselbe gilt für die Thronsessel um den Tisch. Hier wird nicht gegessen, sondern getafelt. In allem drückt sich ein Adel aus, der sich durch gekaufte, nicht ererbte Altertümlichkeit beweist. Die Geschichtlichkeit wird hier zu einem Wert, mit dem sich die Person wie mit einem Nimbus umgibt. Man will nicht seinen eigenen Stil demonstrieren, sondern als Besitzer anerkannter kunstgeschichtlicher Objekte bewundert werden. Das ist der größte Gegensatz zur Gemütlichkeit und Bequemlichkeit der Biedermeier-Interieurs, durchaus unbürgerlich, gewollt fürstlich. Im Schlafzimmer befindet sich ein Himmelbett mit Baldachin und kostbarem Teppich als Decke. Faltstühle der Renaissance, auf denen unbequem zu sitzen ist, stehen herum. Gotische Türen mit Eisenbeschlägen und reich geschnitzten Täfelungen versetzen uns in die Stimmung von alten Burgen, durch die man geführt wird, aber in denen man nicht schläft. An der Decke ein Lüsterweibchen, auf dem Nachttisch ein unbequemes, altertümliches Lichtgestell aus Schmiedeeisen, neben dem Bett ein kleines Schränkchen, dessen Tür einen sonderbaren Folianten vortäuscht, um den realen Zweck zu verbergen. Wie schwer muß es sein, hier die Augen zu schließen und sich von dieser schönen Welt zu trennen. Hier bleibt nur ein Parade-Schlafen. Man geruht zu ruhen.
Aber das alles ist noch nichts gegen den Arbeitsraum, das Atelier. Große Barockschränke stehen herum, das Ruhebett ist mit einem kostbaren Teppich bedeckt, auf dem Boden liegen wertvolle Perserteppiche und protzige Bärenfelle, die Sessel sind wie hohe Thronstühle mit Samt bezogen. Nirgends riecht es nach Farbe oder Arbeit. Um Gotteswillen nur keine Farbflecke! Es scheint, als ob der Künstler wie Tizian auf einen hohen Mäzen wartet, der ihm den Pinsel aufhebt. Auf der Staffelei steht nicht ein Bild, an dem gearbeitet wird, sondern ein fertiges Bild, ein „Falstaff", gemalt in einem glatten, das Bild in ein Prunkstück verwandelnden Stil, darüber ein Teppich als Rahmen gehängt. Selbst eine Trinkstube gibt es in diesem Hause, mit gotischer Säule unter gotischen Gewölben. Kühl und feucht wie ein Ratskeller. Außerdem ein Boudoir

aus der Zeit Ludwig des XVI., das als Ganzes erworben ist. Man denkt es sich als Gemach einer leichtsinnigen, geistreichen Dame des 18. Jahrhunderts und ist gespannt, wie die Menschen aussehen, die in diesen Räumen wohnen. Wir finden sie im Garten um einen kleinen Tisch gemütlich beim Kaffee versammelt. Den Hausherrn wie einen reichgewordenen Schlächtermeister im Straßenanzug des 19. Jahrhunderts, mit einem Melonenhut wie der Kastellan dieses Schlosses, der die Führung übernimmt. Die Frauen im Zeitkostüm bei einer Handarbeit, sehr bürgerlich und spießig. Wie anders wirkt daneben das Atelier von Caspar David Friedrich mit seinen kahlen Wänden, mehr eine Zelle als ein Wohnraum. Keine Spur von irgendwelchen bedrängenden oder verpflichtenden Gegenständen, sondern die volle Freiheit der Person, für die alles Ahnung und Sehnsucht ist und von innen nach außen drängt, anstatt sich an die Objekte zu verlieren. Ähnliches gilt für Spitzwegs „Armen Poeten" (1839), der seine spärlich eingerichtete Dachkammer mit Humor verklärt, oder für all die anderen Innenraumbilder des Biedermeiers, in denen die Menschen mit stillem·Behagen das Glück im Winkel genießen.

Im Äußeren gibt sich die Residenz solcher Maler nicht als Wohnhaus, sondern als Palast, meist in Anlehnung an die Renaissance. Bei Lenbach handelt es sich gleich um eine ganze Gruppe von solchen Palästen, nicht in einem Garten, sondern in einem Park mit köstlichem Barockbrunnen, an dem man sich die schönen Italienerinnen Paul Heyses Wasser schöpfend denkt. Das sind nicht Häuser für Einzelne, sondern für Gäste, Häuser, die erst durch große Gesellschaften ihr Leben erhalten. Man fragt sich, woher ein solcher Künstler die Zeit zur Arbeit nimmt, wenn er verpflichtet ist, Feste zu geben und gesellschaftlich zu repräsentieren, wenn er ständig um die Erhaltung und Vermehrung seines Vermögens besorgt sein muß, wenn er wie ein Rentner großen, Stils täglich den Kurszettel studieren und auswerten muß. Das führt zu der ebenso wichtigen Frage, was muß ein solcher Künstler verdienen, um sich diesen Komfort leisten zu können. Wie muß er sich selbst und die Welt ihn einschätzen, damit er Preise verlangen kann, die ihm einen solchen Luxus garantieren, bei dem das Kunstwerk mehr ein Mittel ist, Glanz und Reichtum zu demonstrieren als zu einer inneren Bereicherung beizutragen. Welche Rolle die Preise und auch eine Art von Börsenspekulation um die Kunstwerke herum in diesen Jahren spielten, läßt eine Stelle aus Spielhagens „Sturmflut" ahnen: „Weil ich ein paar gute Sachen besitze? sagte Herr Lübbener; — du lieber Gott! man muß wohl heutzutage die Kunst oder vielmehr die Herren Künstler protegieren. Das Beste fischt einem ja doch Freund Schmidt immer vor der Nase weg. Gestern stand dieser Riefstahl bei Repke im Fenster, heute hängt er natürlich hier; was haben Sie nur gegeben, Schmidt? Was glauben Sie? In jedem Fall nur die Hälfte. Philipp lachte, als ob er den alten Börsenwitz zum ersten Male hörte; der Geheimrat krähte wie ein alter, sehr heiserer Hahn bei Regenwetter; der Graf schien höchlichst amüsiert. Was wollen die Herren, rief er — ein solches Bild ist einfach unschätzbar! Philipp hatte das Licht des Reflektors auf das Bild fallen lassen, das freilich nun erst seine ganze Schönheit entfaltete. Wirklich magnifique! sagte der Graf" (VIII, 221).

Die Höhepunkte dieses Lebensstils sind die rauschenden, öffentlichen Feste, die von Künstlern arrangiert und von ihnen selbst veranstaltet werden: Künstlerbälle oder Umzüge, in denen große Epochen der Menschheit in echten, alten Kostümen oder in prächtigen Rekonstruktionen solcher Kostüme auftraten. Bei solchen Festlichkeiten erhob das Kostüm den Menschen mit einem Male zum Fürsten oder Helden. Eins der größten Ereignisse dieser Art war der von Makart inszenierte Umzug im Jahre 1879 in Wien, der in den zeitgenössischen Berichten wie ein Rausch weiterlebt. Der Einzug eines Fürsten konnte nicht pompöser und farbenprächtiger sein. Wahrscheinlich schwebten dem Künstler dabei die großen Triumphzüge der Renaissance und des Barock vor, zu denen Maler wie Dürer oder Rubens die Triumphpforten·entworfen hatten. Makart selbst reihte sich mit einem seiner berühmtesten Werke in diese Künstlergesellschaft ein, dem „Einzug Karls V. in Antwerpen" _P.202_ (1878). Auch hier herrschen Hofleute, schöne Frauen, kostbar gewandet oder nur mit der Grazie ihrer nackten Schönheit bekleidet, ein ungeheures Aufgebot von Massen, Teilnehmern oder Zuschauern, strotzend in glühenden, im 19. Jahrhundert bisher nicht gesehenen Farben. Wohin man blickt, überall sieht man Leiber, Gewänder, Waffen und Pferde, Blumen und Kränze. Ein Schauspiel in jedem Sinne des Wortes: Theater, Maskerade! Nicht Historie, sondern ein Künstlerfest! Selbst das Börsengeschäft macht diese Wende ins Rauschhafte, ins Gesellschaftsspiel mit. Als Beispiel sei wiederum Spielhagen herangezogen, der in seiner „Sturmflut" folgende Szene beschreibt:

„Der Vorschlag wurde mit Beifall aufgenommen; der Geheimrat nahm die Ehre dankbar an und begann den Gesellschaftsvertrag zu formulieren, wobei die anderen halfen und sich gegenseitig in Einfällen zu überbieten suchten. Der Gegenstand sollte eine Luftbahn nach dem Monde sein, wobei man sich die Fortsetzung der Bahn nach dem Großen Bären vorbehielt, in dem Augenblick, wo der Mann im Monde sein letztes goldenes Horn in dem Unternehmen versilbert haben sollte. Als Aktienkapital wurden von Philipp sieben Milliarden Fixsterne proponiert, worauf der Notar die Gesellschaft daran erinnern zu müssen glaubte, daß diese Münzsorte unangenehme Ideenverbindungen an der Börse wachrufen könne; ob ‚Kometen' denn nicht vertrauenerweckender klinge? Es müßten dann freilich zehn Milliarden sein, da zu viele falsche im Kurs wären, die man von Sternschnuppen selbst mit der Goldwaage nicht mehr unterscheiden könne. Die zehn Milliarden waren im Nu gezeichnet ... Der Graf sollte erster Direktor sein mit Victorine als Stellvertreterin; der Graf protestierte: Victorinen gebühre das Präsidium;

man disputierte, stritt, zankte sich förmlich." Als sich alles wieder beruhigt, wird eine Rede gehalten, „in welcher der Geheimrat mit wundervoll trockener Komik die Mitglieder des Gründerkomitees, die ersten Zeichner, den Aufsichtsrat und Vorstand der Erde-Mond-Groß-Bären-Bahn, und falls sich eine und die andere Person zufällig in doppelter oder dreifacher Eigenschaft vorfinden sollte, doppelt und dreifach hochleben ließ. Die nächsten Schritte solider Gründer werden erfahrungsgemäß hinter den Kulissen gemacht, sagte Philipp, mit zynischem Lächeln dem Graf sein Glas hinhaltend. Oder hinter die Kulissen! entgegnete der Graf mit einem Seitenblick auf Victorinen. Es leben die Kulissen, rief Hugo Lübbener. Und die Kulisse, sagte der Geheimrat. Die Gläser klangen zusammen; höher und höher gingen die Wogen der Lust und schlugen über dem letzten Rest von Anstand und Sitte brausend zusammen" (VIII, 227/29).

Diese Form des Gründerstils kennt nur die Renommage, die der Folgezeit als trauriges Vermächtnis überliefert wurde. Die oberen Zehntausend, die reichgewordenen Parvenüs, die sich mit Hilfe des Geldes einen fürstlichen Lebensstil erkauften und wie die Könige und Fürsten früherer Zeiten zur Ausstattung ihrer Hofhaltungen und Festlichkeiten das Mäzenat über die Künstler ausübten, ihr Lebensstil war es, was man allgemein unter „Gründerzeit" verstand. So wurde es in den sogenannten „besseren Kreisen", in dem, was man die „Gesellschaft" nannte, geradezu zur Manie, sich bei solchen Festen gegenseitig zu überbieten — an Pracht der Arrangements, Üppigkeit der Tafelrunden, durch das Zeremoniell der Sitzordnung, die Mannigfaltigkeit der Menüs, die soziale Stellung der Geladenen oder das Sichhervortun der Damen in ihren Festroben. Glücklich, wer einen Renommierbaron vorweisen konnte. Berühmte Künstler und Schauspieler verzierten diese Feste wie die Aufsätze auf den Tafeln, und wenn sie sich nach Verabredung herbeiließen, etwas vorzutragen, fanden sie auf ihrem Platz unter dem Teller statt der Tischkarte ein diskret verschlossenes Kuvert mit einem hochzahligen Schein. Wer nicht so gut situiert war wie die Hochfinanz, die sich mit Militärs, Adligen oder hohen Verwaltungsbeamten umgab, sparte das ganze Jahr, um für diese Höhepunkte des Daseins gerüstet zu sein. Denn man hielt streng darauf, sich zu revanchieren, die Einladungen zu erwidern, mit Mietsdienern in Galalivree, einer Kochfrau und dem bei Borchert bestellten Diner. Von diesem Ritus, dieser Geldfeudalität ausgeschlossen zu sein, war für viele Grund zu bitterer Kränkung und einem das Leben verdüsternden Komplex. Denn in der Einladung steckte zugleich die Ehre, die den Rang in der Gesellschaft bestimmte.

Ihren Höhepunkt erlebte dieser Stil in München, wo die manische Phantasie und Laune eines Fürsten schon zu Beginn des 19. Jahrhunderts das Beispiel für die Verbindung von Kunst als Lebenssurrogat mit ausschweifend luxuriöser, absolutistischer Lebenshaltung gegeben hatte. München als Kunststadt bedeutete damals nichts anderes als großherrliche, das Leben festlich gestaltende und zum Fest erhebende Vorherrschaft eines Künstlertums, das für die Maskerade des Daseins tonangebend wurde. Zeugen dafür sind die aus dem Geist der Zeit geborenen Paläste von Lenbach und Heyse oder das später entstandene Künstlerhaus (1900), wo das Fest der Einweihung durch Schaugerichte verewigt wurde, in denen die Üppigkeit der Tafeln mit den festlichen Gelagen des Barock konkurrierte, was man als so bedeutsam empfand, daß man diese Gerichte von Künstlerhand in beständigem Material nachbilden ließ.

Nun ja, wird man sagen, das waren Ausartungen, mehr Kitsch als Kunst, die es in jeder Zeit gegeben hat, gegen die sich schon die Zeit selbst wandte. So ist Spielhagens „Sturmflut" ja nicht nur eine grellfarbige Schilderung dieser neuen Gesellschaft, sondern zugleich ein Protest, ähnlich dem des Rechtsanwaltes und Abgeordneten Dr. Lasker, der im Reichstag eine scharfe Rede gegen den Gründerschwindel und die Beteiligung höchster Kreise hielt. Und hat sich nicht Feuerbach ständig über das Kolorit Makarts mokiert, das sich zu seiner Kunst wie ein Freudenmädchen zu einer Madonna verhalte? Was stimmt an diesen Protesten? Ziehen sie klare Grenzen oder decken sie nur die äußeren Unterschiede zu? Ist nicht auch die überladene Darstellung des Feuerbachschen „Gastmahls" (2. Fassung 1873) mit seinen Prunkbetten, kostbaren Vasen, den darüber drapierten Stoffen, den Kränzen und Putten, Kandelabern und Statuennischen, der bacchischen Gesellschaft des Alcibiades und seinen Hetären ein leicht stilisiertes Gegenstück zu diesem Gründerprunk, mehr ein Dionysosfest als eine Philosophengesellschaft? Auch ein religiöses Gemälde von Gebhardt, ein Fresco im Kloster Loccum (1884—1891), läßt wenig von dem tiefen Sinn der Bergpredigt an die Armen, die Mühseligen und Beladenen ahnen, wohl aber die Freude am historischen Kostüm, der reichen Szenerie, der fröhlichen Buntheit eines Festspieles. Wie in Oberammergau glaubt man hier den Ruf zu hören: kommt her zu mir aus England und Amerika, die ihr die Reise bezahlen könnt. Auch Feuerbachs „Amazonenschlacht" (1873) ist in ihrer letzten Fassung mit der fast parodistisch wirkenden Anhäufung aufregender Kampfszenen und effektvoll hingegossener Akte durchaus eine dramatisierte Antike im Stile Makarts, mehr Festspiel als Tragödie, ein durch die Bildungsbrille des Klassizismus filtrierter Rubens, auch ohne die satten Farben Makarts ein buntes Mosaik von prächtigen Menschenleibern und Zirkuspferden. Dasselbe trifft auf Meyer zu, dessen „Jürg Jenatsch" (1874) oft eine gefährliche Nähe zu Dahn verrät.

Haben wir also recht, die Gründerzeit als Greuel aller Greuel anzusehen, sie lediglich mit Abscheu zu betrachten? Ist das Ganze nur eine Epoche, bei der gewissen Schichten der Kamm schwoll, oder gibt es auch Gründer in einem anderen Sinne? Schließlich findet sich neben reinem Spekulantenwesen und vordergründigem Hurrapatriotismus auch viel echter Wagemut, Organisation der Arbeit und der Wissenschaft, Schöpfung, Grundlegung und Entschluß.

Es sei daher die Frage gewagt, ob es nicht auch andere Seiten desselben Zeitgeistes gibt, den wir bisher nur in der allgemeinen Vorstellung der Entartung zu sehen gewohnt waren. Hat nicht die wichtigste Gründung dieser Jahre, das Zweite Kaiserreich, neben ihrem wilhelminisch-antiliberalen Aspekt auch manches Gute gehabt? Brachte sie nicht die langersehnte Einheit, die zwar nicht alle Wünsche befriedigte, aber doch einen relativen Fortschritt gegenüber der unhaltbaren Kleinstaaterei der Biedermeierepoche bedeutete? Selbst Bismarck, mögen wir heute über ihn denken, wie wir wollen, hat neben seiner bornierten Junkermentalität auch seine genialen Züge, die damals selbst von seinen Feinden anerkannt wurden. Man halte Gründer wie Strousberg daneben, um sich der Kehrseite der Medaille zu vergewissern.

Dasselbe gilt für die Kunst, wo das Pro und Contra vielleicht noch deutlicher ist. Sind Nietzsche, Feuerbach, Marées, Böcklin, Leibl, Thoma, Bruckner überhaupt „Gründer"größen im ominösen Sinne des Wortes? Wurden sie nicht von ihrer Zeit völlig abgelehnt oder, was noch schlimmer ist, mit Schweigen übergangen? Niemand von ihnen lebte in den Zentren dieser Jahre, in Berlin, München oder Wien. Manche saßen in Rom, andere in Florenz, Sils-Maria oder in abgelegenen oberbayrischen Dörfern. Was haben sie mit den Modehelden, mit Dahn, Lenbach, Makart oder Hamerling zu tun, die sich einer geradezu fürstlichen Anerkennung erfreuten? Sind es nicht alles Größen, die sich scheinbar in einem tiefen Widerspruch zu ihrer Zeit befanden? Hat nicht Nietzsche Bismarck offen verhöhnt, Leibl seine Bilder nur in Paris ausgestellt, weil er die Deutschen für unfähig hielt, sie richtig einzuschätzen? Hat nicht Marées am 15. August 1878 an Fiedler geschrieben, daß er es als sein höchstes Ziel betrachte, „sich gegen den Strom der Zeit nach Kräften zu stemmen." Aber waren sie wirklich gegen ihre Zeit, bewußte Widersacher, Oppositionelle, oder wollten sie dasselbe, nur tiefer, künstlerischer, anspruchsvoller, nicht so banal wie die Modegrößen dieser Jahre? Wo sie wie Gründer erscheinen, sind sie es in einem anderen Sinne. Nicht die Größe der Zeit, sondern ihre eigene Größe war die Richtschnur ihres Schaffens. Jeder will einen neuen Stil, eine neue Kunst begründen, ähnlich dem alternden Wagner, der 1876 das Bayreuther Festspielhaus eröffnete, um damit etwas Einmaliges, ganz auf seine Person Zugeschnittenes zu gründen. Ist es daher erlaubt, einen Maler wie Feuerbach in einem Atem mit Makart zu nennen, Meyer neben Dahn zu stellen? Ja und nein. Beide sind Gründer, in ihrem Pathos, ihrer Theatralik, ihrem Anspruch, beide sind von derselben Problematik gezeichnet, und doch zieht das künstlerische Können, der Qualitätsunterschied hier eine deutliche Grenze. Vor allem in der Malerei gehören in die siebziger Jahre gerade jene Künstler, die man seit der Jahrhundertwende als die großen Persönlichkeiten des 19. Jahrhunderts empfunden hat: Böcklin, Feuerbach, Marées, Thoma und Leibl, deren künstlerische Bedeutung selten angezweifelt worden ist. Alle diese Maler haben große Biographien erlangt.

Ihre Werke wurden in ungezählten Drucken und Mappenwerken verbreitet. Ihre Tagebücher und Vermächtnisse erreichten hohe Auflagen. Führende Kunsthistoriker haben sich zu ihnen bekannt: Wölfflin zu Böcklin, Thode zu Thoma, Meier-Graefe zu Marées. Leibl gilt im Ausland als ein Maler, der neben den großen Franzosen genannt werden darf. Keiner dieser Gelehrten hat gedacht, sie mit der Gründerzeit in Verbindung zu bringen, ihren Stil als Ausdruck ihrer Zeit zu würdigen. Denn jeder schien in irgendeinem Sinne eine reine, zeitlose Kunst geschaffen zu haben, und zwar in einer so persönlichen Form, daß niemand auf den Gedanken der Zusammengehörigkeit kam. So grundverschieden sind sie, scheinen sie.

Feuerbachs „Iphigenie" (1871): das Bild einer adligen Frau mit der schweifenden Sehnsucht, das Land der Griechen mit der Seele suchend, klassisch in der Form und doch erfüllt mit romantischer Seelenhaftigkeit. Ein deutlicher Versuch, zeitlos zu sein. Böcklins „Schweigen im Walde" (1885): eine Märchenstimmung, aus deutschem Naturgefühl heraus geboren. Man denkt an Schwind, dessen poetische Linienmusik hier in malerische Stimmungen übertragen wird. Thomas „Mutter und Schwester" (1866): Form und Poesie in herber Zeichnung verbunden. Heimatkunst und doch ein geheimer Klassizismus, der zum Allegorischen neigt. Marées' „Diana" (1863): venezianischer Frauenkult in malerischer Stimmung, weich in den Harmonien, musikalisch melodiös in der Linienführung. Leibls „Kokotte" (1869): ungeschminkte Wahrheit aus dem zeitgenössischen Leben, jedoch durch und durch komponiert, mit feinen malerischen Tonwerten des Schwarz in Schwarz.

Jeder dieser Maler war ein eigener und besonderer, nicht nur die Variante eines allgemeinen Stils wie in der Biedermeierzeit. Auch auf allen anderen Gebieten steht eine eigentümliche Persönlichkeit neben der anderen. Carl Justi mit seinem „Velazquez" (1888): international in der Auffassung, objektiv in seiner Gelehrsamkeit und tiefgründigen Kenntnis von Zeit und Ort. Herman Grimm, ein Nachkömmling der Goethezeit, voller Begeisterungsfähigkeit, mehr ein Sänger als ein Kenner des Lebens der weltbedeutenden Genies Raffael und Michelangelo. Wieder eine Persönlichkeit ganz anderer Art Heinrich von Treitschke, der die Fanfare des Nationalismus bläst. In der Philosophie ein Charakter wie Dilthey, wesentlich abstrakter als alle anderen, der die Geistesgeschichte systematisiert, die geisteswissenschaftliche Methode begründet, stark historisch eingestellt, und zwar mit der Tendenz, die allgemeingültige Philosophie aus einem System schon historisch gewordener Systeme aufzubauen. Wie anders dagegen Nietzsche, der bewußt unsystematische Philosoph, in Aphorismen denkend, Dichter, Sprachkünstler und Prophet in einer Person. Neben Conrad Ferdinand Meyer, dem Dichter großer historischer Romane und Novellen und Gestalter heroischer, monumentaler Persönlichkeiten, ein Schriftsteller wie Paul Heyse, der unmittelbar in das zeitgenössische Leben und die Bildungswelt der Gegenwart hineinführt. Jeder dieser Philosophen und

Schriftsteller scheint eine Persönlichkeit sui generis zu sein, scharf ausgeprägt, nirgends mit dem allgemeinen Stil der Zeit verbunden. Wer würde es vor allem wagen, Böcklin neben Marées zu stellen, lief doch Meier-Graefe geradezu Sturm gegen Böcklin, während er Marées in den Himmel erhob. Man muß den „Fall Böcklin" (1905) noch miterlebt haben, um diesen Gegensatz recht zu verstehen. Meier-Graefe spielte damals Böcklin als typisch deutsch gegen die Franzosen aus, obwohl sich Böcklin, stilgeschichtlich gesehen, durchaus mit Manet vergleichen läßt, so grotesk das zunächst auch erscheint. Man halte Manets „Olympia" (1863) neben Böcklins „Ruggiero und Angelika" (1879). Bei Manet das alte und im besonderen französische Thema, die Kurtisane auf dem Lager, dem Beschauer in voller Nacktheit präsentiert. Auf den ersten Blick scheint es eine Fortsetzung der klassischen Redaktion dieses Themas von Tizians, Giorgiones und Velazquez' Venus oder Goyas Maja zu sein. Und doch ist gegenüber der repräsentativen, vergöttlichenden und kultischen Pose der älteren Künstler hier alles viel realistischer, zeitgenössischer und porträthaft sprechender. Diese Olympia ist nicht völlig nackt, sondern mit eleganten Pantöffelchen und einem Halsband bekleidet, dadurch viel pikanter. Ihre Haltung mit sich verdeckenden Füßen, winkligeren Brechungen des Körpers und zufälligeren Formen wirkt disharmonischer, wie zufällig erlauscht. Statt der idealen Farben des klassischen Goldtons herrschen frische, natürliche, unverdeckte Farben, die dem akademischen Geschmack roh und bunt erscheinen mußten. Neben ihr, malerisch in ein Flächenbild zusammengezogen, ein stillebenhaftes Farbenbukett in dem Strauß, den die schwarze Dienerin bringt. Damit verglichen, erscheint Böcklin anekdotischer: der befreiende Ritter, der der Dame chevaleresk den Mantel umlegt, nicht Natur, sondern eher wie ein Mythos oder Märchen. Statt des Farbraffinements eine auffällige Farbeinfältigkeit: das Dunkelgrau der Rüstung neben dem hellen Fleischton der Frau und den bunten Farben des erschlagenen Drachens. Die Formen beider Figuren wirken gestellter, theatralischer, weniger pikant. Dennoch — auch Manets Bild gibt nicht impressionistisch einen flüchtig erhaschten Augenblick wieder, der in Luft und Licht verschwimmt, ist weder atmosphärisch noch landschaftlich, sondern figürlich komponiert und auf einer flachen Bühne nebeneinandergestellt wie bei Böcklin. Die bedienende Negerin als berechneter Kontrast neben der Hauptfigur wie der Ritter neben Angelika. Alles ist auf den Beschauer zugerichtet, aus dem Intimen ins Öffentliche gekehrt. Überall sind Kontraste gegeneinander abgewogen, in menschlicher Bedeutung und Haltung, in Form und Farbe, das Weiße neben dem Schwarzen, das Tier neben dem Menschen, das Lebendige neben der Nature morte. Denn auch der Drache, so sehr er zu der geschehnisreichen Handlung gehört, leitet in seiner buntschillernden Art ins Stillebenhafte über. So sehr also die ungenierte Haltung der Kurtisane gegenüber der Schamhaftigkeit der befreiten und umworbenen nackten Schönen auf dem Bilde Böcklins spezifisch französisch und manethaft wirkt, in den allgemeinen Prinzipien der Komposition, selbst im Thema ist Gemeinsames genug. Deutet doch auch bei Manet der Blumenstrauß auf einen Kavalier und eine Werbung hin. Sogar die unverhüllte Farbigkeit hat manches Vergleichbare, obwohl Manet wesentlich delikater verfährt. Wäre also das, was wir als Stil der Gründerzeit suchen, ein allgemein-europäisches Phänomen, in dem sich Deutschland und Frankreich begegnen? Vielleicht auch England, wenn man an die Zeit des „High Victorian" denkt? Vor allem die frühen Impressionisten in Frankreich sind eher Artgenossen als Antipoden der deutschen Gründerzeitmaler. Weiß man zum Beispiel, daß die Komposition von Manets „Frühstück im Walde" (1863) in der Figurenkomposition eine Paraphrase von Raffaels „Meergöttern" ist, so wird man Marées' „Jünglinge unter Orangenbäumen" (1875–1880) nicht sehr weit davon finden und sogar in Böcklins mit verblüffendem Realismus vorgetragenen Mythologien eine verwandte Freiheit den antiken Themen gegenüber wie beim frühen Renoir erblicken. Auch ein Vergleich von Feuerbachs „Stiefmutter" (1878) mit einem frühen Frauenbildnis von Degas, der „Femme en gris" (1870) zeigt eine ähnliche Haltung in Porträtwahrheit, Komposition und Distinktion der Farbe.

Daß man diese Zeitbezogenheit und zugleich Einheit in der Vielfalt bisher übersehen hat, liegt vor allem daran, daß es meist überragende Einzelgänger sind, die in dieser Zeit wirken und im gleichen Jahrzehnt geboren sind, Künstler, von denen jedes Werk für sich selber spricht und nicht eine bestimmte Atmosphäre vermittelt wie in der Biedermeierzeit oder der Romantik. Wie man bei Raffael, Tizian und Michelangelo erst an Raffael, Tizian und Michelangelo denkt und erst dann an Hochrenaissance und Barock, weshalb die von Wölfflin herausgearbeitete Gemeinsamkeit anfänglich auf starken Widerstand stieß, so ist es auch mit diesen Meistern, mit Feuerbach, Böcklin, Thoma, Leibl und Marées, mag man im einzelnen über sie und ihr Verhältnis zu uns denken, wie man will. Die wütende Invektive Meier-Graefes gegen Böcklin beweist doch nur, daß hier ein Gott, den man als Götzen erkannt hat, gestürzt werden sollte. Einen „Fall Böcklin" konnte es nur geben, weil Meier-Graefe, ähnlich wie Nietzsche im „Fall Wagner", sich von dem suggestiven Eindruck, dem auch er einst erlegen war, lösen wollte. Und wie steht es mit Nietzsche, dem großen „Verführer und Rattenfänger", wie er sich selber nannte? Weder bei ihm noch bei den Malern dieser Jahre scheint es einen Fall Gründerzeit zu geben, nur einen Fall Nietzsche. Und doch hat auch diese Epoche ihren ganz bestimmten Stil. Nur liegt das Verbindende diesmal nicht in der Ähnlichkeit, sondern in der Schätzung des Einmaligen. Paradox gesagt, besteht es lediglich in der Unvergleichlichkeit, in dem, was man als „genial" empfand.

Dafür spricht schon, daß diese Künstler — im Gegensatz zu den Nazarenern, Impressionisten oder Brücke-Malern — nie in Gruppen aufgetreten sind. Sie hatten weder das Gefühl der persönlichen Zusammengehörigkeit noch eines verbindenden Programms. Mit dem übersteigerten Selbstgefühl des Künstlers wollten sie nicht Schönes oder Gefälliges malen, sondern bedeutende, unvergängliche Werke schaffen. Auch im Leben traten sie, wie ihre Paläste bezeugen oder ihre Biographie beweist, als große Herren auf, fürstlich mit Fürsten verkehrend. Lenbach malte Könige, Kanzler, Geistesgrößen und Großindustrielle nicht als bezahlter Porträtist, sondern als ihresgleichen, die er zu sich zu Gaste lud, wie er von ihnen zu Gast geladen wurde. Makart war der Mittelpunkt der Wiener Gesellschaft, tonangebend für die Ausstattung der Räume und die rauschende Festlichkeit der Kaiserstadt. Vor allem die Selbstbildnisse dieser Maler zeigen, wie sie sich selber fühlten und von der Welt gesehen werden wollten. Lenbach mit Faunsbart, dionysisch-dämonisch, hypnotisch, Faust und Mephisto zu gleicher Zeit. Am unheimlichsten, wie in einer Geistergesellschaft, auf dem Doppelbildnis von Marées. Böcklin und Thoma malen sich mit einem Knochenmann neben sich, von ihm inspiriert, Interpreten nicht der Natur, sondern der Überwelt, den Mächten des Todes standhaltend. Feuerbach, anspruchsvoll, seiner Schönheit und Genialität bewußt, wie ein Zigeunerbaron. Marées, steif und repräsentativ, apodiktisch, mit durchdringendem Ernst. Auch die anderen malten sie in dieser Pose, Lenbach seinen Bismarck, den Kaiser, die Grafen und Diplomaten, in großer, fürstlicher Haltung und geistiger Überlegenheit, groß in der Welt und groß im Geiste. Diplomat und Genie zu gleicher Zeit. Künstlertum und Fürstlichkeit scheinen hier unmittelbar ineinander überzugehen: den Malern wird eine fürstliche Verehrung entgegengebracht, die Großen des Standes werden erst durch die Inspiration des Künstlers in den wahren Adel erhoben. Dafür spricht Lenbachs Heyse-Porträt (1895): wie eine Büste mit wallendem Stoff drapiert, den Kopf zurückgeworfen, über die Menge erhaben, in die Überwelt hineingreifend. Selbst kleinere Geister wie Ludwig Knaus, Nachfahren des Biedermeiers, malen Gelehrte wie Mommsen und Helmholtz in ihrem Arbeitszimmer, in Gehrock und Lackstiefeln, sich einer unsichtbaren Menge zeigend, ihre Bücher und Geräte mit derselben Fülle und demselben Durcheinander wie bei Makart um sie herumgebaut, in Szene gesetzt, als ob sie im Geiste immer vor einem Publikum dächten.

Eine ähnliche Selbstbespiegelung kommt in ihren schriftlichen Äußerungen zum Ausdruck. So sind Feuerbachs Memoiren nicht Erinnerungen eines alten Mannes wie bei Kügelgen, sondern „Ein Vermächtnis", ein Testament an die Nachwelt und eine Abrechnung mit den Zeitgenossen. Durch das ganze Buch geht die Wehklage eines Mannes, der sich bewußt ist, größte Werke geschaffen zu haben und doch stets verkannt worden zu sein:

> „Wären sie vor einer französischen Jury gestanden, so würde ich am nächsten Tage ein berühmter Mann gewesen sein und mein Schicksal gemacht" (S. 116).

Besonders empört war er über die Erfolge seines Nebenbuhlers Makart, gegen den er sich in Wien nicht durchsetzen konnte. Ruhm war ihm zeitweilig wichtiger als sein Schaffen selbst. Wie viele Maler dieser Jahre sieht er sich bereits geschichtlich, als eine historisch anerkannte Größe, dessen Bilder in Galerien und Museen hängen:

„Mein Leben ist mir manchmal wie ein Traum. Wie kommt es doch, daß meine Bilder so fest und berührbar dastehen, und ich bin wie ein schwankendes Rohr? Oft sehe ich hundert Jahre voraus und wandle durch alte Galerien und sehe meine eigenen Bilder in stillem Ernste an den Wänden hängen. Ich bin zu Großem berufen, das weiß ich wohl ... Leiden werde ich immer haben, aber meine Werke werden ewig leben" (S. 137).

Deshalb malen sie altmeisterlich, im Galerieton, und suchen sich unter den von der Geschichte anerkannten großen Meistern ihre Vorbilder, in der Meinung, dadurch selber geschichtlich zu werden. Es ist dasselbe Bemühen, das in den Wohnungen der Gründerzeit zum Ausdruck kommt, deren kunsthistorische Echtheit den Bewohnern den Adel einer alten Familie verleihen soll. Im Sinne dieser genealogischen Großspurigkeit malt Lenbach wie Tizian, Makart wie Veronese. Auch Feuerbach beginnt mit den Venezianern und endet bei der Antike, Rubens und Michelangelo. Böcklin richtet sich nach altdeutschen und niederländischen Meistern, Gebhardt schult sich an Dürer und auch Leibl ist in seiner reifsten Zeit kaum ohne Holbein zu denken. Marées schreibt am 12. März 1870 an Fiedler: „Wissen Sie, was mir vonnöten ist? Die Faust eines Rubens und der Spekulationsgeist eines Strousberg." In der Literatur verbrämt C. F. Meyer seine Romane und Novellen mit einem renaissancehaften Zeitkolorit, Wilhelm Jordan versucht, die Nibelungen auf nordische Art in Stabreimen nachzuerzählen, und Nietzsche spricht im Ton der Luther-Bibel zu seinen Anhängern. Das ist nicht der Stil der ausgehenden Historienmalerei eines Kaulbach oder Piloty oder des Meininger Schauspiels, die der Wahrheit zuliebe historische Stoffe im historischen Kostüm zu schildern versuchten, sondern Historie als Abstempelung des Werkes und seines Künstlers im Ahnenbuch der Weltgeschichte. Gewiß ist die Wahl des großen Künstlers, den man sich zum Paten wählt, nicht unabhängig vom Geschmack der Zeit oder von der Eigenart des einzelnen Künstlers. Für die Lebenslust und Genußsucht, das Streben nach feudaler Lebenshaltung und prunkender Selbstbefreiung waren Tizian und Rubens erwünschte Vorbilder. Aber das hätte man auch mit eigenen Ideen erreichen können. An Phantasie und Originalität fehlte es keinem dieser Künstler. Feuerbach, diesem verzärtelten, lyrischen und formalistischen Maler hätte an sich nichts ferner liegen müssen als Michelangelo. Man braucht nur das Idyll von Tivoli mit den Fresken in der Wiener Akademie zu vergleichen. Wo sich diese Altmeisterlichkeit findet, ist sie nicht durch Geistesarmut, sondern durch das ungeheure Selbstbewußtsein, die Großmannssucht dieser Künstler bedingt. „Das Größte, Beste ist mir gerade das

Rechte, das, wenn ich so sagen darf, meiner Natur Angemessene", schrieb Feuerbach (S. 97).

Am übertriebensten hat sich dieses Selbstgefühl bei Nietzsche geäußert. Durch sein ganzes Werk geht ein ewig wiederholtes, großgeschriebenes Ich, Ich, Ich. So schrieb er bei der Konzeption seines „Zarathustra":

> „Ich habe der Menschheit das tiefste Buch gegeben, das sie besitzt, meinen Zarathustra" (VII, 165).

> „Niemand, den nicht jedes seiner Worte irgendwann einmal tief verwundet und irgendwann einmal tief entzückt hat ... darf des Vorrechts genießen, an dem halkyonischen Element aus dem jenes Werk geboren ist, an seiner sonnigen Helle, Ferne, Weite und Gewißheit ehrfürchtig Anteil zu haben" (VII, 296).

> „Dies Buch, mit einer Stimme, über Jahrtausende hinweg, ist nicht nur das höchste Buch, das es gibt, das eigentliche Höhenluft-Buch — die ganze Tatsache Mensch liegt in ungeheurer Ferne unter ihm —, es ist auch das tiefste, das aus dem innersten Reichtum der Wahrheit heraus geborene, ein unerschöpflicher Brunnen, in den kein Eimer hinabsteigt, ohne mit Gold und Güte gefüllt heraufzukommen" (XV, 3).

In allen Abschnitten dieses Buches, in denen er sich mit der Maske eines Religionsstifters drapiert, ist lediglich von seinen Stimmungen, seinen Anfechtungen, seinen Erleuchtungen, seinen Diktaten die Rede. Auch sein Fall Wagner ist nur eine andere Form der Selbstbiographie, die Geschichte seines Reinfalls und seines Abfalls. Seine ständigen Invektiven gegen Klassiker und Zeitgenossen sind ihm ebenfalls nur ein Vorwand, seine eigene Souveränität zu bekunden. Respektlosigkeit ist hier die Kehrseite seines Respektes vor sich selbst. Was könnte maßloser sein als das Wort Zarathustras:

> „Aber das ich euch ganz mein Herz offenbare, ihr Freunde: wenn es Götter gäbe, wie hielte ich's aus, kein Gott zu sein! Also gibt es keine Götter" (VI, 124).

Am Ende seiner Laufbahn steht daher der berühmte Brief an Georg Brandes mit der Unterschrift „Ecce homo". Daß er hier nicht allein spricht, sondern in ihm die Zeit, beweist der Feuerbachsche Ausspruch: „Von der Gottheit nichts begehren als sie selber, würde wohl das Richtige sein" (S. 292). Hatte nicht schon Wagner über seine Ring-Dichtung zu Theodor Uhlig gesagt: „Das Ganze wird dann — heraus! ich bin so unverschämt es zu sagen! — das Größte was je gedichtet!" Solche Äußerungen finden sich jetzt allenthalben. So schreibt Feuerbach nach Hause: „Empfange die zweite Iphigenie mit Achtung; sie ist es wert" (S. 215). Meyer entwirft als Ankündigung seines „Heiligen": „Wer das Buch in die Hand nimmt, wird es zu Ende lesen und nach beendigter Lektüre dieselbe von neuem beginnen" (II, 666). Bei Leibl heißt es in einem Brief an seine Mutter: „Du kannst dich verlassen, daß diese Zeichnung und der weibliche Kopf mehr wert sind, als sämtliches Zeug, wovon jetzt viel Aufhebens in Deutschland gemacht wird" (7. IV. 1878). Sogar bei kleineren Geistern wie Paul de Lagarde in seiner Vorrede zu den „Deutschen Schriften" (1878) findet sich dieses Übermenschentum, das sich selbst schon geschichtlich sieht:

„Es ist mir allemal schwer geworden, einen meiner theologisch-politischen Traktate in die Öffentlichkeit zu schicken. Auch heute noch bin ich mit diesen Arbeiten nicht zufrieden, aber ich kann jetzt gleichwohl nicht anders, als mich darüber freuen, daß dieselben herausgegeben worden sind: denn allem Totschweigen zum Trotze haben sie ihren Weg gemacht, und nicht allein vielen Deutschen, sondern dem ganzen Vaterland sind meine recht viel gelesenen Erörterungen von Nutzen gewesen. Hat aber, was ich vorgetragen, die Entwicklung richtiger Einsichten und gesunden Wollens gefördert, so habe ich nicht allein das Recht, sondern die Pflicht meine Blätter nicht in die Winde zerflattern zu lassen: diese Hefte gehören der Geschichte oder mindestens der Geschichte vieler einzelner Seelen an ...

Da ich einiges geleistet habe, was bleiben wird, darf ich die Phasen meiner Entwicklung wenigstens meinen gekannten und ungekannten Anhängern vorlegen, umso mehr, als ein in so unerhörter Weise bekämpfter Mann wie ich, das Recht hat, seine Person dadurch zu verteidigen, daß er sie zeigt ...

Es ist das Los der Vorläufer, daß sie vergessen werden, wenn das von ihnen Gepredigte in das Leben getreten ist: ich will Gott danken, wenn ich als Politiker rasch vergessen werde: denn dann wird die große Zukunft gekommen sein, welche ich verkünde und fordere" (S. 7/8).

Alle diese Meister haben keine Schüler im eigentlichen Sinne gehabt. Sie fühlten sich nicht als Meister, die anderen das Handwerk lehren, sondern als Fürsten, die sich der Mit- und Nachwelt durch Herolde verkündigen. Die Maler, die in ihrer Werkstatt lernen, sind nicht Lehrlinge, sondern Jünger.

So schreibt Feuerbach 1873: „Schüler habe ich zwölf angenommen und mit dieser Zahl abgeschlossen" (Allgeyer II, 229). Ein Jahr später heißt es voller Stolz, als sei er eben in die heilige Stadt eingezogen: „Die besten Schüler folgen mir überall nach" (II, 237). Die Hauptaufgabe dieser „Jünger" bestand darin, alle Lehren und Aussprüche ihres Herrn gewissenhaft zu notieren, um sie der Nachwelt zu überliefern. So hat Feuerbach in Allgeyer seinen Eckermann gefunden, dem er den Auftrag gab, sein literarischer Testamentsvollstrecker zu sein:

„Sollten Sie aber einmal die Erinnerungen aus Ihrem Leben niederschreiben, dann gedenken Sie in der Schilderung dieser vier Jahre dessen, was ich als Künstler gewollt und erstrebt. Sie wissen es und können es sagen, wozu ich selbst nie Zeit und Stimmung finden werde" (I, 432).

Für Böcklin ist Schick der Jünger, der zu seinen Füßen sitzt, um jeden Ausspruch über künstlerische Werke, Regeln und Prinzipien aufzufangen und schriftlich zu fixieren; und Böcklin und seine Familie freuen sich, wenn der gläubige Adept auch scherzhafte Äußerungen als ernstgemeint festhält. In allen Fällen sind die Schüler für die Lehrer da, nicht die Lehrer für die Schüler. Als sich Böcklin, Lenbach und Begas an der Weimarer Kunstakademie als Professoren versuchten, erwies sich das Ganze schon nach kurzer Zeit als Fiasko.

Selbst strenge Wissenschaftler, denen die Unterweisung von Schülern von Amts wegen übertragen war, fühlten sich in erster Linie als Forscher und Schriftsteller und empfanden ihre Lehrtätigkeit nur als lästige Behinderung ihrer produktiven Arbeit. So las Carl Justi, wie Waetzoldt in seinen „Deutschen Kunsthistorikern" (1924) berichtet, ungern Kolleg. Das Ziel seiner Arbeiten schien ihm vielmehr, sich selbst zu entwickeln und zu vollenden. Paul Clemen schreibt von ihm in seiner „Gedächtnisrede zur hundertsten Wiederkehr seines Geburtstages" (1933):

> „In sich gekehrt und immer mit der eigenen Ausbildung als einem Kunstwerk für sich beschäftigt, selten zufrieden mit dem, was er geschaffen, noch im Alter oft kleinmütig und zaghaft, von einer tiefen Bescheidenheit und Demut des Herzens, aber von einem stolzen Herrschergefühl in seinem selbstgefügten geistigen Reich" (S. 45).

Diltheys Schüler errangen den Eingang zu akademischen Rängen dadurch, indem sie für seine großangelegten enzyklopädischen Arbeiten Werke wie die Manuskripte Schleiermachers durcharbeiteten. Nietzsche, der in jungen Jahren einen altphilologischen Lehrstuhl in Basel erhielt, hat im „Zarathustra" einmal ausgesprochen, wie er sich das Verhältnis zu Schülern dachte, als Apostel des Meisters und Gläubige einer Nietzsche-Gemeinde:

> „Gefährten brauche ich, die mir folgen, weil sie sich selber folgen wollen — und dorthin, wo ich will" (VI, 27).

Wer sich seiner Lehre angepaßt hätte, um dem Meister gleich zu werden, wäre ein armseliger Kopist oder Nachahmer geworden. Seine Lehre war Offenbarung und Überlieferung, nicht Wissensvermittlung oder methodische Schulung, Herrschaft — nicht Dienst.

Ebenso bezeichnend für diese Selbsterwähltheit ist das Verhältnis der Künstler zu ihren Gönnern. Man höre Feuerbach:

> „Ein kräftiger Arm, der mich über die kleinen Sorgen des Lebens hinweggehoben hätte, und ich würde in einem Freudensturm den Gipfel erreicht haben, auf den meine Natur sich erheben konnte" (S. 117).

Am krassesten zeigt sich dieses Verhältnis bei Conrad Fiedler und Hans von Marées. Fiedler, der Sohn eines reichen Gutsbesitzers, hatte sich im Glauben an Kunst und Künstlerschaft zu einer bedeutenden Bildung emporgearbeitet und setzte Marées ein solches Jahresgehalt aus, daß sich dieser ohne Gegenleistung und ohne Rücksicht auf äußeren Erfolg ganz seiner experimentierenden Malerei widmen konnte. Experimentierend, indem er jedes seiner Werke immer wieder übermalte, bis sie schließlich wie ein Relief mit einer erhabenen Farbschicht bedeckt waren. Marées nahm diese Unterstützung entgegen wie ein Fürst die Apanage seines Volkes, ohne Fiedler selbst mit Werken seiner Hand zu entschädigen. Ja, nicht einmal in sein Atelier hatte Fiedler Zutritt, um sich von den Fortschritten seines Schützlings zu überzeugen. Trotz allem ist Fiedler in seinen theoretischen Schriften stets für die künstlerischen Prinzipien von Marées eingetreten, auch eine Art Vermächtnis des Meisters.

Im Grunde ist diese Selbsterhöhung und dieses Selbstbewußtsein nur der Reflex einer ungeheuer übersteigerten Verehrung des Ausnahmemenschen, und zwar vor allem des Künstlers als des schöpferischsten unter den großen Gestalten der Menschheit. Die Parole dieser Jahre wird daher ein in dieser Intensität und Prononcierung bisher kaum hervorgetretener Geniekult. So behauptet Herman Grimm:

> „Wer mit Männern ersten Ranges einmal verkehrt hat, bringt sie und den Maßstab, den sie verlangen, nicht wieder aus der Erinnerung. Wohl dem, dem Natur und Neigung früh schon einen der großen Männer der Menschheit als Gegenstand der Verehrung und Nachforschung nahegebracht hat" (W II, 218).

Ein Jahrzehnt vorher hatte Marx den historischen Materialismus als die Geschichtsauffassung des Sozialismus gelehrt, nach dem sich das Geniale immer nur in einem dialektischen Verhältnis zur historischen Situation verstehen läßt, prägend und zugleich geprägt, je nachdem es von der gesellschaftlichen Entwicklung getragen wird oder sich gegen sie zu stemmen versucht. Nach der Taineschen Milieutheorie ist der Mensch ein Produkt der materiellen, rassischen und klimatischen Umstände, auch das Genie nur ein Ausfluß, ein Sprachrohr der Gesellschaft, die es formt, die ihm den Stempel des Zeitgeistes gibt, was vor allem in seiner stilistisch glänzenden Darstellung des Dixhuitième zum Ausdruck kommt. Im Gegensatz dazu wird der geschichtliche Verlauf jetzt wie in den Zeiten absolutistischer Fürstenherrlichkeit als eine Reihe großer Taten großer Männer dargestellt. Darin sind sich die Historiker der politischen und der Kunstgeschichte einig. So bekennt Treitschke in seiner „Deutschen Geschichte im neunzehnten Jahrhundert" (1879—1894):

> „Dem Historiker ist nicht gestattet, nach der Weise der Naturforscher das Spätere aus dem Früheren einfach abzuleiten. Männer machen die Geschichte" (I, 28).

Selbst Gedanken, Ideen, Revolutionen werden bei ihm nie von den führenden Gestalten abgelöst:

> „Nur der Genius besitzt die Kraft der Propaganda, vermag die widerstrebende Welt um das Banner neuer Gedanken zu scharen. Wie die Ideen der Revolution erst durch Napoleon wirksam verbreitet wurden,

so ist auch jene ernste Auffassung der Pflichten des Königtums, die seit dem großen Kurfürsten auf dem preußischen Throne herrschte, erst durch Friedrich II. in das Bewußtsein der Menschen übergegangen" (I, 70).

Wohl am leidenschaftlichsten wehrte sich Nietzsche gegen die Mitwirkung des Volkes und des von ihm gebildeten Milieus bei der Schöpfung der Kultur:

> „Jede Neuschaffung einer Kultur geschieht durch starke, vorbildliche Naturen ... Im Volke finden wir überall die zurückgelassenen Spuren der durchgegangenen Löwen des Geistes: in Sitte, Recht, Glauben, überall hat sich die Menge dem Einfluß einzelner gebeugt ... die großen Menschen sind notwendig, die Zeit, in der sie erscheinen, ist zufällig" (VIII, 156).

Auch die Kunstgeschichte der Zeit ist in ihren größten Vertretern, Herman Grimm und Carl Justi, eine Geschichte der großen, repräsentativen Künstler eines Volkes oder der Menschheit. Herman Grimm wählte sich Goethe, Raffael und Michelangelo als die Helden seiner Genieverklärung, die immer wieder in Worten wie groß, unvergleichlich, einmalig kulminiert:

> „Mit dem Wort ‚groß' gießen wir die Weihe irdischer Unverletzlichkeit über die Lieblinge unserer Phantasie aus" (W II, 227).

> „Es bildete sich mir der Glaube, daß die ‚Geschichte der Völker' als eine nie abbrechende, einheitliche Bewegung verlaufe, von ineinandergreifenden Wirkungen geistlicher und tätlicher Art ausgehend, fortgeführt von die übrige Menschheit überragenden einzelnen Männern, welche jedoch des Volkes bedürfen, um sich ein Echo ihrer eigenen Gedanken und einen Antrieb zum Handeln zu gewinnen. Ferner ging mein Glaube dahin, alle Nachrichten über diese Menschen außerordentlicher Art ließen sich nicht allein in Form ausreichender Berichte fortpflanzen, sondern es müsse die letzte Wahrheit in betreff ‚großer Männer' von Künstlern ersten Ranges weitergegeben werden" (W II, 228).

So spricht er vom „Jahrhundert Goethes", nennt Dante und Homer die beiden Dichter, ohne die Griechenland und Italien nur leere Begriffe wären. „Männer wollen wir in ihrer Zeit sehen, um die Zeit zu begreifen" (S. 158), heißt es in seinen „Zehn Essays" (1871). Alles, was auf Erden geschieht, scheint von ihnen zu stammen:

> „Ohne Luther und Goethe wären wir nicht, was wir sind; in diesen beiden Namen liegt eine Macht, wie wenn man von der Geschichte der Erdkugel redend sagt: die Steinkohlenperiode, die Tertiärperiode" (S. 266).

Man höre, wie erhaben und poetisch seine Sprache wird, wenn er solche Höhepunkte der Menschheit beschreibt, die ihre ganze Kraft nur aus sich selber ziehen:

> „So ist Michelangelo wie ein ganzer, vom Meer umflossener Erdteil.

Unvollkommen in manchem, aber eigentümlich in allem. Mit eigener Vegetation, eigenem Himmel, eigenen Bewohnern. Fremder Einfluß erscheint unbedeutend und fast entbehrlich. Verhältnisse zu anderen Menschen, die auf seine Existenz bedingend eingewirkt, hatte er keine. Er war, was er war, von Anfang an. Niemand lehrte ihn den Gang, den er einschlug, und keinen konnte er unterweisen, in seine Fußstapfen einzutreten" (S. 160).

Wildenbruch hat diese Eigenart des Geniekults bei Herman Grimm einmal als den Ausfluß einer Zeit erklärt, die große Männer hervorgebracht, ohne sich bewußt zu werden, daß die Größe dieser Männer und damit seine Schätzung Herman Grimms selbst nur ein Resultat der gründerzeitlichen Genieverehrung ist:

„Der Geist dieses Mannes, sehen Sie, ist in einer Zeit zur Reife gelangt, als seinem Vaterlande das größte Geschenk vom Schicksal beschert wurde, das einem Volk beschert werden kann, eine Reihe großer und bedeutender Männer. Große Männer der Tat, bedeutende Männer des Gedankens. In ihrem Wachstum ist er mitgewachsen, ihr Tun und Schaffen hat er mit neidlosem Herzen, klugem Begreifen, verständnisvollem Gefühl in sich aufgenommen. So ist er warm geworden in Empfänglichkeit, ist selbst einer von ihnen geworden" (W II, 218).

Die große Leistung Carl Justis in seiner Winckelmann- und Velazquez-Biographie und seinen Michelangelo-Interpretationen scheint zunächst die aus ungeheurer Sachkenntnis geschöpfte und auf Quellenstudium erster Hand beruhende Schilderung der Zeit und Zeitgenossen seiner Helden. Und doch sind es auch bei ihm die großen Männer, die Geschichte machen. Die Zeit ist nur der Hintergrund, nur das Schlachtfeld, auf dem sie kämpfen, ist wie der Stein, an dem das Messer sich schärft oder aus dem es Feuer schlägt. „Race, temps ou milieu" sind lediglich die Wellen, die sie durchschwimmen, ähnlich wie Herman Grimm die Rolle der Umgebung beschreibt:

„Von dem, was die Geschichte der Zeiten schuf, sind die selfmade großen Männer als das dauernd Wichtige übriggeblieben ... Aller Zukunft wird immer wieder die Aufgabe sich bieten, die Zustände zu beschreiben, aus denen die Umgestalter des großen Daseins hervorgingen, die Hindernisse zu ergründen, die sie überwältigten oder denen sie erlagen; das Dunkel, das nach ihnen eintrat, das Licht, das sie angezündet, zu durchdringen und was an Vorurteilen oder an Vernichtung ihrem Geist entfloß, aufzusuchen und zu erklären" (W II, 230).

Historisch gesehen, bedeutet das eine scharfe Reaktion gegen den Positivismus, wobei man von einem Extrem ins andere fiel. So war man der Meinung, daß sich die Größe dieser Männer, dieser Leuchttürme der Menschheit, nicht durch ein Herumstöbern in ihrem Privatleben erfassen läßt, wie es die Goethe-Philologie (Düntzer) aufgebracht hatte, sondern nur durch künstlerische Gestaltung eines Monumentes dichterischer und bildkünstlerischer Art. Meister interpretieren Meister, was Dilthey später das „kongeniale" Anempfinden nannte. Nicht die Erklärung, sondern die Verehrung war ihr Ziel. Daher schien ihnen der Mythos als die allein adäquate Form der Geschichtsschreibung. Es ist dieselbe Wahrheit, die die Zeitgenossen in den Bildnissen Lenbachs fanden, in denen wir heute gerade wegen der Übersteigerung im Sinne eines anspruchsvollen Heroenkultes die Wahrheit vermissen.

Was früher nur Göttern und Herrschern zuteil wurde, nämlich Mittelpunkt eines Kultus zu sein, wird hier ganz deutlich auf die Genies übertragen. Das Besondere daran ist, daß die Genies, an die man bei dieser Zeit zuerst denkt, in erster Linie Dichter, Maler und Denker sind. Durch die Verehrung, die man ihnen entgegenbringt, werden sie wie die Großen der Vergangenheit zu Fürsten und Göttern, caesarischen Züchtern und Gewaltmenschen der Kultur erhoben. Von Homer, Raffael und all den anderen Heroen des Geistes und der Kunst spricht man nicht anders als von den „Göttlichen". Man lese folgende Apotheose, mit der Herman Grimm seine Lieblinge auf den Olymp erhebt:

> „Verwandt untereinander wie die Glieder einer unsichtbaren aristokratischen Familie stehen sie dicht zusammen in einer leuchtenden Wolke vor unseren Augen; die Jahrhunderte, die Nationalitäten trennen sie nicht, Raffael und Phidias reichen sich die Hände, Friedrich der Große steht uns nicht näher als Caesar, Plato und Homer uns nicht ferner als Goethe und Shakespeare. Eine irdische Unsterblichkeit läßt sie wie lebende erscheinen, unwillkürlich legen wir alles, was Bedeutendes geschieht, vor ihre Füße und fragen nach ihrem Urteil" (Zehn Essays S. 16).

Auch Treitschkes Goethe kommt wie ein Fürst und Titan daher:

> „Im sicheren Bewußtsein seiner ungeheuren Begabung trat er seine Laufbahn an und hieß den Schwager Kronos ins Horn stoßen, ‚daß der Orkus vernehme: ein Fürst kommt! — Drunten von ihren Sitzen sich die Gewaltigen lüften.' Wohl war es Fürstenwerk, wie er schon durch seine Jugendgedichte der deutschen Lyrik das neue Leben brachte, das Herder nur ahnte" (I, 98).

Die Genies, die großen Künstler und großen Menschen nehmen damit die Plätze der Götter ein, die man gerade erst von diesen herabgestoßen hatte. Denn auch die Gründerzeit ist trotz ihrer Neigung zum Heroischen und Prophetischen durchaus antireligiös, gottlos und gottfeindlich. Wie Ludwig Feuerbach erklärt man die Götter als Erfindung der Menschen, als eine Versinnbildlichung ihrer eigenen Ideale. Andere versuchen wie David Friedrich Strauß im Leben Jesu alles Wunderbare zu tilgen und alles Göttliche auf das Bild eines gütigen Menschen zu reduzieren. In diesem Punkt ist die Gründerzeit nicht weniger atheistisch und religionsfeindlich wie der Realismus der fünfziger und sechziger Jahre. So heißt es bei Nietzsche: „Einst sagte man Gott, wenn man auf ferne Meere blickte, nun aber lehre ich euch sagen: Übermensch. Gott ist eine Mutmaßung, aber ich will, daß eure Mutmaßung nicht weiter reiche als euer schaffender Wille. Könntet ihr einen Gott schaffen? — So schweigt mir doch von allen Göttern! Wohl aber könntet ihr den Übermenschen schaffen ... Hinweg von Gott und Göttern lockt mich dieser Wille; was wäre da zu schaffen, wenn Götter — da wären!" (VI, 123).

Damit war jedoch das Verehrungsbedürfnis dieser Zeit, als des eigentlichen Fundaments der Religiosität, nicht aus der Welt geschafft. Anstatt sich auf das Immanente zu beschränken, durchschwärmte man weiterhin den Himmel einer entgötterten Metaphysik, bis man auf den Geniekult verfiel. Nur so ist das Paradoxon zu verstehen, daß Gott verschwindet, jedoch die Religiosität weiterbesteht, und zwar in der Selbstvergötterung und Vergöttlichung des Übermenschen, mit dem man sich das Idol für einen neuen Glauben schuf. Aus der Philosophie, die mit ihrer Kritik den alten Glauben zerstört hatte, wird so im Laufe der Zeit ein weitgehend akzeptierter Religionsersatz, der auf einer spekulativen Innerlichkeit beruht. So fordert Friedrich Albert Lange in seiner „Geschichte des Materialismus" (1866), daß sich der „philosophisch Gebildete, welcher das Volk wahrhaft fördern wolle", vor allem um eine „Übersetzung der religiösen Formen" ins Ideelle bemühen müsse. „Wenn diese echt sei, müsse sogar der Gemütsprozeß im Kultus beim Philosophen wesentlich derselbe sein wie beim Gläubigen", was er den „Isomorphismus der Gemütsprozesse beim Philosophen und beim naiven Gläubigen" nennt (7. Aufl. II, 527).

Dieser „isomorphe Gemütsprozeß" ist im Rahmen der Gründerzeit der verbreitete Geniekult und das ihm zugrunde liegende Verehrungsbedürfnis, aus denen Nietzsche eine neue, gottlose Religion zu schaffen versucht, indem er die Heroen der Menschheit, die Gewaltnaturen und Übermenschen mit den Attributen des Göttlichen versieht. Das Besondere an dieser Theorie vom Übermenschen ist, daß diese Genies auch als Personen einen auffälligen Kult erfahren. Man schätzt sie nicht wegen ihrer Werke, auch nicht nach dem Erfolg, dem Nutzen oder der Befriedigung der Glücksmöglichkeit, die sie dem Menschen verschaffen, sondern oft rein als Gestalt, als Persönlichkeit, so wie Gott in seiner Allmacht rein in seinem Dasein als höchstes Wesen für die Menschen und Ziel aller Verehrung empfunden wird. „Uns Deutschen steht ein Künstler höher als seine Werke. Goethe ist größer als seine Dichtungen, Schiller selbst uns lieber, als was er geschrieben", heißt es bei Grimm (S. 34). Deshalb wird zunächst, vor allem bei Nietzsche, jeder Utilitarismus und Hedonismus als Endzweck des Nachdenkens und Grundlage philosophischer Ethik abgelehnt:

„Es gibt höhere Probleme als alle Lust-, Leid- und Mitleidsprobleme; und jede Philosophie, die nur auf diese hinausläuft, ist eine Naivität" (VI, 181).

„Das Ziel der Menschheit kann nicht am Ende liegen, sondern nur in ihren höchsten Exemplaren" (I, 364).

„Es gibt keine höhere Kulturtendenz als die Vorbereitung und Erzeugung des Genius" (IX,141).

„Ein Volk ist nur der Umschweif der Natur, um zu sechs, sieben großen Männern zu kommen. — Ja: und um dann um sie herum zu kommen" (VII, 102).

Das Wesentliche ist also, daß schließlich gar nicht mehr gefragt wird, wodurch sich diese großen Männer eigentlich legitimieren. Falls es ihre Werke sind, bleibt zu fragen, welches der Maßstab für diese ist, und falls es einen solchen gibt, ist es sicher nicht die Wirkung auf das Volk, nicht Erfolg oder Nutzen, sondern das Genie als solches, das sich selbst zum Ziel der Menschheit erhebt:

„Weder der Staat, noch das Volk, noch die Menschheit sind ihrer selbst wegen da, sondern in ihren Spitzen, in den großen ‚Einzelnen', den Heiligen und Künstlern, liegt das Ziel, also weder vor noch hinter uns, sondern außerhalb der Zeit. Dieses Ziel aber weist über die Menschheit hinaus" (IX, 141).

Mit diesen Formulierungen wäre an sich nur der herrschende Geniekult der Zeit zum Programm erhoben und als allgemeines Verhalten gerechtfertigt und proklamiert. Zur Religion wird dieses Verehrungsbedürfnis erst dann, wenn es sich mit zwei Formen des Religiösen verbindet: dem Ungewissen, nur zu Ahnenden, in dem die Glaubensmöglichkeit steckt, und dem Totalitären, sprich Gott, dem Absoluten. Beides leistet die Idee vom Übermenschen. Denn schließlich ist nicht das einzelne Individuum, der große Mensch, das Ziel dieser Jahre, so sehr auch der gründerzeitliche Personenkult diesen neuen Glauben hervorgebracht hat, sondern die Idee des vergöttlichten Menschen als Ziel der sich ständig entwickelnden Menschheit, die sich erst im Unendlichen als höchstes Wesen verwirklichen kann. Auf diese Weise wird die Unbestimmtheit, Unfaßlichkeit und Ewigkeit des Religiösen mit der Personenhaftigkeit des Genies verbunden und zugleich zwei zeitgemäße Ideen, die der Entwicklung und die des Schöpferischen, ins Überwirkliche erhoben. Der Gedanke des Fortschritts verschiebt sich daher immer stärker von den Sachen und Erfindungen auf die Personen des Genies. Wie heißt es bei Nietzsche:

„Ich sehe etwas Höheres und Menschlicheres über mir, als ich selber bin; helft mir alle, es zu erreichen, wie ich jedem helfen will, der Gleiches erkennt und an Gleichem leidet" (I, 443).

„Tausend Pfade gibt es, die noch nie gegangen sind, tausend Gesundheiten und verborgene Eilande des Lebens. Unerschöpft und unentdeckt ist immer noch Mensch und Menschenerde" (VI, 113).

„In die Höhe will es sich bauen mit Pfeilern und Stufen, das Leben selber; in weite Fernen will es blicken und hinaus nach seligen Schönheiten — darum braucht es Höhe ... Steigen will das Leben und sich steigend überwinden" (VI, 147).

„Ich wandle unter Menschen als den Bruchstücken der Zukunft, jener Zukunft, die ich schaue" (VI, 206).

„Eurer Kinder Land sollt ihr lieben, — das unentdeckte, im fernsten Meere! Nach ihm heiße ich eure Segel suchen und suchen" (VI, 297).

Unter Entwicklung wird hier im Gegensatz zu Darwin kein Naturprozeß verstanden, der sich auch ohne Mithilfe des Menschen vollzieht, sondern ein Ideal, das sich nur durch schöpferische Arbeit realisieren läßt. Nietzsche wendet sich daher an alle, ihr gesamtes Dasein lediglich der Ermöglichung des Genies zu widmen:

„Die Menschheit soll fortwährend daran arbeiten, einzelne große Menschen zu erzeugen — und dies und nichts anderes sonst ist ihre Aufgabe" (I, 442).

So ist denn auch für den scheinbar atheistischen Menschen der Gründerzeit ein Jenseits aufgezeigt, das sich zwar von der christlichen Transzendenz sehr unterscheidet, da es auf Erden und in der Menschheit, im Anthropologischen verbleibt und das dennoch das Ziel eines Glaubens, Hoffens und Wollens ist, worin sich die Genialität des Schaffens und zugleich der mächtige Initiativdrang dieser Jahre manifestiert. Immer wieder kommt in diesen Ideen die realistisch-naturwissenschaftliche Einstellung der Jahrhundertmitte zum Durchbruch. Will doch selbst Nietzsche allen Ernstes die Erzeugung des Genies und des Übermenschen durch biologische Zuchtwahl in die Wege leiten, das heißt die Natur zwingen, ihre Wege ohne Umschweife zu gehen, und zwar in strenger Selektion der Art. Durch diese Theorie erreicht die Selbstvergötterung — „wie hielt ich es aus, nicht selbst ein Gott zu sein" — die sonst nur als ungeheure Anmaßung erscheinen könnte, eine gewisse Legitimität, da sie das Genie in seiner Vereinsamung und Selbstherrlichkeit auf diese Weise wieder der sich entwickelnden Menschheit näherbringt, deren Ziel man im „Übermenschen" sah. Nietzsche und die Künstler seiner Zeit setzten daher alles daran, zu dieser Form der Menschheit und zu diesen Übermenschen zu gehören. Wie sehr diese Lehre Religion oder Religionsersatz sein soll, zeigt die Form, in der sie unter dem Bilde des Religionsstifters Zarathustra und in einer biblischen Sprache vorgetragen wird, die alles Gesagte zur Prophetie erhebt. Daher läßt sich dieser Personenkult und diese Religion des Übermenschen am besten aus dem Stil dieser Jahre erklären, von dem sie selbst schon Merkmal und Charakteristikum sind.

STILIDEALE

EINZELFIGUR UND PERSONIFIKATION

Nicht das Volk, sondern die großen Einzelnen, nicht das Weltall des Pantheismus, sondern der Übermensch, nicht das Milieu, sondern das Genie: also immer eine Person, die im Mittelpunkt steht, ist das bewegende Element dieser Jahre. Wie könnte da ihr künstlerischer Stil ein anderer sein als die personale Darstellung von Personen, die sich in den Vordergrund des Bildes drängen. Überall begegnet man Gestalten, neben denen alles andere verschwindet oder in den Hintergrund tritt, zu Beiwerk, Schmuck oder Rahmen verblaßt wie auf den Heiligen- und Fürstenbildern alter Zeiten. Weder Landschaft noch Interieur, weder Historie noch Anekdote, weder Stilleben noch malerische Verschwommenheit, die den dargestellten Menschen mit seiner Umgebung zu einer durchgehenden Stimmung verbindet — nichts findet sich, was der großen Person im Wege stehen könnte oder von ihr ablenken würde. Stattdessen herrscht ein Figuralstil, in dem der Mensch fest und sicher als Gestalt vor uns tritt, sich, das Bild und uns beherrschend, machtvoll wie eine Persönlichkeitsoffenbarung, in der die Haltung der Person auch die Haltung des Bildes bestimmt. Viele der einprägsamsten Bilder der großen Maler dieser Zeit sind solche Bilder von Einzelgestalten, die in repräsentativer Frontalität oder in klarem, bedeutendem Profil, gewichtig in der Haltung, groß entfaltet, in ganzer Figur dem Beschauer entgegentreten. Der Hintergrund wird meist flächig gehalten, arm an Details, als bloße Begleitung der Figur. So ist in Böcklins „Euterpe" (1872) die Natur nur ein Thron, auf dem eine Muse sitzt, das heißt nur soweit entfaltet, um die Innerlichkeit der musikalischen Konzeption glaubhaft zu machen. Wieviel läßt sich hier an gleichen oder ähnlichen Gestalten erwähnen. „Die Meeresbrandung" (1879): eine stolze, nackte Figur, in eine Felsspalte verbannt, Göttin und Mänade, geformte Gestalt und gelöste Natur in eins. „Schweigen im Walde" (1885): eine Reiterin auf dämonischem Fabeltier, der Wald wie der Schrein einer Heiligenstatue, märchenhafte Begleitung für eine außer- und übermenschliche Gestalt. „Der Abenteurer" (1882): ein Übermensch, der wie die schweifende blonde Bestie Nietzsches über Leichen reitet, eine Einzelfigur, in der sich eine Welt verkörpert, die Himmel und Erde umfaßt und mit brutalem Willen zu durchmessen versucht.

Das gleiche gilt für Feuerbach. Sein Hauptwerk wird immer die „Iphigenie" (1871) bleiben, eine vornehme Frau, in großem Profil, die ganze Bildfläche mit edlen Gebärden beherrschend, der Hintergrund kaum mehr als der Goldgrund

48

mittelalterlicher Heiligenbilder, Gerüst für den Aufbau der Gestalt, Raum für den Hall der Stimme des Gefühls. Das Ganze ein Sinnbild römischer Gravitas, fürstliches Schwergewicht weiblicher Person und theatralische Deklamation, vereinigt in der gestaltkräftigen Figur eines Modells, der Nanna. Parallel dazu seine „Medea" (1870): eine Szene aus einem Drama, zusammengedrängt in das denkmalhafte Sitzbild einer Mutter mit Kind, halb Madonna, halb Schauspielerin, die eine Göttin spielt. Alles andere nur Schauplatz und Abklang, in dem der Wille und Entschluß einer Heroine verweht.

Noch ein paar Beispiele, das Verbindende in der Unvereinbarkeit beweisend. Marées: „Der heilige Georg" (1880): ein Reiterdenkmal in reinem Profil, ein Heiliger im flächenfüllenden Relief eines Helden, ganz Person, dessen plastisches Bild nicht einmal durch den Kampf mit dem Drachen gestört wird. „Rosseführer und Nymphe" (1883): keine sentimentale Szene, sondern das plastische, lebensvolle Bild eines rossebändigenden Heros, wie aus einem antiken Relief herausgeschnitten, die Frau nur Begleitung und Folie des Bildes blühender Männlichkeit. Leibl: „Die Kokotte" (1869): wie nahe hätte es gelegen, die Heimlichkeiten eines Boudoirs zu zeigen, stillebenhaft, pikant, mit den Utensilien einer Halbweltdame oder einer schwülen, parfümierten, sinnenerregenden Atmosphäre. Stattdessen wird dem Beschauer eine Gestalt entgegengehalten, mit dem Blick aufrufend, ungeniert und selbstbewußt. Aus dem Raum ist hier eine Fläche geworden, ein bloßer Vordergrund, ganz mit Figur erfüllt. „Dachauerin mit Kind" (1874): beide vor einem glatten, leeren Grund, dem Betrachter unbeirrt ins Auge sehend, veredelt in Haltung und Gebärde wie die Adelsporträts klassischer Zeiten. „Der Jäger" (1876): an sich ein Bildnis des Freiherrn von Perfall, in ganzer Figur flächig ausgebreitet, doch zugleich ein Denkmal kraftvoller Männlichkeit. Auch hier der Mensch nicht im Raum, sondern vor ihm, ihn beherrschend, mehr auf den Beschauer als auf den Hintergrund bezogen. Thoma: „Der Dorfgeiger" (1. Fassung 1871): ein Jüngling auf einem Baumstumpf sitzend, schlicht und doch monumental. Der karge Gartenwinkel wie eine Nische aus einem Baum und Bretterzaun zusammengezimmert. Auch er ganz Figur, ganz Gebärde. „Einsamkeit" (1894): ein Bild der Stimmung, ausgedrückt in der Gestalt eines hockenden Mannes, stark in der Modellierung, plastisch im Motiv, mehr Person und Denkmal als Gefühl. „Der Hüter des Tals" (1893): ein heiliger Georg in kriegerischer Rüstung, vom unteren bis zum oberen Bildrand aufragend. Ein Mann und zugleich ein Held mit einem Heiligenschein. „Selbstbildnis" (1875): persönliches Spiegelbild zwischen Kind und Gerippe, Leben und Tod, der Übermensch und der Mann des Schicksals, kein Handwerker, sondern ein Genie. Makart: „Gretchen" (1876). Zu viel Gefühl, zu viel Kostüm. Im „Faust" heißt es: in der Kirche. Hier dreht es sich nur um die Person, die Schauspielerin, die Gounodsche Margarete, die zu deutlich spielt, zu theatralisch und selbstgefällig. „Die fünf Sinne" (1872—79): nackte Frauen im schmalen Feld, so

daß kein Raum übrigbleibt, sondern nur die Figur. Auch hier das Selbst-
gefällige. Fünfmal dieselbe Person, die sich vor dem Spiegel dreht. Gegenüber
den anderen Künstlern nicht gewichtig genug, zu sehr Schmuck des Daseins,
makartisch üppig, dadurch als Person ins Dekorative entwertet.

Es ist schwer, diesen Figuralstil, der etwas ausgesprochen Optisches hat, das
nur der bildenden Kunst zu eigen ist, auch in der Literatur wiederzufinden, in
der lediglich das gesprochene Wort dem Erdichteten und Erdachten Substanz
verleiht. Und doch läßt sich auch hier Vergleichbares finden. Schon, daß man
auf alles Alltägliche, Milieuhafte, den Menschen Determinierende verzichtet.
Immer wieder ist nur vom Genie, vom großen Einzelnen, von der „starken
Silhouette" die Rede, die zu äußerster Bedeutsamkeit gesteigert wird. So betont
Heyse in der Einleitung zu seinem „Deutschen Novellenschatz" (1871—1876),
daß für das Dichterische weniger das Weltanschauliche als das Gestalthafte
entscheidend sei. Nicht Politik, Philosophie oder Wirtschaft will er behandelt
wissen, sondern große Ausnahmemenschen, die ein angeborenes Schicksal
haben und sich auf ihrem Lebensweg durch keine äußeren Umstände beirren
lassen. Ähnliches behauptet Spielhagen in seinen „Beiträgen zur Theorie und
Technik des Romas" (1882), wo er die These vertritt, daß sich jeder gute Roman
auf ein welthaft erlebtes Einzelschicksal beschränkt. Die meisten Romane
und Novellen dieser Jahre, vor allem die historischen, drehen sich daher um
heldische Charaktere. Was hier als Geschichte erscheint, ist ein Fatum, das
von großen Einzelnen vollzogen wird, nicht von Massen- oder Volksbewe-
gungen. Überall herrscht ein Kult der großen Einsamen, die ihre Einsamkeit
als Höhe und damit als Wert empfinden. Vor allem bei Meyer ist damit oft
ein irregeleiteter Protest gegen die Kleinlichkeit des bürgerlichen Lebens verbunden. Wenn er Helden schildert, will er sich erhoben fühlen. Auf diese
Weise entsteht eine abstrakte Machtideologie, die trotz aller historischen
Verbrämung in einem Niemandsland der genialen Einzelnen spielt. Dem entspricht die bewundernde Äußerung über Pescara: „Er glaubt nur an die
Macht und die einzige Pflicht der großen Menschen, ihren vollen Wuchs zu
erzielen" (II, 228). An anderer Stelle heißt es noch deutlicher:

> „Ein weltbewegender Mensch hat zwei Ämter: er vollzieht, was die
> Zeit fordert, dann aber — und das ist ein schwereres Amt — steht
> er wie ein Gigant gegen den aufspritzenden Gischt des Jahrhunderts
> und schleudert hinter sich die aufgeregten Narren und bösen Buben,
> die mittun wollen, das gerechte Werk übertreibend und schändend"
> (II, 210).

Das daraus resultierende Menschenbild läßt sich in allen seinen Werken verfolgen. Immer wieder steht die Größe der Figur im Mittelpunkt. So wird in
„Huttens letzte Tage" (1871) weder ein Geschehen, eine Anekdote erzählt
noch die Lyrik einer Sterbestunde beschrieben, sondern ein Held heraus-
gemeißelt, der selbst in seiner letzten Stunde die Haltung eines Reformators

bewahrt. Das ist ein Charakter in jedem Wort, schon wie er sein Testament formuliert und mit jeder Gebärde den kleinen Raum durchstößt, der ihm zum Sterben dienen soll. Auch seine Novelle „Der Heilige" (1897) ist keine Erzählung von seltsamen und rührenden Begebenheiten. Selbst da, wo das menschlich Ergreifende am stärksten hervortritt und die unerhörte Begebenheit zur spannenden Geschichte wird, dient sie nur dazu, das Bild eines Charakters zu vervollständigen, der vor der Welt ein kluger und abwägender Staatsmann ist, ein scheinbar willfähriger Diener seines vitalen und unüberlegten Herrn, obwohl es ihn eigentlich zu seinen Büchern und zu seiner Tochter zieht. In diesen Gefühlen aufs grausamste verletzt, wird er schließlich zum Diener eines Herrn, der selbst viel gelitten hat, des Gekreuzigten. Auf diese Weise verwandelt sich das Ganze zur Legende, zu einem Charakterbild, das sich aus dem psychologisch Menschlichen immer stärker ins Übermenschliche erhebt. Das gleiche trifft auf die besten Novellen von Heyse zu. Vor allem in „David und Jonathan" und „Grenzen der Menschheit", beide 1882, ist es die Kunst des Dichters, statt einer fortlaufenden Geschichte nur markante Ereignisse aufeinander folgen zu lassen, um die eigenwilligen Gestalten seiner Erzählung in ihrer charakterlichen Entschiedenheit zu zeigen und dadurch immer plastischer heraustreten zu lassen. Es ist dieselbe Kunst, die Justi in seiner Biographie des Velazquez beweist, wenn er alle Daten, Werke, Begegnungen und Ereignisse nur dazu benutzt, das Bild einer souveränen Person herauszuarbeiten, die sich am Hofe wie ein Herrscher bewegt, immer nur darauf bedacht, sich selber treu zu bleiben und alle Aufträge von Fremden in die Entwicklungsbahn seines eigenen Genies einzuspannen. Im Hinblick auf diese Gestaltwerdung seines Helden müssen sich selbst die Werke des Velazquez mit einer sekundären Rolle begnügen. Wie stark es ihm auf die Person des Schöpfers, nicht auf seine Produkte ankam, beweisen die kümmerlichen Reproduktionen, die ebensogut wegfallen könnten. Einen ähnlichen Charakter hat Treitschkes „Deutsche Geschichte", wo jedes Kapitel mit einer prägnanten Charakteristik einer überragenden Persönlichkeit beginnt, deren plastisches und anbetungswürdiges Bild uns durch den Gang der Ereignisse begleiten soll.

Selbst die Philosophie wird in diesen Jahren zur Person. So bemüht sich Nietzsche nicht um ein System, das sich logisch begründen läßt, sondern dichtet eine Gestalt, seinen „Zarathustra", eine Person mit allen Ausbrüchen des Hasses und der Liebe, der jauchzenden Erhebung und der tiefsten Depression, der begeisterten Inspiration und des hitzigsten Einfalls, der alle Gründe seiner Meinungen längst vergessen hat, wenn er sie kritisch, didaktisch, imperatorisch oder prophetisch formuliert. Das Ganze ist kein Weltbild, sondern ein Vorbild, keine Lehre, sondern eine Gestalt — ein Übermensch. Auch Dilthey, der stets ein System im Auge hatte, begründet nicht logisch eine Theorie des Seins oder Sollens, sondern gibt eine Übersicht möglicher Philosophien in der Form

typenhafter Charaktere, Weltanschauungen als Standpunkte besonders ge-
arteter Personen: den Idealismus der Freiheit als Ausfluß des Willensmenschen,
den Positivismus der Naturwissenschaften als Weltsicht des berechnenden
Verstandesmenschen. Wie bezeichnend, daß sein Hauptwerk das Leben Schleiermachers in Briefen werden sollte. Sogar dann, wenn er als Philosophie-
historiker die Weltanschauung einer bestimmten Epoche charakterisiert, faßt
er sie unter dem Begriff des Menschen als Gestalt. Dasselbe trifft auf
Nietzsche zu, der selbst das Christentum als Person versteht, als Priester
oder als Menschen des Ressentiments, die er wie seine persönlichen Feinde
bekämpft.

Wie im Mittelalter und in der Barockzeit wird damit sogar das Unpersön-
lichste, das rein Ideelle und Gedankliche, zur Person erhoben. Damals waren es
Tugenden und Laster, die freien Künste, die Jahreszeiten, Kirche und Synagoge.
Jetzt sind es philosophische Anschauungen, religiöse und ethische Ideale, die
im Bilde eines Übermenschen vor uns hingestellt werden. Besonders die
Malerei dieser Jahre ist voll von solchen Personifikationen, Gestaltwerdungen
des Gestaltlosen und über den Einzelmenschen Hinausgreifenden, wie der
Landschaft, der Geschichte, der Ideen. Dadurch wird nicht nur das Unsinnliche
plastisch greifbar, das Übersinnliche sichtbar und gegenwärtig, das Abstrakte
verehrungswürdig, sondern auch die einzelne Gestalt in eine höhere Sphäre
gerückt und so in ein Kultbild umgewandelt. Fast alle Bilder Böcklins sind
solche Personifikationen, vor allem der Natur, und zwar in Form mystischer
Wesen, die trotz ihrer menschlichen Gestalt ins Übernatürliche tendieren, wie
die „Euterpe", das „Schweigen im Walde" oder die „Meeresbrandung".
Wohl am klarsten kommt diese personifizierende, gestaltbildende und figurale
Malerei in seinem Gemälde „Dichtung und Malerei" (1882) zum Ausdruck.
Wie in Raffaels „Schule von Athen", wohl dem besten Beispiel einer personen-
verherrlichenden Monumentalmalerei, in dem die idealistische und realistische
Philosophie in den Philosophen Plato und Aristoteles verkörpert wird, erscheint hier die Malerei, als eine der irdischen Schönheit zugeneigten Kunst,
in der Gestalt einer leicht gebeugten weiblichen Gestalt, während die Dichtung,
die sich mehr in Worten und Begriffen äußert, ihre Augen zum Himmel erhebt.
Feuerbachs „Musik" oder „Das Konzert" (1878) variiert ein für diese Kunst
besonders zugängliches Thema durch vier in einer Bogenarchitektur stehende
musizierende Gestalten. Hier bedurfte es keiner schwierigen Gedankenver-
bindungen, um mit den geigenden und Laute spielenden Gestalten die Idee
Musik zu verbinden und zugleich die Schönheit von Person und Kostüm,
Linien und Farben im Bereich des Schönen und Ästhetischen zu bleiben. In
Thomas „Nacht" (1876), einer in den Wolken schlafenden Frau mit Kindern,
ist es schon schwerer, den Begriff Nacht mit der sinnlich plastischen Gestalt
der Figur voll zu identifizieren. Das Schlafen im Sternenhimmel ist hier nur
eine Anspielung, ein Hinweis. Auch sein Fries in der Villa Pringsheim (1890)

enthält solche personenhaften Vertretungen allgemeiner Lebensstationen. Andere Bilder wie „Die Quelle" (1895) oder „Flora" (1882) sind Naturpersonifikationen wie bei Böcklin, wenn auch in einem zeichnerisch herberen Stil. In solche Personifikationen mündet schließlich auch das Schaffen von Hans von Marées. Meist sind es freskal gedachte Gemälde, die in der Form des Tryptichons ein personenhaft gesteigertes Leben darzustellen versuchen, so daß sich ein andächtig gestimmter Betrachter wie vor den Bildern von Übermenschen in eine religiöse Sphäre erhoben fühlt. Bilder, wie die in drei Stationen zerlegte „Werbung" (1887), auf denen alle menschlichen Begebenheiten ins Personale, Gestalthafte und Allgemeingültige umgesetzt sind, lassen sich fast mit den Personifikationen eines kirchlichen Sakraments, hier der Ehe, vergleichen. Auch seine „Lebensalter" (1878), wo das Kind die Äpfel aufliest, die der Greis ihm zurollt, während sich die Jünglinge die Äpfel selbst vom Baume pflücken, erinnern an Sakramente wie Taufe, Firmung oder Ehe, an eine letzte Ölung alter Kirchenbilder, wo die menschliche Person noch ganz im Banne religiöser Traditionen steht.

Selbst die Wortkunst und die Wissenschaft lieben solche Personifikationen. So wird die Entwicklung des preußischen Staates von Treitschke immer wieder in Allegorien zusammengefaßt:

> „Dieser waffenstarke Staat, wie er so dastand, eine jugendlich unreife Gestalt, knochig und sehnig, Kraft und Trotz im Blicke, aber unschön, ohne die Fülle der Formen, aller Anmut, alles Adels bar" (I, 47).

> „Mit gespreizten Beinen gleich dem Koloß von Rhodos stand er über den deutschen Landen und stemmte seine Füße auf die bedrohten Marken am Rhein und Memelstrom" (I, 28).

Ähnlich personifizierende Metaphern finden sich bei Nietzsche:

> „Gestern gen Abend sprach zu mir meine stillste Stunde, das ist der Name meiner furchtbaren Herrin" (VI, 215).

Aber nicht nur Begriffe oder Ideen werden personifiziert, auch reale Gestalten. Überall begegnet man Vertretern bestimmter Berufe, Stände oder Charaktere, werden Personen zu Personifikationen. So läßt Nietzsche Priester, Könige und Gelehrte auftreten und sprechen, damit das, was er über diese Seinsweisen menschlicher Berufe zu sagen hat, von diesen selbst wie in einem geistlichen Schauspiel vorgeführt wird. Auch in den Romanen Heyses und Spielhagens sind die Figuren mehr Vertreter von Berufen und Ständen als einmalig geschaute Personen. Alles ist verallgemeinert und gesteigert: Das Gotteskind und das Weltkind, der aufgeklärte Dozent und der intrigierende Pfaffe, ein Bösewicht im Priestergewand wie Rasputin, der mit Frauen betet und andere Übungen abhält. In der „Sturmflut" von Spielhagen zum Beispiel sind fast alle wichtigen Figuren Illustrationen zu solchen allgemeinen Typen: der alte, steifnackige General als Vertreter altpreußischer Beamtenaristokratie, der starrköpfige Revolutionär, ein Handwerker, der sich zum Unternehmer emporgearbeitet hat und nie den Selfmademan verleugnet, der Sohn des Generals als Beispiel jener Aristokratie, die in den Gründerschwindel hineingerissen wird, und der alte Kapitän, der olle, ehrliche Seemann, der die bürgerliche Tüchtigkeit und den Heroismus des Charakters vertritt. Auch die Treitschkeschen Heroen sind immer auf eine allgemeingültige Note gebracht: Gneisenau: der Generalstabsoffizier, Hardenberg: der Diplomat, Blücher: der Heerführer, der Freiherr vom Stein: der Staatsmann, was sie wie die Tugenden und Laster des Mittelalters über jede psychologische Betrachtungsweise erhebt.

NAHBILD UND VORDERGRÜNDIGKEIT

Die Konzentration des Bildinhaltes auf eine Person, die uns möglichst plastisch, möglichst greifbar zur Verehrung und Bewunderung dargeboten wird, setzt Nähe und Vordergründigkeit voraus. Sowohl das Interieur wie die Landschaft und die Entwicklung zum Malerischen, die sich im 19. Jahrhundert vollzieht, führten zum Fernbild, bei dem sich das Bild als Ganzes, als bildmäßige Einheit erfassen läßt. Im Rahmen einer solchen Darstellungsweise können die dargestellten Figuren nur klein und fleckenhaft in Erscheinung treten, als Staffage oder Statisten einer Anekdote, eines Schauspiels. Jetzt aber, wo die Person wie in einem mittelalterlichen Heiligenbild als Einzelfigur aus dem Bild heraustreten soll, kam nur die Form des Nahbilds in Frage, in dem sich die Person plastisch zum Bilde herauswölbt, uns in den Weg tritt, uns anspricht und sich zeigt, wobei die Einzelheiten, soweit sie wert sind gezeigt zu werden, deutlich erkennbar sind, die Lokalfarben herausleuchten und die Gewänder und Haut und Stoffe sich deutlich voneinander abheben. Der Vorwurf des Unmalerischen, den Meier-Graefe gegen Böcklins harte, dingliche Malerei, seine krassen Farben, seine unmittelbare Gegenständlichkeit erhob, trifft genau die von dieser Zeit geforderte, personenverklärende Nahbildlichkeit. So entwickelt sich Leibls Malerei von einer fleckig flächigen und breiten Pinselführung zu einer modellierend körperhaften, von Einzelheiten verwischender zu Einzelheiten präzisierender Darstellungsart, deren Höhepunkt die „Drei Frauen in der Kirche" (1878—1881) sind. Erst nach den siebziger P. 213 Jahren, unter dem Einfluß eines neuen malerischen Stils, des Pleinairismus, werden seine Bilder wieder luftiger, räumlicher, interieurmäßiger und toniger. Marées bemüht sich zur gleichen Zeit, die Bildmäßigkeit mit der Plastizität kräftig herausmodellierter Figuren zu verbinden und geht in diesem Bemühen so weit, daß die Farbschichten schließlich ein greifbares Relief auf der Leinwand bilden.

Auch Thoma setzt seine Einzelfiguren wie gemalte Marmorplastiken vor seine Landschaftshintergründe und modelliert selbst die Bäume wie Polypen mit schlangenhaften Gliedern. Dieser Plastizität zuliebe wählt er gern die entlaubten Bäume des Vorfrühlings, die noch nicht das flächig Ineinanderwogende des Sommers haben. Dasselbe gilt für Feuerbach. Vergleicht man seine erste und zweite Fassung der „Amazonenschlacht", des „Gastmahls" und der „Medea", so wird klar, wieviel plastischer die Personen in der zweiten Fassung aus dem Bilde hervortreten, wie stark sich der Bildgehalt von dem dramatischen oder geselligen Zusammenhang auf heroische, schöne oder bewundernswerte Einzelpersonen zurückzieht.

Besonders gut läßt sich dieser Unterschied von fernbildlich malerischer und nahbildlich personencharakterisierender Malerei durch einen Vergleich von Menzels „Tafelrunde" (1850) und Leibls „Dorfpolitikern" (1877) erläutern. Bei Menzel ein fürstliches Milieu, von fern gesehen, ohne perspektivische Verzerrungen, gefüllt mit Luft, einer kühlen, vornehmen Atmosphäre, die alle Personen und Gegenstände zart einhüllt, alle Formen ineinandergleiten läßt, die Farben dämpft, ohne sie auszulöschen, das den Raum durchflutende Licht sich an den Gläsern und Pozellanen, an den Goldstickereien der Uniformen und der Orden brechen läßt und so alles zu einer blitzenden, strahlenden Stimmung vereint. Die Personen, relativ klein im Verhältnis zum Raum und ebenso klein im Verhältnis zum Beschauer, auch sie nur von fern erscheinend, in ein Milieu komponiert, sich zu einer Gesellschaft verbindend, in der sich einer zum anderen neigt, lebendig geistreich, doch ohne sich vorzudrängen. Alles in allem: eine malerische und gesellige Einheit, bei der nicht einmal der König besonders hervorgehoben wird. Bei Leibl dagegen eine den Raum sprengende Versammlung weniger Personen, nicht mehr als fünf, der Raum selbst ein knapper Ausschnitt aus einer Wirtshausecke, das einzige Möbel eine Bank, sonst nichts als Personen, feste, knorrige Charaktere, bäurisch und stolz, kräftig herausmodelliert. Jede Figur in ihrer Besonderheit ein Repräsentant des Bauerntums, vor nackter Wand mit unerbittlicher Silhouette scharf abgehoben und mit wenigen Zügen schlagartig charakterisiert.

Auch die Literatur dieser Zeit hat die Tendenz, in der Schilderung von Charakteren im personalen Stil diesen Eindruck der Nähe, diese Nahbildlichkeit dem Leser oder Hörer zu suggerieren. Daher liebt sie die Rahmenerzählung, in der Menschen zu Worte kommen, die dem Helden der eigentlichen Geschichte nahegestanden haben und so aus eigener Anschauung und eigenem Gehör das berichten, was sich unmittelbar vor ihren Augen und Ohren zugetragen hat. Eine solche Technik unterscheidet sich grundsätzlich vom historischen Erinnerungsbild, bei dem die Erzählung nur das darzustellen versucht, was sich im Gedächtnis zu einem weitgehend simplifizierten Gesamtbild zusammengeschoben hat, das heißt die „alte Mär", nicht das plastische Bild unmittelbarer Gegenwart. So entwickelt C. F. Meyer die Geschichte seines „Heiligen" (1879) aus einem Rahmengespräch, bei dem der ungestüme Chorherr dem aus England zurückgekehrten Armbruster, der lange Zeit in der Nähe des Königs und seines Kanzlers zugebracht hat, die Worte geradezu aus dem Munde reißt, um endlich einmal einen Augenzeugen dieser welterregenden Geschichte zu hören:

> „Bei den blutigen Zöpfen der heiligen Regula, heute, Armbruster, trittst du mir nicht über die Schwelle zurück, ohne mir von St. Thomas von Canterbury erzählt zu haben, was du weißt, und ganz andere Dinge, als

der Luzerner Pfaffe unserer gnädigen Frau drüben im Stift aufbindet oder als in dem Pergamente stehen, das mir die edle Herrin zur Gesundung meiner Seele geliehen hat. Du bist dem Heiligen zu seinen Lebzeiten begegnet, das wirst du mir nicht leugnen! Ich habe es selbst gehört, wie du meinen Brüdern, den Chorherren, es mag sich jetzt gerade verjähren, in unserer Trinkstube mit lauter Stimme — denn sie hatten dir mit dem Becher stark zugesetzt — und gewaltigen Gebärden dartatest, daß du an König Heinrich gehaftet habest wie der Knopf am Wamse, ja wie die Haut am Leibe. Du gerietest in lodernden Eifer, denn die Herren hatten in Zweifel gezogen, daß König Heinrich bei jener unseligen Krönung seines ältesten Sohnes Tränen der Freude vergossen habe. Du riefest: ‚Ich habe sie rieseln sehen!' und verschwurest dich bei deiner Seelen Seligkeit. Ich, der gerade eintreten wollte, um einen geselligen Becher zu trinken, denn ich war noch um das jünger, und dich deine Geschichte beteuern hörte, ich glaubte dir, denn du bist kein Prahler. Bist du aber immerdar um König Heinrich gewesen, hast ihm Gewand und Becher gereicht, sein Lachen und Weinen gekannt, wie du versichertest, so mußt du auch den Mann gekannt haben, der ihm Leib und Seele zerstört hat, sei es während er als Kanzler ihm zu Diensten war, sei es später, da er als heiliger Bischof, sein Feind und sein Opfer, ihn zur Verzweiflung und ins Verderben trieb. Am Ende, Unglücklicher, warest auch du unter jenen, die dem Heiligen zu seinem Martertod verholfen haben. Doch nein! In dem Pergamente der Äbtissin steht geschrieben, wie die Mörder des Heiligen durch ihre Sünde dergestalt entmenscht wurden, daß es der ganzen Schöpfung vor ihnen graute und selbst ihre Leibhunde den Bissen aus ihrer Hand verabscheuten. Tapp aber — er wies auf den zwischen den Knieen des Armbrusters sich aufmerksam hervordrängenden Pudelkopf — nimmt, wie ich gesehen habe, alles, was du ihm reichst" (II, 13/14).

Durch dieses Gespräch wird schon in der Einleitung die Gestalt des Kanzlers dem Leser so nahegebracht, daß er immer stärker nach einem abgeschlossenen Bild dieses seltsamen Charakters verlangt. Obendrein wird noch besonders betont, daß sich die Unmittelbarkeit der Erzählung auf die Nähe des Erzählenden zu seinem Helden stützt.

Ähnlich läßt Paul Heyse die Geschichte vom „Letzten Zentaurn" (1870) von dem Maler Genelli erzählen, der längst verstorben ist und den er erst als Revenant mit anderen Heiden, wie dem Fleischmaler Rahl, in einer Kneipe wiederfindet. Nachdem sie miteinander gezecht haben, erzählt dieser von seiner Begegnung mit einem aufsehenerregenden Zentaurn, mit dem er sich trotz des jonischen Einschlags perfekt auf Griechisch unterhalten habe.

Ein anderes Mittel, den Helden als wesentlichste Person herauszustellen, ist die zentrierende Antizipation, durch die der Held vor den Ereignissen und dem Lauf der Handlung für den Leser heraustritt, also das, was Waetzoldt als die Methode Hermann Grimms bezeichnet und sich auf das Vorbild Caesars, Tacitus' und Macaulays stützt. Schon ihre ersten Worte suchen den Leser fest auf den Boden zu stellen, auf dem alles Folgende sich abspielt. So beginnt Herman Grimm seinen „Raffael" (1872) mit der emphatischen Erklärung:

„Von Raffael werden die Menschen immer wissen wollen. Von dem jungen, schönen Maler, der alle anderen übertraf. Der früh sterben mußte. Dessen Tod ganz Rom betrauerte. Wenn die Werke Raffaels einmal verloren sind, sein Name wird eingenistet bleiben in das Gedächtnis der Menschen" (S. 1).

Auch Treitschke beginnt jedes neue Kapitel seiner „Deutschen Geschichte" mit einer knappen Charakteristik oder besser Würdigung des Mannes, dessen Taten für den Gang der Handlung entscheidend sind:

„Einer stand in diesem Kreise nicht als Herrscher, doch als der Erste unter Gleichen: der Freiherr vom Stein, der Bahnbrecher des Zeitalters der Reformen. Das Schloß seiner Ahnen lag ..." (I, 270).

„Zeiten der Not heben den rechten Mann rasch an die rechte Stelle. Da der König in seiner Schüchternheit sich nicht getraute nach dem Brauche seiner Vorfahren das Heer selber zu führen, so durfte nur ein Mann den Befehl über die preußische Hauptarmee übernehmen — der erste Feldsoldat der deutschen Heere, General Blücher" (I, 449).

Diese Heroldsrufe sind bei den verschiedenen Autoren so gleich, wie es nur der Stil einer Zeit bedingen kann. So erfährt man schon auf der ersten Seite von Justis „Velazquez", daß es sich hier um eine Göttlichsprechung, eine Einführung in den Olymp handelt:

„Dieser Name war vor hundert Jahren diesseits der Pyrenäen noch wenig gehört worden, am wenigsten in Deutschland. Der Kreis der Maler erster Ordnung schien längst geschlossen, und niemand ahnte, daß im fernen Westen, in den Schlössern von Madrid und Buen Retiro die Rechtstitel eines Künstlers verborgen waren, der auf einem Sitz unter jenen oberen Göttern vollen Anspruch hatte" (I, 1).

Sogar Heyse, der weniger Anspruchsvolle, beginnt seine Erzählungen meist mit der Charakteristik der Hauptperson, die er später im Verlauf der Geschichte durch Beispiele belegt. Man denke an „David und Jonathan" (1882), wo das Ganze auf die Würdigung eines seltsamen Originals hinausläuft, ähnlich Leibls Charakterschilderungen kleiner Leute im großen Stil:

„In einer ansehnlichen norddeutschen Stadt lebte ein sehr einsamer Mensch. Er hatte weder Feinde noch Freunde, und mit seinem eigenen Ich stand er nicht auf dem besten Fuß, obwohl er sich im Grunde nichts anderes vorzuwerfen hatte, als daß er sich selbst nicht sonderlich liebenswürdig fand. Dies hielt ihn auch ab, sich solchen, die ihm wohlwollten, freundschaftlich zu nähern, da er überzeugt war, er habe niemanden etwas zu bieten, was der Mühe wert wäre. Daß hinwiederum niemand ihm übelwollte, rechnete er sich nicht zum Verdienst. Es wäre ihm gegen das Gemüt gegangen, irgendeiner Menschenseele mit Wissen etwas zuleide zu tun, und da er Sorge trug, sein eigenes Licht ja nicht zu hell leuchten zu lassen und nirgendwo ein Nebenlichtchen zu überglänzen, hielt man ihn für einen völlig harmlosen, brauchbaren, nur leider etwas mißtrauischen und menschenscheuen Gesellen" (XIX, 1).

Bei einer solchen Vorwegnahme der Person ist es kaum gewagt, an die antizipierende Wirkung der Leitmotive in Wagners „Ring des Nibelungen" (1854—1874) zu denken. Hier ist es die Musik, die sich bemüht, den Auftritt des Siegers oder des Träumers, der Riesen oder der Zwerge mit einer großen und charakteristischen Gebärde anzukündigen.

Ein anderes Mittel, die Person eines bedeutenden Mannes aus der drohenden Nivellierung des Milieus herauszureißen, ist der Versuch, sie im Blickpunkt ihrer Verehrer zu zeigen und an deren Bewunderung auch unsere Bewunderung zu entzünden. So spricht Treitschke bei der Schilderung der Ereignisse des Jahres 1757 von dem überragenden Bilde Friedrich II. und vom Volke, das vom Anblick seiner Größe überwältigt wurde:

„Aber als das große Jahr 1757 über das deutsche Land dahinbrauste, siegreicher Angriff und schwere Niederlage, neue, verwegene Erhebung und neue, strahlende Siege in sinnverwirrender Hast sich drängten und aus der wilden Flucht der Ereignisse immer gleich groß und beherrschend das Bild des Königs heraustrat, da fühlte sich das Volk in Herz und Nieren gepackt und erschüttert von dem Anblick echter Menschengröße. Die verwitterte und verknöcherte Gestalt des alten Fritz, wie der Hammerschlag des unerbittlichen Schicksals sie zurechtgeschmiedet, übte ihren dämonischen Zauber auf unzählige treue Gemüter, die zu der glänzenden Erscheinung des jugendlichen Helden von Hohenfriedberg nur mit befangener Scheu emporgeblickt hatten" (I, 63).

Es ist schwer, bei einem solchen Bild nicht an Makarts „Einzug Karls V. in _p. 202_ Antwerpen" (1878) zu denken, wenigstens soweit es die Gestalt seines Helden betrifft, der sich in selbstgewisser Pose dem bezauberten Volke zeigt. Selbst der nüchterne und tiefer veranlagte Dilthey schildert den Regierungsantritt Friedrichs II. als einen solchen Einzug und jubelnden Empfang, und zwar rein als poetische Vision, die jeder historischen Unterlage entbehrt:

„Am Abend des 31. Mai 1740, an welchem Friedrich Wilhelm I. gestorben war, verließ der neue König Potsdam, die Seele erfüllt von den letzten Gesprächen mit dem Vater und von dessen heroischem Ende; durch die hereinbrechende Nacht eilte er der Hauptstadt zu. Außerordentliche Erwartungen kamen ihm in seinem Volke entgegen. Jubelnder Zuruf begleitete ihn bei der Einfahrt in die Residenz. Jeder empfand, daß in der Seele dieses Jünglings ein Ideal von menschlicheren und

59

glücklicheren Zuständen eines Volkes lebte, und daß die Milderung des furchtbaren Druckes unter dem harten Soldatenkönig bevorstand" (III, 83).

Das klingt wie im „Heiligen" von C. F. Meyer, wo der König als eine vom Armbruster mit Herzklopfen wahrgenommene Gestalt in die Geschichte tritt:

„Als ich auf Schloß Windsor zum ersten Male vor den König von Engelland trat, zitterte mir das Herz im Leibe, denn er war von gewaltigem Wuchs und herrischer Gebärde, und seine blauen, unbeschatteten Augen brannten wie zwei Flammen" (II, 29).

Auf ähnliche Weise, wenn auch mit ganz anderen Gefühlen, wird der Kanzler Thomas Beckett in die Geschichte eingeführt:

„Aber ist er's? Ist dies der verschlossene Kanzler mit den kaltprüfenden Blicken und den Staatssorgen, fragte ich mich verwundert, oder ein andächtiger Ritter und Pilger nach dem Heiligen Grale? — Ihr kennt die Mär von dem Kelch mit dem kostbaren Blute, der, unter süßem Getön vom Himmel sinkend, auf Montsalvatsch sich niedergelassen hat? — In den blassen, träumenden Zügen lag eine selige Güte, und das Antlitz schimmerte wie Mond und Sterne. Sein langes Gewand von violetter Seide floß in priesterlichen Falten über den Bug des silberfarbenen Zelters, der, sonst nach dem feurigen Schalle der Zinken und Pauken zu tanzen gewöhnt, heute langsam den weichen Pfad beschritt und den zierlichen Fuß hob wie nach dem Tone der Flöte, welche die verborgenen Waldgötter spielten" (II, 45).

Die Nähe und Sichtbarkeit wird hier durch Einzelheiten verdeutlicht, die nichts für die Handlung, jedoch viel für die Unmittelbarkeit des Geschauten und das Bild der Person bedeuten, wie der langsame Tritt des Zelters, auf dem der Kanzler reitet, oder der plastisch anschauliche Zug, daß sich der König eine der bogenartigen Waffen des Armbrusters reichen läßt und nach einer Krähe auf der Fahne des Schloßturmes schießt, „und ein helles Lachen ging über sein Antlitz, wie sich die Fahne drehte und das Tier flatternd in die Dachrinne stürzte" (II, 29).

Eine besonders wichtige Rolle spielt bei diesen Epiphanien, diesen Erscheinungen göttlicher Persönlichkeiten, die Beschreibung der äußeren Gestalt, denn nur durch sie läßt sich die Nähe der Person, ihre Sichtbarkeit und repräsentative Gegenwart erreichen. Wie die Malerei will auch die Literatur der siebziger Jahre nicht Stimmungen, Geschehnisse oder seelische Rührungen wiedergeben, sondern Charaktere, Gestalten, die mit starken, fest konstruierten Zügen vor uns treten. So schreibt Georg Brandes in seiner Porträtgalerie „Moderne Geister" (1872) von Paul Heyse:

„Zu allerzuerst hat er, nach meiner Auffassung, ganz wie der Bildhauer oder der Gestaltenmaler, sobald er seine Augen schloß, seinen Gesichtskreis mit Konturen und Profilen bevölkert gesehen. Schöne äußere

Formen und Bewegungen, die Haltung eines anmutigen Kopfes, eine reizende Eigentümlichkeit in Stellung oder Gang haben ihn auf ganz dieselbe Weise beschäftigt, wie sie den bildenden Künstler erfüllen ... Es sind solche Bilder, plastische Figuren, einfache malerische Situationen, mit denen die Phantasie Heyses von Anfang an operiert hat und die ihren Ausgangspunkt bilden" (S. 31/32).

Ein gutes Beispiel für eine solche „malerische Situation" bietet „Die Hexe vom Korso" (1880):

„Ein Gesicht vom reinsten römischen Schnitt, ein echtes Kameenprofil, nur die schlanke Nase verlief fast ohne jede Biegung, in griechischer Reinheit der Kontur. Die Stirn entzog sich mir, da die losgegangenen schwarzen Haare darüber herabfielen, aber die schöne, breite Wange sah ich und den etwas streng geschürzten Mund, nicht sehr rot gefärbt, aber jetzt, da er im Traume ein wenig lächelte und die ganz regelmäßigen Zähne sehen ließ, von einem fast schalkhaften Reiz. Daß ich auch das Ohr nicht vergesse, dessen zierlich und doch kräftig geformte Muschel wachsbleich aus den Haaren hervorsah. Die Gestalt war in einen granatroten Schlafrock gehüllt, mit einer golddurchwirkten schwarzen Schnur gegürtet. Sie schien nicht sehr groß zu sein, vom herrlichsten Wuchs, soviel das dreiarmige Lämpchen verriet, das auf einem Stuhl mir zu Häupten stand. Langsam bewegte sich, wie sie im Schlaf atmete, die kräftige Brust und die Nasenflügel zitterten leise. Es mußte nah am Tag sein, durch zwei halbverhängte Fenster fiel ein trüber Schimmer in das große Gemach, aber noch nirgends war ein Laut zu vernehmen, weder im Hause noch auf der Straße" (XVII, 183).

Auch in „David und Jonathan" (1882) malt er die Gestalt der Frau, die Jonathan liebt, mit großen, klassischen Konturen und vergleicht sie obendrein mit einer Kore des Erechtheions, was dem bildnerischen Effekt entspricht, dem zuliebe Feuerbach die Gestalt einer antikisch schönen Frau, seiner Nanna, neben einem römischen Sarkophag ausruhen läßt:

„Jonathan stand am Tisch und betrachtete unverwandt das Mädchen, dem das Tuch in den Nacken geglitten war, so daß ihr schönes Haar frei geworden und der Umriß des Kopfes dunkel gegen den silbernen Abendhimmel sich abschattete. Er zeichnete in Gedanken die schlichten, festen Linien und fragte sich, wo er schon etwas Ähnliches gesehen habe. An ihrer Stirn und Schläfen sah er ganz deutlich ein paar leichte Narben von den Blattern, die ihre übrige Haut verschont, ihr nur den Glanz genommen hatten ... Es erinnerte an edlen Marmor, der hie und da verwittert ist, oder dessen oberste Fläche die Spur einer leisen Verletzung trägt, und jetzt ging es ihm auf, woran das Gesicht mit den breiten Wangenflächen und dem kräftig gerundeten Kinn ihn erinnerte: dort an der Wand hing die Photographie jenes Tempelchens auf der

Akropolis, dessen Gebälk von Karyatiden gestützt wird. So trug auch dies schlichte Mädchen das Haupt auf den Schultern, und mit so ruhigen Augen blickte es in die Welt" (XIX, 63).

Selbst Nietzsche zeigt seinen Zarathustra gern in einer bildhaft anschaulichen Situation, wie in dem Kapitel „Vom Biß der Natter", wo er das Geistige rein aus dem körperlichen Erlebnis entwickelt:

„Eines Tages war Zarathustra unter einem Feigenbaum eingeschlafen, da es heiß war, und hatte seine Arme über das Gesicht gelegt. Da kam eine Natter und biß ihn in den Hals, so daß Zarathustra vor Schmerz aufschrie. Als er den Arm vom Gesicht genommen hatte, sah er die Schlange an: da erkannte sie die Augen Zarathustras, wand sich ungeschickt und wollte davon. ‚Nicht doch, sprach Zarathustra; noch nahmst du meinen Dank nicht an! Du wecktest mich zur Zeit, mein Weg ist noch lang.' ‚Dein Weg ist noch kurz', sagte die Natter traurig; ‚mein Gift tötet.' Zarathustra lächelte. ‚Wann starb wohl je ein Drache am Gift einer Schlange?' — sagte er. ‚Aber nimm dein Gift zurück! Du bist nicht reich genug, es mir zu schenken.' Da fiel ihm die Natter von neuem um den Hals und leckte ihm seine Wunde" (VI, 99).

Das gleiche gilt für Treitschke, der sich stets bemüht, seine Heroen der Tat, in diesem Falle Blücher, wie in einem Gemälde großen Stils leiblich vorzuführen:

„Den Soldaten erschien er herrlich wie der Kriegsgott selber, wenn der schöne, hochgewachsene Greis noch mit jugendlicher Kraft und Anmut seinen feurigen Schimmel tummelte; gebieterische Hoheit lag auf der freien Stirn und in den großen, tiefdunkeln flammenden Augen, um die Lippen unter dem dicken Schnurrbart spielte der Schalk der Husarenlist und die herzhafte Lebenslust. Ging es zur Schlacht, so schmückte er sich gern mit allen seinen Orden wie für ein bräutliches Fest, und niemals in allen den Fährlichkeiten seines Kriegerlebens ist ihm auch nur der Einfall gekommen, daß eine Kugel ihn hinstrecken könnte" (I, 450).

Nirgends aber wird die Person so deutlich, so unmittelbar und gegenwärtig respektabel, als wenn sie selbst zu uns redet und dadurch alles, was wir von ihr durch den Dichter erfahren, in eine Selbstcharakteristik übergeht, ähnlich den ins Monumentale gesteigerten Selbstbildnissen dieser Jahre, deren besondere Intensität meist auf der unmittelbaren Wendung zum Betrachter beruht. Wie in der Frontalität, dem vollen Ausgerichtetsein auf den Bewunderer und die Öffentlichkeit, der Eindruck in der Nähe am stärksten ist, so auch in der persönlichen Ansprache, der Selbstoffenbarung in der Ich-Erzählung, dem Reden von sich selbst. Deshalb die Vorliebe der Gründerliteratur für direkte Persönlichkeitsoffenbarungen, eingestreute Tagebücher oder Memoiren. C. F. Meyers „Huttens letzte Tage" (1871) sind eine solche Selbstoffenbarung, bei der Tonfall, Wortwahl, Meinungsäußerung, Selbstschilderung und Selbstbeleuchtung jeder Tatsache die persönlichste Färbung haben und hinter jedem

Satz die Person aufleuchten soll. Selbst die kleinsten Dinge der Umgebung werden dadurch, daß der Held der Geschichte sie zur Hand nimmt oder von ihnen redet, ein Zeugnis seiner selbst, wie auf mittelalterlichen Bildern die Attribute der Heiligen. Das zeigt sich am besten bei der Beschreibung von Huttens Hausrat: keine Butzenscheibenromantik, kein Interieur, kein Stillleben, sondern eine Manifestation des Helden, seines Charakters und seiner gegenwärtigen Haltung (I, 227/28):

> „Ich schau mich um in meinem Kämmerlein
> Und räume meine Siebensachen ein.
>
> Ich gebe jedem seinen eignen Ort,
> Die Klinge lehn ich in den Winkel dort.
>
> Die Feder leg ich, meinen besten Stolz,
> Auf diesen Tisch von rohem Tannenholz.
>
> Mein ganzes knappes Hausgerät ist hier,
> Mit Schwert und Feder half und riet ich mir.
>
> In einer schwertgewohnten Hand begehrt
> Die Feder ihre Fehde, wie das Schwert.
>
> Erst flog sie wie der Pfeil in Feindes Heer,
> Doch meine Feder wuchs und ward zum Speer!
>
> Frohlockend stieß ich sie, ein tötend Erz,
> Der Priesterlüge mitten durch das Herz.
>
> Und Schwert und Feder, wann mein Arm erschlafft,
> Sind Huttens ganze Hinterlassenschaft.
>
> Mein Schwert, das länger ich nicht führen kann,
> Ergreifen mag's getrost ein andrer Mann —
>
> Von keinem Finger werde sie berührt,
> Die Feder, welche Huttens Hand geführt!
>
> Die streitet fort. Sie streitet doppelt kühn,
> Wann ich vermodert bin im Inselgrün."

Auch Heyses „Die Hexe vom Korso" (1880) ist eine Icherzählung, während er in seinen „Kindern der Welt" (1872) die einzelnen Personen durch Tagebücher oder Selbstoffenbarungen aus ihrem Leben charakterisiert. In Justis „Velazquez" findet sich ein Dialog über die Malerei, um die Malprinzipien der Zeit auch in personaler Form vorzuführen. Noch bedeutungsvoller ist sein Reisebrief des Velazquez über seine Erlebnisse und Stimmungen in Rom. Beide hat er selbst verfaßt, und zwar aus einem so starken Sicheinleben in den Charakter des Velazquez, daß sie lange für echt gehalten und — als man hinter diesen Kunstgriff kam — als Fälschungen angeprangert wurden.

Wohl die anspruchsvollste Selbstdarstellung in Monologen und Dialogen ist Nietzsches „Zarathustra". Das dauernde Ich oder Wir: wir Vornehmen, wir Guten, wir Schönen, wir Glücklichen, läßt keinen Augenblick vergessen, daß es sich weniger um eine Lehre handelt als um eine Selbstoffenbarung, eine Selbstbespiegelung und Selbstvergötterung, einen — von Nietzsche her gesehen — unendlichen Monolog. Das spruchartige Wort im feierlichen Gewand hat hier stets den Charakter einer Gebärde. Jedes Kapitel führt in einem anschaulichen Bild an die Personen heran und läßt sie sprechen, wahrlich ich sage Euch:

> „Als Zarathustra dreißig Jahre alt war, verließ er seine Heimat und den
> See seiner Heimat und ging in das Gebirge. Hier genoß er seines Geistes
> und seiner Einsamkeit und wurde dessen zehn Jahre nicht müde. End-
> lich aber verwandelte sich sein Herz, — und eines morgens stand er mit
> der Morgenröte auf, trat vor die Sonne hin und sprach zu ihr also:
> ,Du großes Gestirn! Was wäre dein Glück, wenn du nicht die hättest,
> welchen du leuchtest!'" (VI, 9).

Von hier aus ist es nur noch ein Schritt zur unmittelbaren, unverblümten Selbstdarstellung, zur Selbstbiographie. Im Gegensatz zu Goethes „Dichtung und Wahrheit" haben die gründerzeitlichen Autobiographien selten etwas Dichterisches, sondern sind zu dem Zweck geschrieben, der Nachwelt eine möglichst genaue Kenntnis der eigenen Person zu hinterlassen. Man legt Wert darauf, daß das eigene Ich in unverfälschter Realistik in den Vordergrund tritt, da man sich in allem, selbst in seinen Schwächen, groß und bedeutend dünkt. Dafür sprechen die endlosen, vielbändigen „Erinnerungen" (1890—95) von Felix Dahn, die „Geschichte meines Lebens" (1892) von Georg Ebers, Spielhagens sentimentgeladene Selbstbiographie „Finder und Erfinder" (1890), Heyses dezenter gehaltene „Jugenderinnerungen und Bekenntnisse" (1900), Rudolf Gottschalls „Aus meiner Jugend" (1898) oder die überspannte Selbstdarstellung „Stationen meiner Pilgerschaft" (1888) von Robert Hamerling. Der letzte, ein Gründerzeitmensch reinsten Wassers, spricht schon im Vorwort davon, daß es ihm hauptsächlich darum gehe, seine Person vor verfälschenden oder ungenauen Ausdeutungen der Nachwelt zu bewahren:

> „Der hauptsächlichste Antrieb lag für mich in dem Bedürfnis, die Tat-
> sachen meines Lebens in ihrer Einfachheit und Wahrheit sicher-
> zustellen gegen die Oberflächlichkeit, Ungenauigkeit und phantasti-
> sche Willkür, welcher man nur allzuoft auf biographischem Gebiet
> begegnet. Niemals wäre mir der Gedanke gekommen, mein Leben zu
> beschreiben, hätte man nicht die Gepflogenheit, ein Dichterleben gelegent-
> lich zum Stoff von Feuilletons und Essays zu machen, indem man un-
> gesichteten Notizenkram, bloßes Hörensagen und trügerischen äußeren
> Schein mit schönfärberischen Redensarten aufputzt, so manches Mal
> auch an mir geübt" (S. III/IV).

Auch Feuerbachs „Vermächtnis" ist nicht nur ein Kommentar zu seinen „unverstandenen Werken, sondern zugleich eine Autobiographie, in der ständig von seinen kleinen Leiden und schwankenden Stimmungen die Rede ist:

> „Dieses wollt ich sagen ... um der Wahrheit willen und für künftige Zeiten" (S. 257).

Doch vergessen wir nicht die Unterschiede. Trotz aller Eitelkeit herrscht hier ein ganz anderes Niveau als bei Ebers oder Dahn. Er wird darin nur von Nietzsches „Ecce homo" (1888) oder Bismarcks „Gedanken und Erinnerungen" (1898) überboten, in denen der mächtigste und der verborgenste Geist dieser Ära in Form der Selbsteinkehr vor ein weltweites Publikum treten, von dem sie einen ähnlichen Beifall erwarteten wie den, der den großen Genien der Vergangenheit gespendet wurde.

DER BEDEUTUNGSSTEIGERNDE HINTERGRUND

Außer der Tatsache, daß die meisten Roman- oder Bildhelden dieser Ära mythologische oder historische Größen sind, Personen von übermenschlicher, antikischer Schönheit oder tragischer Bedeutung, macht sie schon die Tatsache des Nahbildes, der Zwang, sie ansehen zu müssen, zu bedeutsamen Figuren. Überall ist es die unverrückbare Nähe, an der wir nicht vorbeikönnen. Selbst die fast mit wissenschaftlicher Genauigkeit durchgeführte Detailmalerei eines Leibl, vor allem aus den späten siebziger Jahren, erhöht die Bedeutung der Dargestellten, da sie das Technische so souverän bewältigt, daß sie eher ein Bewundern als ein Staunen hervorruft. Man denke an seine bildbeherrschenden Bäuerinnen, die „Frauen in der Kirche", wo die Hingabe verlangende Versenkung in diesen Erscheinungsreichtum, die Existenz bekräftigende Glätte und Genauigkeit, von einer rhythmischen Komposition gebändigt wird, bei der sich nichts Einzelnes vordrängen kann, und die Andacht der Versenkung in das Wesen der Personen zugleich deren eigener Andacht entspricht.

Aber die Kunst dieser Zeit hat noch andere formale Mittel zur Bedeutungssteigerung der Personen. Ein sehr wirksames, immer wiederkehrendes ist, die Figur vor einem Hintergrund von unendlicher Größe und Weite zu zeigen, den sie mit ihrem Körper verdeckt und durch Ausbreitung über die ganze Bildfläche zu beherrschen versucht. Indem sie über die Weite der Landschaft und des Himmels triumphiert, gewinnt sie zugleich an Bedeutung und Größe. In der Romantik verlor sich die Gestalt in der Grenzenlosigkeit der einsamen Natur, eine kleine, ehrfürchtige Seele im Anblick der göttlichen Allnatur. Im Biedermeier spazierte sie meist in einer wohnlich geordneten Parklandschaft, wenn sie sich überhaupt ins Freie wagte. Jetzt dagegen bekleidet sie sich mit der Weite des Himmels und der Erde wie mit einem Mantel, den sie hinter sich ausbreitet. Der Horizont ist oft so tief gelegt, daß der Beschauer die dargestellte Person wie eine Statue auf dem Altar empfindet, so hoch ragt die Gestalt in den Himmel hinein.

Was das bedeutet, lehrt die „Venus Anadynomene" (2. Fassung 1873) von Böcklin, die aus dem Meer aufsteigende, schaumgeborene Göttin der Liebe, die sich mit nach oben ausgebreitetem Schleier über den Horizont erhebt wie eine Windhose von nicht zu bestimmender, übermenschlicher Größe, ein Naturphänomen im Sturm der Elemete. Auch auf dem Bild „Triton und Nereide" erhebt sich die dargestellte Gruppe über den weiten Meeresspiegel mit seinen heranrollenden Wogen wie ein Denkmal auf felsigem Sockel. Der „Abenteurer" würde viel von seiner elementaren, fast kosmischen Größe einbüßen, wäre nicht hinter ihm die einsame, wüstenleere Weite des sandigen Strandes und der Meeresfläche und darüber der unermeßliche leicht bewölkte Himmel. Feuerbachs „Medea" verdankt die Größe ihrer tragischen Erscheinung nicht zum wenigsten dem Meer mit seiner Unendlichkeit, vor dem sie sich als herrschende Figur behauptet, und auch „Iphigenie", völlig allein, in den Himmel hineinwachsend, mit ihrer die Weite durchmessenden Sehnsucht, wird erst durch den Hintergrund ins Erhabene gesteigert. Keine isolierte Plastik, keine Medea oder Iphigenie im Innenraum könnte diese Größe erreichen. Selbst der Realist Leibl rechnet mit solchen Wirkungsmitteln wie auf seinem Porträt des Freiherrn von Perfall, dessen antik kontrapostische Haltung an Manets „Frühstück im Walde" erinnert und beweist, wie komponiert das Ganze ist, wie berechnet in seiner Steigerung der Person, die sich vor dem tief liegenden Horizont und der Weite des Wassers und des Himmels ins Monumentale erhebt.

Wohl das beliebteste Objekt für diese Hintergrundswirkung, bei der Wesenlosigkeit, Großartigkeit und Unendlichkeit in eins verschmelzen, ist der weit ausgespannte Horizont des Meeres. So eröffnet Nietzsche gern die Kapitelanfänge seines „Zarathustra" mit dem Bilde seines Helden vor dem Meere. Thoma schildert einen Christus auf den Wellen, zu dem Petrus angstvoll durch die Wasser strebt. Marées' „Ruderer", weniger Galeerensklaven als wahre Rudererheroen, scheinen mit ihren Köpfen an den Himmel zu stoßen. Wagners Tristan reckt sich in die sinnlose Weite des Meeres, als gelte es, mit den Armen von einer Insel zur anderen zu reichen. Heyses „starke Silhouetten", angefangen mit der Heldin seiner berühmten „L'Arrabiata" (1855), werden mit Vorliebe am Strande geschildert, um ihr scharf geschnittenes Profil von einer gleichförmigen Fläche abzuheben, wie auch Hauke Haien in Storms „Schimmelreiter" (1888) immer wieder gespenstisch über den Deich galoppiert, Mensch und Mythos zugleich, weniger eine Figur des friesischen Aberglaubens als ein Gründer, der im Kampf mit dem Meer neues Land zu gewinnen versucht. Auch Spielhagens „Sturmflut" spielt optisch und symbolisch vor dem Hintergrund des Meeres. Sturmflut bedeutet hier nicht Katastrophe oder Chaos, sondern eine Übergangszeit, aus der ein Held erstehen wird, der wie Christus auf dem Meere den Aufruhr der Elemente bezwingt und sicher über die Wogen schreitet.

Ebenso bedeutungssteigernd wirkt die Alpenszenerie dieser Jahre. Im Gegensatz zur Romantik, wo man die Welt der Berge nur darum geschildert hatte, um dem Menschen seine Kleinheit und Ohnmacht vor Augen zu führen, bevorzugt man jetzt ein Alpenbild, das eher den Charakter einer theatralisch effektvollen Hintergrundskulisse hat, wie das felsige Graubünden bei Meyer oder die Sils-Maria-Landschaft bei Nietzsche. Nicht die Berge stehen im

Vordergrund, sondern der Mensch, der sie mit seiner mächtigen Gestalt weitgehend verdeckt und damit beherrscht. So schreibt Meyer mit graphischer Präzision (I, 54):

> „In meiner Firne feierlichem Kreis
> Lagre ich an schmalem Felsengrate hier
> Aus einem grünerstarrten Meer von Eis
> Erhebt die Silberzacke sich vor mir."

Der „feierliche Kreis" der Firne scheint hier ganz auf das große Ich bezogen, sich ihm unterzuordnen wie ein respektvoll verharrendes Gefolge. Anstatt sich der Natur mit offener Seele hinzugeben, von einem pantheistischen Schauer ergriffen zu sein, wahrt man die Distanz. Alles, selbst die gletscherstarrenden Gipfel, werden so zur Folie der menschlichen Gestalt. So wird in Meyers „Richterin" (1885) die naturhaft monumentale Gestalt Stemmas, die von sich selbst behauptet, „was ich tue, tue ich groß", vor den Hintergrund einer heroischen Bergwelt gestellt, um so den Eindruck des Gewaltigen, Urwüchsig-Kraftvollen zu erwecken. Wenn es nicht die Alpen sind, handelt es sich meist um die wild zerklüfteten Abruzzen oder den Apennin wie in Heyses Novelle „Das Mädchen von Treppi", in der das schicksalshafte Verfallensein zweier Menschen durch den feierlichen Hintergrund der Berge aus dem Psychologischen ins Übermenschliche gesteigert wird:

> „Der hohe, blasse Mann ritt auf einem sicheren Pferde, das seine Braut am Zügel führte. Zu beiden Seiten zogen sich Höhen und Gründe des schönen Apennin in der Klarheit des Herbstes, die Adler kreisten über den Schluchten, und fern blitzte das Meer" (V, 38).

Ähnliches läßt sich von der Campagna sagen, die seit alters her wegen ihrer Unbebautheit als Urlandschaft der epischen Zeitlosigkeit gilt. Beispiele dafür finden sich vor allem bei Feuerbach und Marées, deren ländliche Szenen oft mit einem Minimum an landschaftlichen Requisiten ausgestattet sind, um den Eindruck des Bedeutenden, aber nicht Überwältigenden zu erwecken. Denn schließlich sind alle diese Kulissen nur als Hintergrund gedacht. Nicht sie bestimmen das Thema des Bildes, sondern die menschliche Figur, die selbst in den steilsten Bergen nur einen Sockel ihrer eigenen Größe erblickt.

In den historischen Werken dieser Jahre ist es meist die Zeit, der große Kulturzusammenhang, vor dem sich die Erscheinung des Genius abhebt. Alles ist nur ein Vorwand, diesen monumental und groß hervortreten zu lassen, eine weite, grenzenlose Szenerie, vor der sich seine Gestalt, das Buch beherrschend, den Bildrahmen füllend, ins Olympische erhebt. Deshalb heißt es nicht „Velazquez und seine Werke", sondern „Velazquez und sein Jahrhundert" oder „Winckelmann und seine Zeitgenossen". Man will damit nicht den Helden aus seiner Zeit verständlich machen, ihn kulturgeschichtlich determinieren, sondern ihn in Szene setzen, ihm einen Hintergrund geben. Wie anders wirkt daneben Jakob Burckhardts „Kultur der Renaissance" (1860), in der der Übermensch, der skrupellose Macchiavellist, der Condottiere eine so große Rolle spielt und doch keine Einzelperson heraustritt, sondern alle Gestalten wie die Bäume im Walde ein Gesamtbild ergeben, das Bild einer Zeit, einer Gesellschaft, eines historischen Milieus. Dagegen sagt Waetzoldt über „Winckelmann und seine Zeitgenossen": „Es ist das hohe Lied von der Macht des Gelehrten, um den sich eine Welt bewegt" (II, 271).

Aus diesem Grunde liebt man den großen, historischen Roman im Gegensatz zu stimmungs- und erlebnisreichen Lebensbildern in der Art des „Grünen Heinrich" (1854/55) von Keller. Spielhagens „Sturmflut", ein Zeitroman, ist in diesem Sinne auch ein historischer Roman, schon indem die Hauptfiguren Typen einer bestimmten Zeit, der Gründerzeit, sind und als Repräsentanten von Lebensformen dargestellt werden, vor allem aber, indem im Hintergrund die Männer auftreten, die die Geschichte ihrer Zeit maßgeblich beeinflußt haben und im Augenblick des Erscheinens des Romans schon weltgeschichtliche Bedeutung erlangt hatten. Allen voran Bismarck, sodann Windthorst, der Führer der neugegründeten Zentrumspartei und mit ihm der Kulturkampf, Strousberg, der Eisenbahnkönig, Gründer und Schieber größten Stils, Exponent der Machtentfaltung und der Expansion der Industrie und des Gründerschwindels, Lasker, der Advokat und Parlamentarier, der den Mut hatte, die Beteiligung höchster Kreise an den finanziellen Machenschaften dieser Jahre aufzudecken. In dem Sinne steht auch Anzengrubers „Pfarrer von Kirchfeld" (1870) mit seiner Kulturkampfproblematik bereits auf dem historischen Boden der Gründerzeit.

Beliebter war jedoch der Griff in die Vergangenheit, wo sich die Hintergründe schon zu monumentalen Fresken vereinfacht haben. So vollzieht sich Meyers Heiligwerdung des scharfzüngigen Thomas Becket vor den recht undifferenziert gesehenen Kämpfen der Normannen mit den Sachsen, der Christen mit den Sarazenen. In „Huttens letzte Tage" (1871) bildet die Reformation den großen Hintergrund für das Monument dieses ritterlichen Streiters. Im „Jürg Jenatsch" wird ein Mann aus dem Volke vor dem Hintergrund des Kampfes der Schweizer gegen die Franzosen rasch zu einer staatsmännischen, öffentlichen großen Person. Was hier geformtes Kunstwerk geworden ist, sinkt bei Unterhaltungsschriftstellern wie Ebers in seiner „Uarda" (1877—81), der schönen Ägypterin mit den Palmen im Hintergrund, und bei Felix Dahn im „Kampf um Rom" (1876) zu einem aufgedonnerten, bunt kostümierten und im Grunde sentimentalen Illusionsstil ab, der sich zu Meyers Werken verhält wie Makart zu Feuerbach oder Defreggers „Heimkehrender Tiroler Landsturm" (1876) zu Leibls „Wildschützen" (1885). P. 232
P. 220

Noch deutlicher wird diese Bedeutungssteigerung, wenn das Volk den Hintergrund der großen Persönlichkeit bildet. Den Heiligen zum Mittelpunkt einer figurenreichen Szene werden zu lassen, war schon das Anliegen des Mittelalters, und zwar nicht nur im repräsentativen Altarbild, wo die Madonna oder Christus ihr Gefolge an Größe und Ansehnlichkeit weit übertreffen, sondern auch im monumentalen Geschichtsbild, wo seit alters her der Held sein Kriegsvolk und seine Feinde um Haupteslänge überragt und seine Gegner allein zu schlagen scheint. Dasselbe gilt für diese Jahre. So ragt in Feuerbachs „Medea" die Hauptgestalt weit über ihre Begleiter hinaus. Besonders in der zweiten Fassung ist die tiefer gerückte, kauernde Dienerin nur ein Echo der großen Tragödin, die das Boot ins Wasser schiebenden Knechte nur eine Erläuterung ihres Entschlusses, den verhaßten Jason unter Preisgabe ihrer Kinder zu verlassen, wodurch sie bedeutend an Wucht und Größe gewinnt. Auch die Kinder auf dem Bilde der Römerin neben dem antiken Sarkophag bilden mit der Mutter keine familiäre Einheit, sondern steigern nur die Majestät der Frau. Ebenso wirkungsvoll hat Böcklin dieses Mittel auf dem Bilde des Zentauren vor der Dorfschmiede verwandt, um seine urweltliche, dämonische Gestalt gegenüber dem ihn bestaunenden Volk noch größer erscheinen zu lassen und ihn zwischen den bedenklich prüfenden Schmied und den gaffenden Bauern in den Mittelpunkt des Bildes zu rücken. So gelingt es ihm, aus einer amüsanten, märchenhaften Anekdote einen Mythos zu machen und doch die Realistik unmittelbaren Lebens zu erhalten. Denselben Kontrast zwischen riesenhaftem Ungetüm und zwergenhaft staunenden Menschlein behandelt Heyse in seiner prachtvollen Novelle „Der letzte Zentaur" (1870), und zwar mit der gleichen Mischung von Erfindung und Realität, Mythos und Anekdote. Eigentlich handelt es sich hier um zwei Zentauren, den heidnisch sinnenfrohen und lebensstrotzenden Maler Genelli, der die Geschichte erzählt, und einen wirklichen, den letzten Zentaur. Dieser war auf einem Gletscher eingeschlafen, geschützt gegen die Wirkungen der Kälte durch reichlich genossenen Alkohol und zugleich vom Eis konserviert. Als das Eis nach anderthalb Jahrtausenden wieder auftaut, trottet er von der Gletscherzone herunter zu den Menschen, findet sich aber in der verchristlichten und verhäßlichten Welt nicht mehr zurecht. Nachdem er mit den kleinen Menschen gezecht, begibt er sich wieder in seine Bergeinsamkeit und Urwelt zurück, indem er mit einem mächtigen Satz über die ihn umgebende Mauer hinübersetzt und so den ihn verfolgenden, berittenen Gendarmen entgeht.

Doch Scherz beiseite. Was hier komödiantisch vorgeführt wird, aus einer Künstlerlaune geboren, vergleichbar mit Böcklins „Spiel der Najaden" (1886), einem mythologischen Sommerfest an der Riviera voller Übermut und ungezwungener Lebensfreude, liegt stilistisch auf derselben Ebene wie die großen, heroischen Themen. Denn je verzettelter die Randfiguren um die in sich zusammengefaßte Hauptfigur herumstehen, desto stärker tritt diese als geschlossene Einheit und konzentrierende Plastik aus dem Bild hervor. Das ist nicht Mangel an Komposition, sondern Bezogenheit der Nebenfiguren auf die

Hauptfigur, im Kontrast einen Hintergrund bildend. So wird die umrißklare Gestalt des Freiherrn von Perfall durch das kleinblättrige Laub des hinter ihm stehenden Baumes eher hervorgehoben als verunklärt. Auch Justi zählt bei der Begegnung der beiden Malerriesen Rubens und Velazquez die vielen kleinen Talente am Hofe Philips VI. nur darum auf, um durch die zerstreute Fülle der Namen die beiden Hauptgestalten als einzig, als die überragenden Namen ihrer Zeit hervortreten zu lassen. Von zusammenhangsloser Zutat oder bloßer Wissenausschüttung kann hier keine Rede sein. Herman Grimm hat diese Methode einmal charakterisiert als „die Kunst, geistige Zentralpunkte zu finden, um die herum der unendliche Vorrat zusammenhangsloser Nachrichten als eine scheinbare Mitte sich herumlegt, so daß der Anschein providentieller Bewegungen entsteht" (Waetzoldt II, 227).

Eine ähnliche Rolle spielen die Tiere, deren sich Nietzsche im „Zarathustra" bedient, die für das Verständnis seiner Lehre völlig unnötig sind, jedoch das große Bild des Propheten in einer ähnlichen Weise unterstützen wie der Adler des Zeus oder die Eule der Athena. So heißt es im „Honigopfer":

„Da gingen seine Tiere nachdenklich um ihn herum und stellten sich endlich vor ihn hin.

,O, Zarathustra, sagten sie, schaust du wohl aus nach deinem Glücke?!' — ,Was liegt am Glücke! antwortete er, ich trachte lange nicht mehr nach Glück, ich trachte nach meinem Werke'" (VI, 343).

Auch die unmittelbare Umgebung kann zur Bedeutungssteigerung der Person beitragen, vor allem wenn sie den Eindruck eines Rahmens erweckt. So sind in Feuerbachs „Konzert" die vier musizierenden Frauen in eine vornehme Renaissancenische gebannt, wodurch das Ganze wie ein edler Zusammenschluß geprägter Form erscheint, der sowohl die Architektur als auch die menschliche Haltung bestimmt. Einen ähnlichen Charakter hat der antike Sarkophag mit der bacchischen Szene, den die Frau auf dem Familienbild von 1866 als Stütze ihrer aristokratischen Pose benutzt, der Springbrunnen, aus dem „Dichtung und Malerei" bei Böcklin schöpfen, oder die altarflügelartigen Bergwände, zwischen denen sich die mythische Gestalt seiner „Meeresbrandung" entfaltet. Bei Heyse ist es meist die edle Architektur Palladios, vor der sich seine Gestalten ergehen. So heißt es in der Novelle „Unvergeßbare Worte" (1882):

„Als sie die Höhe erreicht hatte, stand sie still und ließ ihre großen, dunklen Augen langsam über die einzelnen Teile des Gebäudes schweifen, das hier in seiner greifbaren Gestalt sie noch mehr entzückte als in den Abbildungen, die sie früher davon gesehen. Das reine Blau des Frühlingshimmels umfloß die edlen Linien der vorspringenden Giebel; wie ein durchsichtiges Gewand sich um schöne, ruhende Glieder schmiegt, so nahe schien der unendliche Äther an das Gestein heranzutreten" (XVIII, 251).

Auch die folgende Szene soll wie ein Zusammenspiel großer Gestalten in großer Umgebung wirken. Denn kaum hat die junge Komteß die Rotunda der herrlichen Villa betreten, als sie einen schlafenden Jüngling erblickt, wodurch eine Szene entsteht, die an die erste Begegnung der Göttin Diana mit dem Hirten Endymion erinnert. Von unbestimmter Sehnsucht ergriffen, weckt sie ihn schließlich mit einer Arie aus dem „Orpheus" von Gluck. Wieder allein, setzt sie sich auf den Sockel einer Jupiterstatue und überläßt sich ganz ihrer Phantasie, um sich zu jenen „Höhen der Menschheit" aufzuschwingen, wo alle Traumgestalten dieser Zeit zu wandeln scheinen.

DIE SCHÄRFE DER KONTRASTE

Ebenso beliebt ist es, zwei Personen einfach nebeneinander zu stellen, in lockerer, szenischer Verbindung, das heißt aus ihrem Beieinander keine Handlung zu entwickeln, sondern sie lediglich als Gegensätze zu zeigen, beide gleichbedeutend, ein Paar und doch gerade in ihrem Kontrast ihre persönliche Eigenart hervorkehrend. Nicht Menschen will man beschreiben, sondern Übermenschen, bei denen jede Gebärde, jede Willensäußerung etwas Allegorisches, Symbolisches, Repräsentatives hat, als habe es nie einen bürgerlichen Realismus gegeben. Manchmal glaubt man sich fast in die Welt der Renaissance, des Barock oder Klassizismus versetzt, so idealistisch konstruiert wirken diese Kontraste. Dem steht jedoch die Bedeutsamkeit des Körperlichen, die kreatürliche Nähe, der Blick für das Detail entgegen, was selbst das Pathos dieser Bilder ins 19. Jahrhundert verweist und sie zugleich vor einem inhaltslosen Epigonentum bewahrt.
Böcklins „Triton und Nereide": der Gegensatz von Mann und Weib, nicht nur ausgedrückt durch den muskelstarken, männlichen Oberkörper des Tritons und den weichen, schönen der Frau, sondern auch durch die einfachen Kontraste der sonnengebräunten, rauhen männlichen Haut und der seidig-glatten weiblichen, der Spannung und wachen Raubtierhaltung des Tritons, der wollüstig genießenden, zum Spiel bereiten Lage der Nereide, der Vertikale und Horizontale. „Ruggiero und Angelika": der gerüstete Ritter und Held, die nackte, befreite Frau, das dunkelfarbige Eisenkleid des Mannes und die helle, strahlende Haut der Frau, die ausgreifende, grätschige Haltung des Kavaliers und die schamhaft zusammenkauernde der jungfräulichen Dame, Aktivität und Passivität, offene und geschlossene Form, beides in einem unmittelbar anschaulichen Kontrast mit einem Minimum von Handlung und Hinweis auf die Beziehung der Geschlechter zueinander. Frontal, nahbildlich, plastisch und leuchtend in den Farben vor den Beschauer hingestellt mit tiefliegendem Horizont. Das enthauptete Ungeheuer zu ihren Füßen nur ein farbig schillernder Sockel für die große Form menschlicher Personen. „Odysseus und Kalypso" (1883): er schwarz vor weiß, sie weiß vor schwarz, er schmerzlich abgewendet, zu einer klaren Silhouette zusammengefaßt, sie in lauernder Gespanntheit, alle Reize ihres Körpers offen dargeboten. Dazu die Höhle als das Reich der Frau und der weite Hintergrund des Meeres, der den Mann zu neuen Abenteuern verlockt. „Dichtung und Malerei": figürlich, malerisch und sinnbildlich eine Darstellung im Sinne mittelalterlicher oder barocker Allegorien, in Haltung und Gebärde deutlich kontrastiert, und doch weniger

sakral als ein Loblied auf die Kunst. Feuerbachs „Mandolinenspieler" (1868): die Heroine und der Sentimentale. Breite, körperliche Form neben weichem, künstlerischem Ausdruck, betonte Sicherheit neben bescheidener Zurückhaltung. Das Ganze weniger das Allgemein-Menschliche von Mann und Weib hervorhebend als einen Sonderfall, eine Feuerbachsche Invention. Leibls„ Zwei Dachauerinnen" (1875): die Heitere und die Betrübte, sonnig und beschattet. Beide groß aufgebaut vor fast kahler Wand. Beide vordergründig und damit nah vor dem Beschauer. „Das ungleiche Paar" (1877): der häßliche Alte und die hübsche Dirne, der Kauz und die Unbefangene, die Verbindung zwischen ihnen nur ein neckischer Scherz. Prachtvoll feste und im Sonntagsschmuck eindringliche, bäurische Charaktere, in ihrem Kontrast sich als Personen gegenseitig steigernd. Thomas „Mutter und Schwester des Künstlers": im Bildfeld zusammengedrängt zwei Menschen, alt und jung, verwittert und knospenhaft glatt, religiös vertieft und jugendlich ablenkbar, erfahrungsreich und unbeschwert, die sich Beherrschende und die sich Anschmiegende. Dasselbe gilt für Bilder wie „Die Geschwister" (1883) oder „Religionsunterricht" (1878), in denen dieses Stilprinzip in der Wiederkehr seine Wichtigkeit beweist. Ähnliches, auf ein Trio übertragen, kommt in Leibls Hauptwerk, den „Drei Frauen in der Kirche" zum Ausdruck. Jugend, Reife und Alter werden hier als kontrastierende Individuen so stark zu markanten Typen gesteigert, daß man trotz aller Realität den Eindruck des Allegorischen hat. Das junge Mädchen, bunt gekleidet, zur Andacht berufen und doch nicht bei der Sache, die gereifte Frau, energisch in Haltung und Ausdruck, lebensklug und zielbewußt, in schwarzer, farbloser Kleidung. Beide zusammen bilden einen ehrerbietigen Rahmen für die ganz Alte, die tief gebeugt, versunken in Andacht und Gebet, von der Welt in die Gedanken an das nahende Jenseits abgeführt wird. Dem runzelreichen Gesicht entspricht das unscheinbare Braun des gestreiften Kleides, wie überhaupt alle Kontraste der Kleidung und der Linienrhythmen der psychologischen Vertiefung der dargestellten Charaktere dienen und damit die Gegensätzlichkeit in Wesen und Alter noch erhöhen.

Diese Zwei-, Drei- oder Mehrfigurendarstellungen sind die stärksten und packendsten Bilder dieser Zeit, in ihren Personen und ihren sich steigernden Formen die Malerei der fünfziger und sechziger Jahre weit übertreffend. Hier findet man endlich das, was Biedermeier und Stimmungsrealismus so oft vermissen lassen: klare Silhouetten statt minutiöser Kleinteiligkeit, echte Kontraste statt zärtlich hingehauchter Gefühle. Daß es sich dabei um ein allgemeines Stilprinzip dieser Jahre handelt, beweist ein Blick auf die Literatur, wo man ähnlichen Kontrasten auf Schritt und Tritt begegnet.

So treten in Heyses „Grenzen der Menschheit" (1882), einer stilgeschichtlich besonders interessanten Novelle, zwei Gegensätze nebeneinander: der Optimist und der Pessimist, ein Zwerg und ein Riese, um den Kontrast auch im Optischen bildhaft eindringlich werden zu lassen. Beide treffen sich in kalten

Winter- oder stürmischen Sommernächten, weil dann niemand auf der Straße ist. Auf diese Weise wird von Anfang an ein großräumiger, aber leerer Hintergrund geschaffen, der den Figuren die nötige Bedeutsamkeit verleiht. Die inneren, psychologischen Gegensätze sind folgende: der Zwerg, körperlich also Ohnmächtige, klein, aber ein Kleinmeister, Kupferstecher wie Menzel, der sich mit seinen Stichen den nötigen Lebensunterhalt verdient, hat durchaus lebensbejahende Züge. Der Riese dagegen ist lebensfeindlich, verbittert wie schon seine Eltern, die Schaustücke in einem Schaustück waren, ein Tarzan und eine Athletin, Symbole einer problematischen Zirkusexistenz, von allen wegen ihrer Kraft und Größe bewundert und zugleich mitleidig belächelt, als habe man es mit Mißgeburten oder halbtierischen Monsterwesen zu tun. Der Sohn dieser Riesen, der ob dieser Tragödie zum Gaukler wird, als Ausnahmemensch vereinsamt, kein Verhältnis zur Außenwelt gewinnt, zieht sich schließlich hypochondrisch in eine Scheune zurück. Ihm fehlt jede Freude an der Pflege des Heims. Er begnügt sich aus Unlust mit primitivstem Gerät, während bei dem Kleinen gerade die Freude am Kleinsten der vorherrschende Charakterzug ist. Seine Lektüre ist die weltzugewandte, atheistische Philosophie von Ludwig Feuerbach, dem Himmel und der Kirche feind, da sie den Willen lähmen. Wegen dieser Ungleichheit finden sie allmählich Gefallen aneinander, wobei sich die seelischen Kontraste immer mehr verstärken. Der körperlich Große und Starke spielt willentlich den Schwächeren und ordnet sich ganz dem Kleinen unter, durch ihn einen neuen Zugang zum Leben gewinnend. So bilden sie beide eine Art glücklicher Ehe, in der der Kleine die Rolle des Mannes übernimmt. Dazu kommt eine rührende, kleine Liebesgeschichte. Der Kleine verliebt sich in ein schönes Mädchen, ohne seine Bekanntschaft zu machen. Um das Ideal seiner Verehrung zu sehen, folgt er ihr und ihrer Mutter beim Ausgang aus dem Theater. Und hier nun steigert er sich zu heroischer Größe, indem er die Frauen gegen die Belästigungen eines Betrunkenen verteidigt. Von diesem an die Wand geworfen, stirbt er an den Folgen der erlittenen Verletzungen. Da der Große ohne die führende Hand des Kleinen nicht mehr leben kann, kehrt er mit dem Sarg seines Freundes in die Scheune zurück, begräbt ihn dort und wird nach einigen Tagen tot neben dem Grabe sitzend aufgefunden, auch im Tode noch der Passive.

Ähnlich gegensätzlich aufgebaut ist die Novelle „David und Jonathan" (1882). Der eine, Jonathan, ist ein Mann von tüchtigen Gaben, kräftiger, aber hölzerner Natur, sympathisch, aber nicht schön, einsam, verschlossen aus Mangel an Selbstvertrauen, seine Arbeit als Leiter von Tiefbaubetrieben unverdrossen verrichtend, bei den Arbeitern beliebt, selbst ein Arbeiter, dabei für sich — umgeben von Bildern großer Architekturen — kühne Entwürfe bildend, ohne Wunsch oder Zutrauen, daß sie vor die Welt treten könnten und verwirklicht würden. Ein Mann des Könnens, doch ohne Ehrgeiz, mißtrauisch gegen sich und die Welt. David (Eduard) dagegen ein Dichter voller Ruhmsucht, von

Beruf Kaufmann, weiblich zart, schön, Liebling der Frauen, selbst um Frauen bemüht, von sich überzeugt, aber durch negatives Urteil anderer in Verzweiflung gestürzt. Die Begegnung zwischen beiden erfolgt dadurch, daß Jonathan seinen David aus dem Wasser rettet, in das er sich verzweifelt über die Ablehnung seiner Gedichte durch einen großen Poeten gestürzt hat. Auch hier bildet sich eine Art Ehe: Jonathan, der geistig Bescheidene, äußerlich Rauhe, entdeckt in seinem Gefährten, der ein Lyriker sein wollte, plötzlich den Dramatiker. Gegenüber dem Genialen ist er der Kritiker, aber durch seine Kritik Produktive. Im Verhältnis beider zueinander entwickeln sich nun die Gegensätze. Hier die rauschartige, unter der Führung des Mentors gesteigerte Produktionskraft, ein Strohfeuer, das schnell abbrennt, dort die sichere, kraftvolle Führung. Hier der naive Egoismus, der nur an sich selbst denkt und bewirkt, daß Jonathan seine treuesten Gefährten, Pfeife und Hund aufgibt, dort die kritische Selbstbeherrschung. Zum Schluß steigern sich die Gegensätze der Charaktere sowohl in ihrer Wesenheit wie in ihrer moralischen Bedeutung. Eduard entführt dem Freund die Braut, heiratet aber schließlich ein häßliches, doch begütertes Mädchen. Jonathan wird dagegen ein großer Baumeister und heiratet die ihm von Eduard entführte Braut, ein Gretchen, arm und verführt, und zeigt sich dadurch in seiner ganzen innerlichen Größe gegenüber dem haltlosen, aber zunächst blendenden, im Grunde unproduktiven Genie.

In Anzengrubers Bauernkomödien, die wie ein Gegenstück zu Leibls Bauernbildern wirken, läßt sich die Handlung oft mit ein paar Worten erledigen. Noch stärker als bei Heyse besteht hier das Wertvolle allein in der Herausarbeitung zweier gegensätzlicher Charaktere. Zum Beispiel der großzügige, ein wenig zerknirschte, mitleidsvolle Großbauer und der salbadernde, frömmelnde Erbschleicher und Quacksalber im „G'wissenswurm" (1874). Im „Doppelselbstmord" (1875) handelt es sich um zwei Väter: einen reichen, gutmütigen, versöhnungsbereiten und einen armen, galligen, streitsüchtigen. Einer hat einen Sohn, der andere eine Tochter, die sich gegen den Willen der Väter lieben. Da sich die Kinder nicht haben sollen, verschwinden sie. Alle Welt glaubt an einen Doppelselbstmord. Die Väter, aus Angst weich geworden, würden ihnen jetzt die Ehe gestatten. Diese aber haben sie inzwischen längst vollzogen und kehren munter heim.

In Spielhagens „Sturmflut" treten unter vielen gegensätzlichen Typen zwei hervor, die er besonders betont: der alte, starrköpfige Revolutionär und der alte steifnackige Soldat. Zwei entscheidende Szenen illustrieren diesen Gegensatz. Die eine, in der der Soldat als der Nachgiebige um die Hand der Tochter bittet und zurückgewiesen wird. Die andere, in der der Revolutionär um Verzeihung für den durch Wechselschulden entgleisten Sohn bittet. Beide Szenen sind parallel gebaut, in beiden werden mehr die Charaktere entwickelt als die Handlung wesentlich vorangeschoben.

Wohl die zwingendste dichterische Konfrontation ist die im „Heiligen" (1879) von C. F. Meyer. Die ganze Novelle wird hier von der Gegensätzlichkeit der beiden Hauptfiguren beherrscht: des Helden und des Heiligen, des Königs und des Kanzlers. Hier der blonde Recke, aufbrausend und kindlich, unbeherrscht in Neigungen und Begierden, dort der bleiche Mann, der kein Blut sehen kann, jedoch geistig der Überlegene ist, Sieger durch die Gewandtheit des Verstandes, selbstbeherrscht in jeder Situation. Hier der naive, unduldsame Herr, dort der biegsame, diplomatische Diener. Der Heilige stirbt, äußerlich besiegt, aber geistig triumphierend wie jener höhere Herr, in dessen Dienst er sich begeben hat, der die Welt durch seinen Tod besiegte und an dessen Macht auch die Gewalt des Königs zerbricht. Dazu kommt noch die feine, ironische Konfrontation beider in ihrem Verhältnis zu den Frauen. Beide sind von einer Frau innerlich abhängig, der Held und Löwe von einer zänkischen, eifersüchtigen Ehefrau, vor der er wie eine Maus vor der Katze in den Winkel kriecht, der andere von seiner Tochter, vor der selbst die Kälte seines wie eine Sarazenerklinge scharfen Verstandes schmilzt.

Daß dies kein Sonderfall in Meyers Schaffen ist, beweist „Das Amulett" (1873). Auch hier keine Deutung, keine psychologische Zergliederung, keine Reflexion, sondern klare, nebeneinander gestellte Kontraste: der junge, ungestüme Schandau, bereit für seinen Glauben durchs Feuer zu gehen, und der vorsichtige Boccard, der in seiner Zaghaftigkeit lieber auf Wunder vertraut. Daneben der alternde Glaubensheld Coligny, bis zum letzten Atemzug seinen religiösen Idealen ergeben, und der junge König, haltlos, genußsüchtig, ohne jede Überzeugung, apathisch und grausam zugleich. Was im „Heiligen" die Gegenüberstellung von Sachsen und Normannen, Moral und Unmoral, Armut und Reichtum, Herren und Sklaven ist, erscheint hier als Konfrontation von Protestanten und Katholiken, Prädestination und Wunderglauben, Glaubensstreitern und Machtbesessenen. Wie bewußt sich Meyer dieser Gegensätze war, geht aus seinen Briefen hervor. So schreibt er über die „Angela Borgia" (1891): „Der schöpferische Gedanke der Novelle ist das Gegenüber zweier Frauen nach Art der Italiener (z. B. Tizian Himmlische und Irdische Liebe). Hier: Zu wenig und zu viel Gewissen. Genau also müßte die Novelle heißen: Lukrezia und Angela Borgia" (II, 724). Über den ideologischen Hintergrund dieser monumental verkürzten Gegenüberstellungen, denen meist das geschichtliche Nebeneinander von Renaissance und Reformation zugrunde liegt, wird später noch die Rede sein, denn schließlich ist auch Nietzsches „Zarathustra" nichts anderes als eine einzige Konfrontation von Heiligen und Helden, Herren und Sklaven, Menschen des Ressentiments und geborenen Gewaltnaturen.

Wie sich solche Konfrontationen auf der Trivialebene ausnehmen, zeigt sich am besten bei Hamerling, den man wegen seiner farbenprächtigen, schwülen und theatralisch aufgedonnerten Schilderungen oft den Makart der Dichtung genannt hat. Immer wieder legt er alles darauf an, einen möglichst starken und blendenden Eindruck zu erzielen, indem er einen Kontrast an den anderen reiht. Sein „Ahasverus in Rom" (1866) enthält wohl eine der grellsten Gegenüberstellungen der Gründerzeitliteratur überhaupt. Im Mittelpunkt des Ganzen steht die Gestalt des unmäßigen, frevlerischen Nero, der mit seinen Orgien und Ausschweifungen selbst die lasterhaften Schenken der römischen Halbweltskreise in den Schatten stellt. Um dieser Bestie auf dem Thron, diesem dionysischen Lebenstrieb einen wirkungsvollen Gegensatz zu geben, läßt Hamerling durch das ganze Werk den steinalten, todsuchenden Ahasverus geistern, der immer dann erscheint, wenn Lust, Gewalttat und Hybris gerade einen Höhepunkt erreichen, wenn sich ein gefährlich aufloderndes Feuerwerk nicht mehr durch noch größere Helligkeit, sondern nur noch durch das kontrastierende Dunkel des Todes und der Nacht überbieten läßt. Tiefste Todessehnsucht paart sich hier mit höchstem Lebensdrang, eins so effektvoll und unwahr wie das andere. Dieselbe Freude am Kontrast zeigt sich im Stil. Ständig liest man Bilder und Vergleiche wie „Weißer Busen, schwarze Seele" oder „Volle Brust und leeres Herz", in denen das Grundprinzip der gründerzeitlichen Konfrontation auf eine höchst platte Manier zu Tode geritten wird. Auch die wissenschaftliche Analyse dieser Jahre bedient sich mit Vorliebe der Konfrontation und entnimmt aus ihr die stärksten Steigerungsmittel zur Verklärung ihrer Helden. So konfrontiert Treitschke einmal Napoleon, den Genius der Zerstörung und Tyrannen, mit dem Freiherrn vom Stein, dem Genius aufbauender Reform:

„Die großen Gegensätze, die hier aufeinander stießen (den kosmopolitischen Lehren der bewaffneten Revolution trat die nationale Gesinnung, die Begeisterung für Vaterland, Volkstum und heimische Eigenart entgegen), spiegelten sich getreulich wieder in den Personen der leitenden Männer. Dort jener eine Mann, der sich vermaß, er selber sei das Schicksal, aus ihm rede und wirke die Natur der Dinge — der Übermächtige, der mit der Wucht seines herrischen Genius jeden anderen Willen erdrückte; tief unter ihm ein Dienergefolge von tapferen Landsknechten und brauchbaren Geschäftsmännern, aber fast kein einziger aufrechter Charakter, fast keiner, dessen inneres Leben sich über das platt Alltägliche erhob. Hier eine lange Schar ungewöhnlicher Menschen, scharf ausgeprägte, eigensinnige Naturen, jeder eine kleine Welt für sich selber voll deutschen Trotzes und deutscher Tadelsucht, jeder eines Biographen würdig, zu selbständig und gedankenreich um kurzweg zu gehorchen, doch allesamt einig in dem glühenden Verlangen, die Freiheit und Ehre ihres geschändeten Vaterlandes wieder aufzurichten. Einer aber stand in diesem Kreise nicht als Herrscher, doch als der Erste unter Gleichen: der Freiherr vom Stein, der Bahnbrecher des Zeitalters der Reformen" (I, 270).

Noch effektvoller, fast ins Journalistische überspielend, stellt Herman Grimm seine Lieblinge nebeneinander. Nie kann er sich auf einen beschränken. Kaum hat er einen Gipfel erwähnt, so stellt er schon den nächsten daneben, immer mit der Tendenz, den einen mit dem anderen überbieten zu wollen. So heißt es in seinem Essay „Ernst Curtius und Heinrich von Treitschke":

„Curtius verteidigte, Treitschke griff an ...

Treitschke gehörte der neuen Zeit an, Curtius der vergangenen ...

Curtius wurde betrauert, Treitschkes Tod erschreckte. Curtius hatte seine wichtigsten Gedanken alle wohl längst in Worte gefaßt, Treitschke noch viel zu sagen" (S. 2, 3, 7).

Geradezu poetisch wird seine Sprache, wenn er von Raffael und Michelangelo redet:

„Sie stehen nebeneinander wie Achilles neben Herkules, wie die kraftvolle Schönheit, die alles überstrahlt, neben der düsteren Gewalt, die alles überwindet, wie ein kurzer sonniger Frühling neben einem langen Jahre, das im Sturm beginnt und unter Stürmen aufhört. Raffaels Werke sind wie goldene Äpfel, die an einer ewigen Sonne reiften; keine Mühe sieht man ihnen an, arbeitslos scheint er sie hingeworfen zu haben, und selbst wo er das Verderben und das Furchtbare darstellt, tragen seine Bilder eine klare Schönheit in sich, belasten niemals das Gemüt, das in Bewunderung versunken ist. Michelangelos Gestalten aber wissen nichts von jenen lichten Regionen, unter einem wolkenschweren Himmel scheinen sie zu wandeln, in Höhlen scheinen sie zu wohnen und ihr Schicksal jede fortzurollen wie eine Felsenlast, die alle Muskeln bis aufs höchste anspannt" (Zehn Essays, S. 17).

„Beide zusammen repräsentieren sie ihr Jahrhundert; Raffael den jugendlichen Übermut, die Fülle, die sonnige Frühlingsluft seines Lebens, Michelangelo die düsteren Gedanken, die unter alledem schlummerten, die dunklen Kräfte ... Raffael lebte hoch zu Pferde und starb ehe die Rosen verblühten, deren Duft ihn berauschte, Michelangelo ging zu Fuße mit republikanischer Härte durch seine neunzig Jahre hin. Beide waren sie große Männer, wer ihre Werke sieht oder von ihrem Leben hört, fühlt sich heute noch erwärmt durch das Feuer ihrer Seele und getröstet durch ihr Glück und Unglück" (S. 101/102).

In Justis „Velazquez" (1888) gibt es eine ähnliche Konfrontation von Rubens und Velazquez. Auch ihn interessiert nicht das Ähnliche, sondern die unmittelbare Gegenüberstellung der Kontraste, wobei ihn der Gedanke leitet, daß der Genius aus solchen Begegnungen die entscheidenden Impulse für seine eigene Entfaltung schöpft:

„Wer sich das Schauspiel einer starken Kontrastwirkung zwischen Koloristen verschaffen will, muß beide, auf ihrer Höhe, nebeneinander

sehen. Es waren eben in Begabung, Gefühl und Moral der Kunst grund-
verschiedene Naturen, und vielleicht haben sie gerade darum Gefallen
aneinander gefunden, ja, wie Pacheco versichert, Freundschaft geschlossen ... Der echte Künstler wird in solchen Begegnungen, statt
den Mut oder sich selbst zu verlieren, vielmehr seine berechtigte Eigenart
gewahr werden und den Mut schöpfen, den ihr angemessenen Weg ein-
zuschlagen ...

So konnte es Velazquez (als künstlerischem Leiter bei der Ausstattung
der königlichen Schlösser) nur freuen, mit solchem Material zu arbeiten,
wie es Rubens bereitwillig zur Verfügung stellte. Neid war dem Charakter beider fremd. Ein Zusammenstoß im ,Kampf um den Raum' gab
es für sie im Grunde nicht ...

Velazquez war eigentlich ein Maler ohne Publikum, da er nur für
Philipp IV. malte. Er war somit, wie es scheint, sehr abhängig; auf der
anderen Seite aber auch wieder frei vom Dienst der Menge, der oft dem
Künstler verhängnisvoller wird als Fürstendienst ...

Kaum kommen Arbeiten vor, die ihn nicht irgendwie als Kunstproblem
interessiert haben, stets schöpft er die Darstellung aus dem Gegenstand,
der ihm nie bloß Gelegenheit ist, seine glänzenden Mittel zu entfalten.
Er war eine stolze, phlegmatische Natur, vom Temperament des Em-
pirikers, ein ,Experimentalmaler'. Ein Edelmann, dem es nicht einfällt,
dem Betrachter entgegenzukommen, oder ihn gar zu bestechen; er stößt
eher ab, in seinen feinsten Sachen ist er kaum verstanden worden.

Rubens gehörte zu denen, die, wie in Italien Bernini, ihrem Zeitalter
das Gepräge geben. Eine große Natur, die strebt zu herrschen, wohin
sie kommt. Von Paris, London, Madrid, Genua konnte er sprechen wie
Caesar. Wer aber seine Zeit beherrschen will, muß mit ihr Fühlung
haben, er wird in Wechselbeziehung zu ihr treten, wie könnte er sonst
ein Anziehungspunkt werden. Da ist es wichtig, in welche Zeit er kommt,
und an welche Tendenzen der Zeit er sich wendet. Man muß Hof und
Adel des 17. Jahrhunderts kennen, um seine Malerei zu verstehen.

Das Herz Philipp IV. hatte er ganz gewonnen. Der gekrönte Wüstling,
dessen Leben zwischen galanten Abenteuern, wochenlangen Festen,
wilden Jagden und frommen Zeremonien wechselte, scheint in seinen
Schöpfungen einen poetischen Wiederschein des eigenen Daseins gefunden zu haben. Wie ein moderner Prinz (the snob royal) entdeckte er
vielleicht mit den fortschreitenden Jahren das Geheimnis weiblicher
Schönheit in den drei F (fair, fat, forty) flämischer ,Fleischklumpen'.
Er ließ ihm nun keine Ruhe mehr mit Aufträgen, und auch jene freien
Darstellungen, die Rubens für sich behielt, wanderten aus seinem Nachlaß
nach Madrid, dessen Museum für diese Seite des Meisters wichtig ist"
(S. 252/54).

DIE UNBEDINGTHEIT IN WERK UND GESTALT

Dieses Denken in Kontrasten, das der Steigerung der Persönlichkeit im gemalten oder literarischen Bilde dient, wie auch die Foliierung durch Meeresweite und Himmelshöhe gehören zu einer Ausdrucksweise, deren Unbedingtheit durchaus dem großen, prunkhaften Lebensstil und der lauten, übersteigerten Sprache dieser Zeit entspricht. So sind die malerischen Mittel dieser Ära stets von einer machtvollen, ein- oder aufdringlichen Verabsolutierung, von einer Großheit und zugleich Einfachheit, die die auf gebrochene Farben, die flimmernde Luftigkeit, die Zwischentöne und Nuancen eingestellten Augen der Impressionisten beleidigte. Böcklins starke Lokalfarben, sein Kampf gegen die braune Sauce der Stimmungsmaler der fünfziger Jahre, das klare Blau des italienischen Himmels, die smaragdene Leuchtkraft des Wiesengrüns, die sandgelbe Intensität der Birkenstämme, das funkelnde Zinnoberrot des Mantels seiner „Euterpe", das alles ergibt eine glasfensterartige Buntheit, bei der spätere Generationen weniger das Sakrale als die brutale, schreiende Plakatierung sahen. Bei Marées zeigt sich diese Unbedingtheit in der radikalen Herausarbeitung der plastischen Merkmale und der räumlichen Grundverhältnisse mit wenigen Vertikalen und Horizontalen, worin sich ein zähes und hartnäckiges Bemühen um einen auch theoretisch verfolgten absoluten Wert der Kunst verrät. Wie die ganz Großen glaubte er sich auf wenige Werke beschränken zu müssen, die er in jahrelanger Arbeit bis zur letzten Vollendung zu steigern versuchte, nicht fleißig wie ein Kleinmeister, sondern anspruchsvoll bis zum Verzehrtsein aller körperlichen und geistigen Kräfte. Leibl erreicht diese Unbedingtheit durch eine klare Teilung der Hintergründe in große, reine Flächen und eine entsprechende Vereinfachung der Farben, wobei ein festes Schwarz, ein Schwarz wie von Eisen, die Hauptrolle spielt. Auch die Bestimmtheit der Linien und Umrisse, vor allem bei seinen „Dorfpolitikern", den „Drei Frauen in der Kirche" und den „Wildschützen", spricht eine feste, unumstößliche Sprache. Hier ist nichts verwischt oder ins interessant Fleckige verunklärt, sondern wie bei Marées in langwieriger Arbeit zu körperlichen Monumenten zusammengefügt, die vom Betrachter wie Schnitzwerke empfunden werden sollen.
Was diesem Anspruch nicht genügte, wurde rücksichtslos zerschnitten, um sich mit wenigen, aber vollendeten Werken in den Kreis der Größten einzureihen. Selbst Feuerbach, der von Natur aus Weichere, schreibt unter dem Motto „Aut Caesar aut nihil":

„Von dieser Strenge datiert sich die Erscheinung, daß an den besten meiner Bilder nicht ein Jota zu ändern ist und die meisten den Gegenstand erschöpfen, während bei vielen modernen Malern gewöhnlich alles ebensogut auch anders sein könnte" (S. 157).

In der Literatur äußert sich diese Entschiedenheit vor allem in der Charakterzeichnung. So sind bei Heyse fast alle weiblichen Heldinnen von einer unaussprechlichen Schönheit, einem unbeschreiblichen Adel der Bewegung, von einer — besonders bei einfachen Frauen — unübertreffbaren Lebensklugheit und Lebenssicherheit. Immer wieder handelt es sich um Gestalten vom Typus der „L'Arrabiata" (1855), der Titelheldin seiner ersten Novelle, jener „unverfälschten", „wildwüchsigen" Italienerin, die in allem, was sie tut, noch den „großen Stil" unverbrauchter Völker verrät (VI, 207). Dasselbe gilt von seinen altdeutschen oder provenzalischen Gestalten wie im „Glück von Rothenburg" (1881) und der „Dichterin von Carcassonne" (1880). Meist heißt es nur: sie war weich, stolz, edel, von herrlichem Wuchse, unnahbar — und dann: sie war weich, hingebungsvoll und leidenschaftlich in der Liebe. Auch die Männer werden in ähnlicher Weise charakterisiert. Die einen sind von höchster Intelligenz, größtem Edelmut, die anderen von ebenso extremer Niedertracht und Böswilligkeit. Was alle diese Charaktere verbindet, ist die Kompromißlosigkeit der dargestellten Lebenshaltung. So ist der Held in den „Kindern der Welt" (1872), Edwin, ein Privatdozent, der auf eine Professur verzichtet und lieber Oberlehrer wird, um seiner Freigeistigkeit treu bleiben zu können. In einer Nebenhandlung dieses Romans tritt eine illegitime Fürstentochter auf, die ihr Vermögen in einem großen Lebensstil verschwendet und schließlich einen reichen, aber ungeliebten Grafen heiratet, weil sie lieber sterben würde, als ihr bisheriges Leben nicht konsequent zu Ende zu leben. In der Novelle „Unvergeßbare Worte" (1880) fährt der Privatgelehrte Philipp Schwarz nach Italien, um im Umgang mit großen Werken der Kunst eine große Persönlichkeit zu werden, bis er auf den Gedanken verfällt, ein schönes, starkes Buch zu schreiben, „das so viel Seele und Geist enthalten soll, daß es immerhin der Mühe verlohnt, auf die Welt zu kommen, um so ein Buch darin zurückzulassen" (XVIII, 291). Als er zufällig erfährt, daß seine adlige Freundin Victoire darin nur einen bürgerlichen Drang nach Gleichberechtigung sieht, zieht er sich in die Einsamkeit zurück, in seinem männlichen Stolz und der Würde seines schaffenden Geistes aufs tiefste verletzt, vollendet sein Werk und wird schließlich von der Cholera dahingerafft, da er es verschmäht, irgendwelche Vorsichtsmaßregeln zu treffen. Auf seinem Grab neben der Cestius-Pyramide stehen nur die Worte „Oblivisci nequeo". Besonders kraß zeigt sich diese Unbedingtheit auf erotischem Gebiet. Weder Milieu noch gesellschaftlicher Stand spielen hier eine Rolle, sondern nur die plötzliche Verzauberung, die wie ein Blitz vom Himmel fährt. Manchmal fast ins Magische gewendet, wie in „Nino und Maso" (1883), wie die venushaft bestrickende Violante die Männer durch ein blausilbernes Mal auf ihrem Busen verzaubert. Dem entspricht ein Vokabular, das vor allem in den Adjektiven zum Starkfarbigen und Superlativistischen neigt, wodurch manches ins allzu Effektvolle hochgetrieben wird.

Schlichter und doch mit derselben Entschiedenheit fügt Anzengruber seine Werke zusammen. So weiß man im „Sternsteinhof" (1883—84) schon auf der ersten Seite, daß die arme Zinshofer-Helen, die als Silhouette ebenso scharf heraustritt wie Heyses italienische Fischermädchen, einmal zur reichen Bäuerin aufsteigen wird. Im Gegensatz zu den resignierenden Gestalten der fünfziger und sechziger Jahre, zu Raabes „Hungerpastor" (1864), triumphiert hier das „Recht des Stärkeren": Schönheit, Wille und Stolz. „Ja, die wußte, was sie wollte, hat unverrückt ihr Ziel im Aug' behalten, gleich bereit, wenn es dasselbe zu erreichen galt, danach zu laufen ... ein harter Kopf und ein harter Will'!" (XIII, 200). Auf Grund dieser Unbedingtheit haben manche diese Kraftnatur, dieses Kernweib als „Katharina die Große im Bauernkittel" bezeichnet, die zwar die errungene Macht gerecht verwaltet, aber vorher über Leichen geht. Wie bei Bismarck zählt hier nur der Erfolg. „Wie ich bin — weil ich bin", heißt es am Schluß (XIII, 232). „Wie man wird, was man ist", heißt es bei Nietzsche wenige Jahre später im Untertitel des „Ecce homo" (1888).

Auch Meyers Gestalten — der König und der Kanzler — werden vom Armbruster mit starken und leuchtenden Farben gemalt und auf krasse Gegensätze gebracht, um die Unbedingtheit der Charaktere herauszustreichen. Anstatt den Leser wie Freytag oder Riehl mit kulturhistorischen Details zu verwirren, konzentriert er sich eindeutig auf die große Figur, und zwar in „ganz klarer Form und ohne alle überflüssige Lokalfarbe" (II, 648). Wohl die äußerste Konsequenz an Unbedingtheit des Charakters, die sich im Fluß der Erzählung nur noch steigern, aber nicht mehr verändern kann, erreicht er im „Jürg Jenatsch". Es handelt sich hier um den Typus des politisch handelnden, fanatischen, zielstrebigen Menschen, der an seiner eigenen Dämonie zugrunde geht, da er sich mit dem Ziel seines Wollens und Kämpfens, der Befreiung Graubündens, nicht zufriedengeben kann. Sein Machtrausch und Kampfgeist gehen weiter ins Maßlose und Hybride und drohen im Wahnsinn, das Werk, das er selbst geschaffen, zu zerstören, wovor ihn nur der Tod aus Mörderhand bewahrt. Dem entspricht das Schicksal seines Gegenspielers, des Herzogs Rohan, der auf Grund seiner Herzensgüte an der Unmöglichkeit scheitert, dem gewissenlosen Verräter Jenatsch mit gleichen Waffen entgegenzutreten. Von ähnlicher Entschiedenheit ist der Stil dieser Werke. Wie bei Böcklin findet man leuchtende Farben, ins Auge springende Kontraste, eine leicht theatralische Szenerie und eine deutliche Abgeschlossenheit der Einzelgruppen. Auf helle Erleuchtungen und plötzliche Gewitter folgen die Stille und das Dunkel der Nacht, auf nachdenkliche Gespräche wildes Kampfgetümmel, auf steil emporschießende Leidenschaften der Tod. Sein Ideal ist der „bald feierliche, bald wilde, zuweilen fast michelangeleske Schwung", wie er ihn an Lingg bewundert (II, 545). Und doch hütet er sich vor „derben Meisterstrichen" (II, 539), sondern feilt und feilt. Schließlich sollen seine Charaktergemälde „konzis wie eine Inschrift" und nicht großzügig hingepinselt wirken (II, 543), also nicht nur unbedingt im Gefühl, sondern auch unbedingt im Stil. Bei jedem seiner Sätze glaubt man den Meißel zu spüren, mit dem hier alles Zufällige und Überflüssige beseitigt ist. Das Ganze zeugt von einem künstlerischen Wollen, das nie den Mut zur Unvollkommenheit, zur Laune oder zum Wagnis aufbringen würde. Immer wieder verfällt er in wochenlange Depressionen, da ihm nur das Höchste als hoch genug erschien. Noch 1884, im Zenit seines Ruhms, schreibt er mit höchstem Anspruch an sich selbst: „Meine Sachen sind erträglich als Studien: die Werke müssen erst kommen" (II, 696). Daher heißt es von der Kunst des Armbrusters, die hier als Symbol für alles künstlerische Schaffen steht:

> „In jeder, auch der geringsten Kunst ist ein Ziel der Vollendung verborgen, das uns ruft und lockt, ihm Tag und Nacht sehnsüchtig nachzuziehen" (II, 19).

Ähnliches läßt sich im Bereich der Wissenschaften beobachten. So war schon die Rede davon, wie bei Gneisenau und Blücher, Hardenberg und Stein in Treitschkes Darstellung nicht psychologische Subtilitäten, nicht intime Zufallsbeobachtungen, nicht private Geheimnisse mitgeteilt werden, sondern der eine bedeutsame Zug, Feldherr oder Generalstabsoffizier, Diplomat oder Staatsmann, und zwar so einseitig, so großflächig zusammengezogen, daß oft der Eindruck des Inhaltslosen entsteht. Statt differenzierte Analysen zu geben, redet er lediglich trompetenhaft, plakathaft und mit reichlichem Gebrauch des Epitheton ornans von der Größe seiner Helden:

> „Es ließ sich nicht vergessen, daß zu den zwei großen Kriegsfürsten der Geschichte, zu Caesar und Alexander, sich nunmehr ein Preuße als dritter gesellte. Im Gemüte des norddeutschen Volks liegt dicht neben der festen Ausdauer ein Zug übermütigen Leichtsinns, der mit der Gefahr vermessen zu spielen liebt, und dies ihr eigenes Wesen fanden die Preußen in dem Feldherrn Friedrich zu genialer Mächtigkeit gesteigert wieder: wie er, nach harter Lehrzeit rasch zum Meister gereift, die behutsamen Regeln der schwerfälligen Kriegskunst zur Seite warf und selber dem Feinde ‚das Gesetz des Krieges diktierte‘, stets bereit die Entscheidung in freier Feldschlacht zu suchen; wie er die Kühnste der Waffen, die Reiterei, wieder zu der Stellung erhob, die ihr im großen Kriege gebührt, wie er nach jedem Siege und nach jeder seiner drei Niederlagen immer von neuem ‚das stolze Vorrecht der Initiative‘ behauptete" (I, 62).

Bei Velazquez hebt Justi immer wieder rühmend hervor, daß er keinerlei Konzessionen an Menge und Gewinn machte und alles darauf abstellte, sich und seine Kunst zu höchster Vollendung zu steigern, was in ähnlichem Sinne für Justi selber gilt, dessen drei Hauptwerke in jahrzehntelangen Arbeitsperioden allmählich zu einsamer Höhe aufwuchsen, mehr Kunst als Wissenschaft.

Dem entspricht auf musikalischem Gebiet der machtvoll gesteigerte Anspruch, mit dem Brahms an seine großen Orchesterwerke ging, die fast alle in die siebziger Jahre fallen. Wie bei Meyer, Feuerbach, Marées hat auch bei ihm die Hochstimmung dieses Jahrzehnts einen deutlich entbindenden Charakter. Monumentale Werke, wie die schon zwanzig Jahre vorher konzipierte 1. Symphonie kommen endlich zum Abschluß (1876), werden sofort als „klassisch" empfunden und von Bülow als die „Zehnte" bezeichnet, das heißt die erste bedeutende Symphonie nach Beethoven. Dieselbe Unbedingtheit zeigt sich bei Bruckner, der sich noch stärker als Brahms auf die Monumentalform der Symphonie konzentriert. Auch er ist ein sich langsam Entwickelnder, der erst in den siebziger Jahren das ihm gemäße Pathos erlangt, neunmal dieselbe Symphonie komponierend, mit dem einzigen Ziel, sich selbst zu übersteigern, kraftvoll, voller Dynamik, von übermenschlicher Länge, den Pelion auf den Ossa getürmt. Wie in Malerei und Dichtung herrschen auch hier die großen Kontraste. Die Klangmassive der einzelnen Themen scheinen oft völlig unvermittelt nebeneinander zu stehen, von Streichertremoli oder Generalpausen getrennt, um erst nach einer qualvollen Spannung wieder mit voller Wucht hervorzubrechen. Weder das romantisch Verschwommene noch die Wagnersche Technik der verknüpfenden Leitmotive bestimmt den Aufbau dieser Werke, sondern das Unbedingte der gewaltsam erweiterten Form, die in ihrer orchestralen Fülle und Mächtigkeit alle Symphonien der Schumann-Mendelssohn-Ära weit übertönt, ohne dabei ins programmatisch Illustrierende oder Rhapsodische abzusinken.

Wohl am schärfsten tritt dieser Radikalismus des Ausdrucks bei Nietzsche zutage, vor allem in seinen scharf geschliffenen Sentenzen, die ihm als die höchste literarische Form erschienen:

„Der Aphorismus, die Sentenz, in denen ich als der Erste unter Deutschen Meister bin, sind die Formen der ‚Ewigkeit'; mein Ehrgeiz ist, in zehn Sätzen zu sagen, was jeder Andere in einem Buch sagt, — was jeder andere in einem Buche nicht sagt" (VIII, 165).

Genauso anspruchsvoll klingt folgender Satz aus dem „Zarathustra":

„Wer in Blut und Sprüchen schreibt, der will nicht gelesen, sondern auswendig gelernt werden" (VI, 56).

Nietzsches Stil neigt daher ständig zum Schlagwortartigen. So wird Heidentum und Christentum einfach in dem Begriffspaar Herrenmoral und Sklavenmoral zusammengefaßt, die Wagnersche Musik mit dem Wort abgetan: „Ist dies noch deutsch, dies schwüle Kreischen?" (VIII, 197). Bestimmte Charaktere werden wie bei Treitschke stets auf einen Grundzug gebracht: „So will ich Mann und Weib: kriegstüchtig den einen, gebärtüchtig das andere" (VI, 307).

Kein Wunder, daß seine Sprache im Laufe der Jahre auch im Einzelausdruck immer lauter, schreiender wird. Er nennt es selbst: mit dem Hammer philosophieren. „Ein Blitz wurde meine Weisheit, mit diamantenem Schwerte durchhieb sie mir jede Finsternis" (VIII, 382). Wohin das führt, beweist das wüste Geschimpfe seiner Spätzeit:

> „Ich heiße das Christentum den Einen großen Fluch, die Eine große, innerlichste Verdorbenheit, den Einen großen Instinkt der Rache, dem kein Mittel giftig, heimlich, unterirdisch, klein genug ist — ich heiße es den Einen unsterblichen Schandfleck der Menschheit" (VIII, 313).

> „Es ist unanständig, heute Christ zu sein —, in Hinsicht auf Christen wird eine bekannte Herkunftstheorie zur bloßen Artigkeit" (VIII, 267) oder einige Seiten später „Paulus der Dysangelist" (VIII, 270).

Derselbe Radikalismus zeigt sich in seiner Lebenshaltung, der wie in Ibsens „Brand" (1866) die Devise „alles oder nichts" zugrunde liegt. Nichts war ihm mehr verhaßt als die Halb und Halben, die Weichherzigen: „Ach, daß ihr alles halbe Wollen von euch abtätet und entschlossen würdet zur Trägheit wie zur Tat" (VI, 251).

Hinter all dem sieht man schließlich die große Gestalt Bismarcks, der, wie aus seinen „Gedanken und Erinnerungen" hervorgeht, alles auf eine Karte setzte, entschlossen, freiwillig von der Bühne des Lebens abzutreten, falls ihm sein großer Coup mißlungen wäre.

KÄMPFERTUM
UND KONSTRUKTIVE GESINNUNG

DER NEUE AKTIVISMUS

Die starke Ausdrucksweise, die Unbedingtheit der Sprache und der ethischen Forderung, die Ungebrochenheit der Farben und Kunstmittel, all das deutet auf Willens- und Tatmenschen hin, deren weltanschaulicher Aktivismus eine betont maskuline Note hat. Im Bilde gibt es Zeugnisse genug dafür. Bei Böcklin das Prachtbild der Triton, der die ausruhende, spielende Nereide bewacht, den Ruggiero, der die Jungfrau von dem Drachen erlöst und um sie wirbt, und vor allem den Abenteurer, der wie die schweifende, blonde Bestie Nietzsches von einem Kontinent zum anderen zieht. Bei Feuerbach sind es die Götter und Giganten der Wiener Akademie, die Heroinen und Krieger seines Amazonenkampfes, die diesen übersteigerten Aktivismus demonstrieren, bei Marées die starken, wohlgebauten Jünglinge im Orangenhain und sein Heiliger, der männlich ritterliche Georg. Auch Leibls Jäger, der Freiherr von Perfall, ist ein Idealbild kraftvoller Männlichkeit, ebenso seine Bauern im Wirtshaus, seine „Dorfpolitiker" und seine „Wildschützen". Vor allem die letzteren sind holzgeschnitzte, wetterfeste Charaktere, die nur so strotzen von bäuerlicher Stärke, Jagdlust und Kampfbereitschaft, Heroen, Jäger und Gesetzesverächter zugleich, darin fast an die Gewaltnaturen Nietzsches erinnernd. Thoma, dem Musik und Schwärmerei näher lagen als äußerliche Kraftmeierei, hat doch in dem gepanzerten, vollgerüsteten heiligen Georg mehr als einmal seinen Tribut an das Zeitideal männlicher Kraft und heroischer Aktivität abgestattet.

Ein deutliches Pendant zu diesem Heldenideal ist die Fülle der venushaft gesehenen Frauenakte, eher eine Ergänzung als ein Gegensatz dieser Art von Männlichkeit. Vor allem bei Böcklin und Makart finden sich wie im Barock üppige Darstellungen nackter Weiblichkeiten, denen das willensbetonte, männliche Ideal zugrunde liegt: ein Leben der Stärke zu demonstrieren, überschüssige Kraft auszuströmen, wie es zum Teil auch zum Lebensstil der Künstler gehörte. Dementsprechend ist die Auffassung der Frau — im Gegensatz zu romantisch-jungdeutschen Emanzipationsidealen — ganz dem Herr-im-Hause-Standpunkt unterworfen. Die stärksten Worte hat wohl Nietzsche dafür gefunden: kriegstüchtig der Mann, gebärtüchtig das Weib, noch krasser, wenn er die Frau mit der Kuh vergleicht, oder noch krasser: Du gehst zu Frauen? Vergiß die Peitsche nicht! Auf derselben Linie liegt der Preis des Griechentums, das auf einer rein männlichen Gesellschaft beruhte, und die Verdammung des Christentums, das die Gleichheit aller Menschen vor Gott betont, anstatt das Weib auf ihre mütterlichen oder erotischen Funktionen zu beschränken.

Derselbe Aktivismus äußert sich in der Tendenz, an die Stelle des bloßen Tatsachenberichts eine erzieherische, lebensformende Wirkung zu setzen, die sich direkt an die Öffentlichkeit wendet. Schon der Darbietung der Frauenakte, besonders bei Makart, liegt die dekorative Absicht zugrunde, die Festlichkeit des Lebens durch sinnlich reizende Objekte zu steigern, überhaupt das Leben zu formen, ihm eine Haltung vorzuschreiben. Dies erweckt in den Künstlern das Bedürfnis nach großen, architekturgebundenen Wandbildern und Fresken. Am stärksten ist diese kultisch erziehliche Tendenz bei Marées in seinen großen, freskal gedachten Triptychen, den „Hesperiden", der „Werbung" und den „Drei Reitern". Die Formen der Landschaft, die Vertikalität der Baumstämme, die edle Haltung der Gestalten, der Einklang mit der Architektur strahlen hier eine Würde aus, die durch das Geheimnisvolle dämmeriger Räume, die Idee schicksalsbestimmter Lebensformen und die dunkel glühende Farbigkeit eine ähnliche Feierlichkeit bewirkt wie eine mit Glasfenstern geschmückte Kirche. Auch andere Maler haben solche Anlagen geschaffen. Böcklin im Treppenhaus des Museums zu Basel, Feuerbach in der Wiener Akademie, Thoma in den Fresken der Villa Pringsheim. Selbst Leibls „Frauen in der Kirche" sind ganz freskal gedacht. Während sich die anderen Maler durch mythische Szenen um eine festlich sakrale Steigerung des menschlichen Daseins bemühen, begnügt sich Leibl mit der schlichten Andacht einfacher, bäuerlicher Frauen, ohne jede anekdotische Verknüpfung oder über das Gewöhnliche hinausgehende Erhebung des Betrachters. Und doch haben auch sie etwas von der vorbildlichen, erzieherischen Haltung wie die Menschen und Götter auf den Bildern der anderen. Was Böcklin mit poetischer Erfindung in seinen heiligen Hainen, Inseln der Seligen und Toteninseln darzustellen versucht, erscheint hier in einem unmerklich ins Monumentale erhobenen Lebensbild. Auch die großformatigen Bilder Makarts und Defreggers, der „Einzug Karls V." oder „Heimkehrender Tiroler Landsturm", haben etwas Wandbildartiges, sind Ausfluß eines patriotischen Gemeinschaftsbewußtseins und daher geeignet, die Festesstimmung bei nationalen Feiern zu steigern, indem sie den Betrachter über das Gewöhnliche hinauszuheben versuchen.

Dasselbe gilt für die Dichtung, der stets eine geheime oder offenkundige Tendenz, eine erzieliche Absicht zugrunde liegt. So laufen Heyses charakterisierende Gegenüberstellungen bei aller Interessantheit der psychologischen Einzelzüge doch auf eine Bewertung der Tüchtigkeit und moralischen Charaktergröße hinaus. Immer wieder handelt es sich um den Kampf der Freigeistigkeit gegen die Enge der kirchlichen Orthodoxie, um das Recht der Selbstbestimmung des Genies, dessen Ziel es ist, auf den „Höhen der Menschheit" zu wandeln. In demselben Sinne sind „Huttens letzte Tage" eine Streitschrift des Protestantismus und Humanismus gegen die katholische

Kirche und Gegenreformation. Spielhagens „Sturmflut" kämpft gegen die Entartung des Adels und des Reichtums und tritt für die durch den Kapitän vertretene bürgerliche Tüchtigkeit und Willenskraft ein. Anzengrubers Dramen nehmen Partei für die Freien, die Ausnahmemenschen, die im Kulturkampf gegen die Unfehlbarkeit des Papstes und den Ultramontanismus kämpfen.

Selbst die Musik will in diesen Jahren über das bloß Ergreifende einer aus der Tageswelt losgelösten Kunst hinaus und eine Weihestätte national-religiöser Gefühle werden, für die ein Festspielhaus als Sammelpunkt der edelsten Geister des Volkes errichtet werden soll. Gesamtkunstwerke entstehen wie der „Ring" (1854—1874) und der „Parsifal" (1882), das letztere ausschließlich für Bayreuth bestimmt.

Immer wieder hat man das Gefühl, daß sich die Künstler, Gelehrten und Philosophen dieser Ära sich mehr als Prediger oder Religionsstifter empfinden denn als Schaffende eines bestimmten Werkes. Sie wollen bekehren, nicht erfreuen oder belehren. So gibt die Philosophie nicht eine neue Seinslehre, sondern „neue Tafeln", und zwar mit Werten, die sie selber schafft. Besonders deutlich äußert sich dieser idealistische Aktivismus in der Abneigung gegen alles bloß Gegebene, vom Geist nicht Bewältigte, Ungeformte. Wie bezeichnend, daß der Kathedertheologe Paul de Lagarde sich stets als einen Vorläufer oder Propheten einer neuen Religion hinstellte. Im Gegensatz zu den herrschenden Zuständen, wo die übertriebene Hochachtung vor dem Tatsächlichen die Fähigkeit, selbst Tatsachen zu schaffen, völlig zum Erliegen gebracht habe, forderte er eine Produktivität des Geistes, die in ihrer aktivistischen Komponente Nietzsches Gegenpietismus entspricht. So schreibt er gegen die Historie als bloße Faktenwissenschaft, bei der alles Synthetische, Konstruktive abhanden gekommen sei:

> „Die Entartung entspringt in beiden Epochen aus dem Stillstande, aus dem Glauben, daß alles getan sei, während niemals in der Geschichte etwas getan wird, als damit in Folge davon noch mehr und besseres getan werde" (S. 257).

> „Prophetie ist nicht Kenntnis der Zukunft sondern Zielsetzung" (S. 259).

> „In Deutschland ... in welchem die Hochachtung vor solchen Tatsachen die Fähigkeit, selbst Tatsachen zu schaffen und den Geist höher zu schätzen als den Leib, ganz zu töten auf dem besten Wege ist" (S. 268).

> „Bauen ist wichtiger als Vollenden" (S. 268).

An anderer Stelle spricht er es noch deutlicher aus, daß es allein auf den Willen, auf das Schaffen ankommt, nicht auf das Erkennen oder Betrachten.

Dieselbe Persönlichkeitskultur, deren Ziel die großen Exemplare der Menschheit sind, findet sich bei Nietzsche. Auch er will Tatsachen schaffen, nicht Tatsachen konstatieren, was zu einer Tat-Philosophie überleitet, die auf einer machtvollen Betonung des umschaffenden Willens beruht:

„Ja, noch bist du mir aller Gräber Zertrümmerer: Heil dir, mein Wille!" (VI, 164).

„Ach, daß ihr mein Wort verstündet: tut immerhin, was ihr wollt, — aber seid mir erst solche, die wollen können!" (VI, 251).

„Einige von ihnen wollen, aber die meisten werden nur gewollt" (VI, 248).

Alles bloß das Tatsächliche Aufsuchende und Verknüpfende war ihm zutiefst verhaßt, da er wie Lagarde mehr den Propheten und Religionsstifter im Philosophen zu realisieren versuchte. So heißt es im „Zarathustra" im Abschnitt „Von den Gelehrten", die er gern als die „Strumpfwirker des Geistes" tituliert:

„Als ich im Schlafe lag, da fraß ein Schaf am Epheukranze meines Hauptes, — fraß und sprach dazu: ‚Zarathustra ist kein Gelehrter mehr' ... Ausgezogen bin ich aus dem Hause der Gelehrten und die Tür habe ich noch hinter mir zugeworfen.

Zu lange saß meine Seele hungrig an ihrem Tische; nicht, gleich ihnen, bin ich auf das Erkennen abgerichtet wie auf das Nüsseknacken ...

Ich bin zu heiß und verbrannt von eigenen Gedanken: oft will es mir den Atem nehmen. Da muß ich in's Freie und weg aus allen verstaubten Stuben.

Aber sie sitzen kühl in kühlem Schatten: sie wollen in allem nur Zuschauer sein und hüten sich, dort zu sitzen, wo die Sonne auf die Stufen brennt ...

Alles Fädeln und Knüpfen und Weben verstehn ihre Finger: also wirken sie die Strümpfe des Geistes!

Gute Uhrwerke sind sie: nur sorge man, sie richtig aufzuziehn! Dann zeigen sie ohne Falsch die Stunde an und machen einen bescheidenen Lärm dabei ...

Und als ich bei ihnen wohnte, da wohnte ich über ihnen. Darüber wurden sie mir gram.

Sie wollen nichts davon hören, daß einer über ihren Köpfen wandelt ... Am schlechtesten wurde ich bisher von den Gelehrtesten gehört" (VI, 183/85).

Mehr ins Nationale gewandt, findet sich diese Abneigung gegen das reine Faktum, die reine Konstatierung bei Treitschke. Nicht die objektive Wahrheit, sondern die Erweckung vaterländischer Gefühle ist sein Ziel:

„Der Erzähler deutscher Geschichte löst seine Aufgabe nur halb, wenn er bloß den Zusammenhang der Ereignisse aufweist und mit Freimut sein Urteil sagt; er soll auch selber fühlen und in den Herzen seiner Leser zu erwecken wissen, was viele unserer Landsleute über dem Zank und Verdruß des Augenblicks heute schon wieder verloren haben: die Freude am Vaterlande" (I, VIII).

Selbst die Kunsthistoriker wollten erziehen. So gab Justi als Grund für die Wahl des theologischen Studiums an, er fühle sich zu allem Prophetischen hingezogen. Herman Grimm, der in sich selbst weniger einen Geschichtsprofessor als den Schwiegersohn Bettinens, den Nachkommen der Goethe-Zeit sah, wird von Waetzoldt einmal folgendermaßen charakterisiert:

> „Grimm begleitete Tagesereignisse mit literarischen Glossen, führte wissenschaftliche Polemiken — kurz, tat lauter Dinge, die Burckhardt aufs tiefste verhaßt waren ...
> Der eine floh aus der Welt zu sich, der andere suchte und fand sich in der großen Welt ...
> Grimms Einfluß ging in die Breite, das große Publikum hörte auf ihn. Seine Schriftstellerei war journalistisch im besten Sinne ...
> Schüler Rankes meinten, Treitschke sei ein bloßer Journalist, Springers Schüler glaubten, das gleiche von Grimm. Diesen hätte Grimm entgegnen dürfen, daß sie bloße Gelehrte seien" (II, 216/22).

Dasselbe Heraustreten aus der Fachgelehrsamkeit vor die große Welt findet sich bei den Naturwissenschaftlern dieser Jahre. So hielt Helmholtz Spezialvorlesungen in einem ganz kleinen Auditorium, da sie größeren Kreisen unverständlich geblieben wären. Zu gleicher Zeit schrieb er jedoch populäre Aufsätze über wissenschaftliche Grundfragen, und zwar in einer literarisch bedeutsam gefeilten Prosa. Von dem Physiologen Emil du Bois-Reymond erregte eine Rede „Über die Grenzen des Naturerkennens" (1872) größtes Aufsehen und wurde eine Art wissenschaftlichen Manifestes. Ebenso charakteristisch für diese Zeit ist die Tatsache, daß man geniale Outsider zu Ordinarien erhob, wie Nietzsche, der mit 24 Jahren als Professor der Altphilologie nach Basel berufen wurde, dies jedoch als Fron empfand. Sehr bezeichnend auch, daß sich der bedeutendste Philologe der folgenden Generation, Ulrich von Wilamowitz-Moellendorf, in ebenso jungen Jahren durch seine Nietzsche-Kritik die ersten Sporen verdiente.

Aus diesem Aktivismus entwickelte sich zwangsläufig ein ebenso apodiktisch eingestellter Konstruktivismus. Statt antiquarischer Kleinarbeit kommt jetzt die Zeit der großen Synthesen. So ist Diltheys Geschichte der Philosophie keine Aufzählung von Meinungen, sondern ein großes System dreier möglicher Denkweisen. Sein „Mensch des 17. Jahrhunderts" versucht, ein ganzes Jahrhundert auf einen Nenner zu bringen. Bücher von Karl Hillebrand, „Frankreich und die Franzosen" (1873), „Aus und über England" (1876) sind geistvolle Konstruktionen eines Idealbildes des typischen Franzosen oder Engländers, durchaus personenhaft gedacht, von Menschen und nicht von Institutionen, Sitten und Gebräuchen handelnd, Bücher, die der Kritik einer historisch oder positivistisch eingestellten Wissenschaftlichkeit selbstverständlich große Blößen geben. Dasselbe gilt für Nietzsches Bilder des Christentums und des

Griechentums, auch sie mit ira und studio groß konstruierte Ideale oder verzerrte Charakterbilder.

Im Gegensatz zum zusammenhanglosen Durch- und Nebeneinander in der Natur wird in diesen Werken der schöpferische Geist zum konstitutiven Element aller Dinge erhoben. Nach den großen Erfolgen der Naturwissenschaften, setzt darum jetzt eine allgemeine Wendung zu den Geisteswissenschaften ein. So ist Diltheys bedeutendstes Werk der Methode und dem System der Geisteswissenschaft geweiht, dem er einen ganz neuen Wahrheitsgehalt zugrunde legt. Dieser wird nicht mehr mit Hilfe einer experimentellen Methode durch bestimmte Kausalverknüpfungen wie Beeinflussungen oder äußere Anlässe erkannt, sondern durch die Kraft des intellektuellen Verstehens, für das er eine besondere Methode der Interpretation, die Hermeneutik, herauszubilden versuchte.

Der nächste Schritt auf diesem Wege, und zwar selbst in der strengen Katheder-philosophie, ist die Leugnung des naturwissenschaftlichen Wahrheitsgehaltes überhaupt, als einem in der Wirklichkeit einfach gegebenen So- oder Dasein. Dafür sprechen die Lehren des wiederauflebenden Kantianismus, daß zwar alle Wahrheit auf Erfahrung beruhe, aber nicht allein aus der Erfahrung stamme. Die Lehre vom a priori der Erfahrung wird jetzt so formuliert, daß selbst die Begriffe der Natur nur Konstruktionen des Geistes seien, Mittel des Geistes zur Beherrschung alles Natürlichen. Naturgesetze sind nur Methoden, nicht Fakten, ist das Motto dieser Richtung. Über Kant hinaus, der in den Gegensätzen von a priori und a posteriori nur logische Beziehungen sieht, wird hier das aktivistische Element der Begriffsbildung und Wirklichkeitsauffassung und seine Bedeutung für die Beherrschung der Natur zum allein entscheidenden Faktor erhoben, was auf einen konsequenten Antimaterialismus hinausläuft.

Das gleiche trifft auf Nietzsche zu, der immer wieder betont, daß dem Begriff der Substanz im strengsten Sinne gar nichts Wirkliches entspreche. Dinge, Stoffe, Körper sind für ihn bloße Phantasmata. „Die ‚scheinbare‘ Welt ist die einzige: die ‚wahre Welt‘ ist nur hinzugelogen" (VIII, 77). „Gesetzmäßigkeit der Natur ... besteht nur dank der schlechten ‚Philologie‘ der Physiker, welche den ‚demokratischen Instinkten der modernen Seele‘ entgegenkommen" (VII, 34). „Überall Gleichheit vor dem Gesetz!" sei auch in der Naturwissenschaft die beherrschende Parole geworden. Um diesem Liberalismus der Erkenntnis den Garaus zu machen, setzt er sich für eine Denkmethode ein, die sich lediglich auf die Schaffung neuer Werte konzentriert, anstatt sich dem massenhaft „Objektiven" auszuliefern. Darum heißt es an prononcierter Stelle:

„Die eigentlichen Philosophen sind Befehlende und Gesetzgeber: sie sagen ‚so soll es sein!‘ ...

Ihr ‚Erkennen‘ ist Schaffen, ihr Schaffen ist eine Gesetzgebung, ihr Wille zur Wahrheit ist — Wille zur Macht" (VII, 161/2).

Hier wird die Maske einmal völlig fallen gelassen und eine konsequente Abschaffung aller objektiven Gegebenheiten und damit Kausalitätsprinzipien gefordert. Mehr im allgemeinen bleibt die „Geschichte des Materialismus" (1866) von Friedrich Albert Lange, die alle naturwissenschaftlichen Erkenntnisse mit idealistischen Spekulationen vermengt, was mutatis mutandis auch für die „Kritik der reinen Erfahrung" (1888) von Richard Avenarius gilt, der die produktiv schöpferischen Elemente schon im natürlichen Weltbegriff nachzuweisen versucht.

FORM UND FORMULIERUNG

Mit dem Problem des Konstruktivismus ist zugleich das Problem der Form gegeben, das von allen Vertretern dieser Zeit, theoretisch oder praktisch, als ein Hauptproblem ihres Schaffens angesehen wurde. Im Bereich der bildenden Künste vor allem bei den Kunstästhetikern Conrad Fiedler und Adolf Hildebrand, aber auch bei den Malern, selbst bei denen, die sich wie Leibl als reine Empiriker scheinbar ganz an die Natur halten. Formbetontheit bedeutet hier, daß das Kunstwerk nicht Nachahmung, sondern schöpferische Umwandlung des Gegebenen ist, weniger Abbild als Geistgebilde, von Künstlerhand in die Realität des Werkstoffes übertragen. Obwohl die Wahrnehmung stets eine Form der Naturergreifung darstellt, ist uns die Natur im gewöhnlichen Leben nie ganz zugänglich, weil wir im ständigen Hin- und Hersehen nie eine zusammenhängende Wahrnehmung der Natur erhalten, sondern nur eine Abfolge von jetzt deutlichen, dann wieder verschwimmenden Teileindrücken. Erst der Künstler schafft auf der Malfläche eine Wahrnehmung, die nicht durch Vor- und Rückwärtssehen die Bilder in Teilwahrnehmungen verschiedenster Deutlichkeit verwandelt, sondern sie mit unbewegtem Blick bei genügendem Abstand des Auges fixiert und so ein einheitliches Bild der Natur erreicht. Da ein solches Bild als Ganzes verständlich sein soll, ist eine Klarheit erforderlich, die uns nicht hinter dem Gesehenen noch nach Ungesehenem suchen läßt, was sich nur durch eine sorgfältige Vermeidung von Verdeckungen und Überschneidungen erreichen läßt. In einer Ansicht müssen sich alle Glieder einer Figur in ihren gegenseitigen Beziehungen enthüllen. Damit kommen wir auf die Bevorzugung der Figur vor Raum und Interieur zurück. Überall drängt sich in diesen Jahren das Plastische in den Vordergrund, und doch bleibt man beim Prinzip der Einansicht, das heißt der Vollständigkeit aller Ansichten in einer Wahrnehmung, wie es in Hildebrands „Problem der Form" (1893) immer wieder heißt. Daher verlangt er selbst für die Freifigur eine gewisse Flächigkeit, wobei er sich am griechischen Relief orientiert, bei dem sich alle Formwerte schon in der Vorderebene entschleiern und in stufenweiser Versenkung der Form bis zum Reliefgrund nicht Raumwerte, sondern gleichmäßig vertiefte Körperformen gewonnen werden. Natur, sofern sie wahrgenommen wird, ist also nach seiner Meinung ein reines Kunstprodukt, das nur im Bilde existiert. Erst in der geformten Welt des Künstlers nehmen wir die Welt überhaupt wahr. Bis dahin ist sie nur Chaos, Material. Sehen ist nicht gleich Sichumsehen.

Auf Grund dieser Anschauungen werden auch die malerischen Sujets stets einer strengen Komposition unterworfen, selbst da, wo man sich in hypernaturalistischer Weise um exakteste Detailwiedergabe bemüht wie Leibl und zum Teil auch Thoma. Bei den anderen ist oft schon die Wahl des Gegenstandes ein konstruktiver, schöpferischer Akt, nicht Modellwiedergabe, sondern Erfindung mythischer, religiöser, märchenhafter, phantastischer Themen, besonders bei Böcklin mit seinen Fabeltieren und Phantasiegeschöpfen. Böcklin hat sich beim Anblick Leiblscher Bilder scharf gegen die Modellabhängigkeit ausgesprochen. Er meinte ironisch, Leibl müsse warten, um ein Bild zu malen, bis die Kuh gekalbt habe. Das Wesentliche ist auch hier die starke Durchformung jeder Schöpfung, die Komposition — mehr Produktion als Reproduktion. So hat Böcklin immer wieder theoretisiert, warum eine Farbe hier und nicht dort stehen müsse, wie die Kontrastfarben nicht nur im unmittelbaren Nebeneinander, sondern auch an entfernter liegenden Plätzen zu verwenden wären oder welche rhythmischen Steigerungen man durch wechselseitige Entsprechungen erzielen könne. Wenn man ihm vorwarf, daß seine Gestalten, besonders seine Frauenfiguren, verzeichnet wären, ein Vorwurf, der ebenso gegen Marées erhoben wurde, so wies er darauf hin, daß es nicht auf die modellmäßige, sondern auf die bildmäßige Richtigkeit ankäme, auf den Zusammenhang, in welchem die einzelnen Frauenkörper farbig und flächig im Bilde erscheinen. Gerade die modellmäßige Richtigkeit oder individuelle Hübschheit ist es ja, die Makarts Bilder so banalisiert, da sich jede preisgebende Einzelnacktheit, bei der man nicht einen bestimmten Formrhythmus spürt, zwangsläufig in den Bereich des Boudoir-Bordellmäßigen begibt. Bei den Größen dieser Jahre herrscht dagegen ein genau erwogenes Wechselspiel von Form und Realität. So wie die gründerzeitliche Philosophie nicht eine abstrakte Seinslehre deduktiv von obersten Begriffen ableitet, sondern gerade an der realen Existenz der Dinge, dem natürlichen Weltbegriff die Tatsache und Bedeutung der Form, der schöpferischen Betätigung des Geistes nachzuweisen versucht, so sind auch die Gestalten ihrer Bilder nicht leere, konstruierte Schemata wie im Klassizismus, nicht schöne Umrisse, sondern geformte Natur oder geformte Phantasiegeschöpfe, zum Teil von unheimlicher Nähe und überzeugender Wirklichkeit. Der Idealismus dieser Zeit besteht also nicht in verblasenen Abstraktionen oder leerer Verschönerung, sondern in der Kraft selbständiger Formung. Daher wirken Böcklins Fabelwesen oft naturhafter als die genrehaft verniedlichten Bauern der Biedermeierzeit.

Zwei Bilder, eins von Böcklin, eins von Leibl, mögen dieses konstruktivistische, aktivistische Prinzip in der Malerei etwas näher erläutern, gerade weil das Kompositorische hier nicht so auf der Hand liegt wie bei Marées und weil sich in dieser Gegenüberstellung zugleich die Zusammengehörigkeit von Böcklin und Leibl beweisen läßt.

Böcklin: „Triton und Nereide". Kein Ausschnitt aus der Natur, sondern ein monumentaler Aufbau, ein Denkmal, eine pyramidenförmige Gruppe wie Raffaels Madonnen. Von der berechneten Form der Gegensätze, der bewußten Foliierung des Denkmals vor der Tiefe des Meeres und der Höhe des Himmels mit dem tiefliegenden Horizont war bereits die Rede. Die Frau liegt von rechts nach links, der Triton wendet sich dagegen kontrapostisch von links nach rechts. Die Frau, horizontal gelagert, bildet zugleich einen Sockel für den Triton. Dieser, mit frontal aufgerichtetem Oberkörper ist das eigentliche Denkmal. Das reich bewegte und farbig aufgelöste Meer und der wolkenreiche Himmel kontrastieren und foliieren die ruhige Gruppe und ihre großen Farbflächen. Beide sind in gleicher unruhiger Bewegung von hinten nach vorn, damit parallelisiert und zur Einheit zusammengefaßt. Die starken Kontraste bleiben so der Gruppe vorbehalten, während der Hintergrund trotz Bewegtheit und Buntheit einen monotonen Eindruck erweckt.

Leibl: „Zwei Dachauerinnen". Körperlich und seelisch deutliche Gegensätze. Die eine licht und sonnig, die andere trüb und beschattet in Gesicht und Gemüt. Die eine sich hilfsbereit vorneigend, die andere sich ratlos zurückhaltend, die eine hell vor dunklem Grund, die andere dunkel vor hellem Grund. Die Wandausschnitte regelmäßig, architektonisch, durch Gegenstände aufeinander bezogen — das Bild im rechteckigen Rahmen der beschatteten Frau beigegeben, der helle Krug der anderen. Beide ziehen die Augen des Betrachters auf die Seiten, auf die Bildfläche im Ganzen. In den Farben herrscht die Einheit von Schwarz und dunklem Rot wie von Eisen und Kupfer. Die lebhaft erfaßten Umrißlinien der beiden Gestalten heben sich klar von der gleichmäßigen Hintergrundsaufteilung ab. Alles in allem: ein Triumph der Komposition.

Bezeichnend für diese Freude an der fühlbaren, übersehbaren Form ist die Vorliebe für das kurze, prägnante Werk. Statt der unendlichen Landschaft die knappe, geformte Gestalt, statt des verschwommenen Gefühls die große, klare Gebärde. In der Dichtung statt des Romans die scharf zusammengeraffte Novelle. Paul Heyse, dem man oft die übertriebene Formbetontheit seiner Dichtungen vorgeworfen hat, ist daher eher ein Meister der kürzeren Erzählung als des Romans. Auch C.F. Meyer hat sein Bestes in seinen Novellen und streng geformten Gedichten gegeben. So wird im „Heiligen" die menschlich ergreifende Geschichte vom Tod der Tochter zwischen das höfische Vorspiel der charakterverdeutlichenden Einführung und das kirchliche Nachspiel des Märtyrerwerdens und Sterbens des Kanzlers gestellt: eine Trilogie wie die „Drei Frauen in der Kirche" von Leibl. „Huttens letzte Tage" drängen Gedanken und Erinnerungen in knappe, versmäßig geformte Situationen zusammen — bis zur kühnen Gegenüberstellung von Reformation und Gegenreformation in den Gestalten Huttens und Ignaz von Loyolas. Dieselbe Vorliebe an der Sinnbildlichkeit, an der bewußten und sich selbst genießenden Form, zeigt sich in seinen Gedichten, die wegen ihrer strengen Form vielen zu kühl, zu unlyrisch formvoll erscheinen. Doch gerade darin enthalten sie alles, was sich für die Dichtung dieser Jahre als stilbestimmend erweist: melodiöse, klare Versform und Rhythmik, architektonische Konstruktion, volle, bedeutungsschwere Worte, sinnlich malerische, anschauliche und bildhafte Gestaltung, untereinander abgewogene, aufeinander bezogene Wort- und Bildkomplexe, Gedankenbezüge und Anspielungen, Personifikationen und tieferen, kosmisch erweiterten Sinn. Im Gegensatz zu den Gedichtbänden des frühen und mittleren 19. Jahrhunderts, die nicht mehr als eine Blütenlese sein wollen, handelt es sich hier um das erste Gedichtwerk in der deutschen Literatur, eine Gedichtarchitektur von fast romanischer Formenstrenge, deren Themengruppen durch einen ehrfurchtheischenden „Vorsaal" eingeleitet werden. Auf Grund der vielen Substantive wirkt manches fast gepreßt, lieber zu kurz und herb als zu süß und redselig wie in seinem berühmten „Römischen Brunnen" (I, 88):

> „Aufsteigt der Strahl, und fallend gießt
> Er voll der Marmorschale Rund,
> Die, sich verschleiernd, überfließt
> In einer zweiten Schale Grund;
> Die zweite gibt, sie wird zu reich,
> Der dritten wallend ihre Flut,
> Und jede nimmt und gibt zugleich
> Und strömt und ruht."

In echt monumentaler Weise wird hier durch die „Kunst des Weglassens", wie Feuerbach es nannte (S. 160), eine Formbetontheit erreicht, die der mehr naturbetonte Keller als zu artifiziell empfand. Am stärksten wirken jene Bilder, wo sich die weit geschaute Landschaft vor den Augen des Betrachtenden zu wenigen Linien vereinfacht und Bilder von seltener Geschlossenheit und zugleich Symbolik entstehen wie in den Gedichten „Eingelegte Ruder" oder „Vor der Ernte". Man vergleiche damit den wolkenreinen Himmel bei Böcklin, die große Landschaft und den Bezug auf ein Allgemein-Menschliches, das wie bei seinen „Gefilden der Seligen" (1878) das Heute mit dem Morgen, das Diesseits mit dem Jenseits verknüpft.

Wie es in der Malerei geformte Wirklichkeit und geformte Phantasiewelten gibt, so auch in der Dichtung. Die instruktivsten Beispiele dafür liefert Heyse, und zwar für beide Kategorien. So gibt seine Novelle „Grenzen der Menschheit" schon im Titel einen zweideutigen Hinweis auf die rein konstruierten, erfundenen Gegensätze der Charaktere und Gestalten, denen eine streng gebaute Folge der Begebenheiten entspricht. Auch der biblische Titel von „David und Jonathan" symbolisiert geistreich Sein und Entwicklung gegensätzlicher Charaktere, nur daß es diesmal im Lauf der Handlung zur Umkehr der Charaktere kommt: der an sich selbst Zweifelnde findet sein Selbstvertrauen in der Hingabe an den Überheblichen, wird produktiv dadurch, daß er den anderen auf den rechten Weg leitet. Als ihn der Überhebliche verläßt, da er glaubt, ihn nicht mehr zu brauchen und dabei innerlich verkommt, hat sich der Schwankende bereits so gefestigt, daß er seine Begabung zur Leistung steigert und so zum Erfolg gelangt. Wie bei Leibl das Bild durch tote Gegenstände am Rande rechts und links zusammengehalten wird, kommt hier ein motivischer Zusammenschluß zustande, indem der Hauptheld der Geschichte bei der Rettung seines Freundes seine Pfeife verliert, sie jedoch am Schluß, als ihn der Freund verlassen und seine Braut entführt hat, bei einem eigenen Selbstmordversuch an derselben Stelle wiederfindet und dadurch gerettet wird. Geistreich und konstruiert ist auch, wie er im Dienen der Herr, im Kritisieren der Schöpfer der Werke des anderen wird; dieser andere aber mit dem Gelingen seiner Schöpfung von dem Freund, dem eigentlichen Schöpfer, und damit seinem besseren Ich abfällt.

Dieselbe Konstruiertheit und zugleich Anschaulichkeit hat sein „Letzter Zentaur", in seiner erdhaften und glaubwürdigen Natürlichkeit den Geschöpfen Böcklins verwandt. Auch er ein Beispiel für die formbetonte Silhouettenwirkung, der sich diese Zeit mit Vorliebe bedient, scharf geschnitten und zugleich mit dem anderen Zentauren, dem Maler Genelli, kontrastiert, dessen malerisches Ideal formbetonte Menschenleiber waren. Das Ganze ist eine Novelle, wie sie erst in dieser Zeit möglich wurde: klar, zuweilen überspitzt in den Motiven und eine Aufbautechnik verratend, die an Wagners Leitmotive erinnert. Wie deutlich setzen sich diese Novellen von den Erzählungen der fünfziger und sechziger Jahre ab, als man einen gemüthaften bürgerlichen Realismus pflegte, dessen Stärke und zugleich Beschränktheit die psychologische Intimität und das beschaulich Deskriptive sind. Welch ein Unterschied zwischen Keller und Raabe auf der einen, Meyer und dem späten Storm auf der anderen Seite, die beide unter dem Einfluß Heyses standen, sich jedoch im Laufe der Jahre allmählich über ihn hinausentwickelten. So kehrt sich Storm in den siebziger Jahren deutlich von seinen frühen Stimmungsbildern und Seelengemälden ab und schreibt am 14. August 1881 an Gottfried Keller: „Die ,Novelle' ist die strengste und geschlossenste Form der Prosadichtung, die Schwester des Dramas, und es kommt nur auf den Autor an, darin das Höchste der Poesie zu leisten." Meyer träumt in denselben Jahren von einer „dramatisierten Novelle" (II, 662), Spielhagen entwirft eine Romantheorie, die in ihrer Formbetontheit deutlich an das hohe Drama, die Tragödie gemahnt, die sich trotz der verzweifelten Bemühungen von Heyse, Wilbrandt und Dahn auf Grund ihrer inneren Statik nicht über das Epigonenhafte hinausentwickelte. Die eigentliche Leistung der gründerzeitlichen Literatur liegt daher nicht in den vielen Verserzählungen, den klassizistischen Jambentragödien und monumental angeschwollenen Epen, die oft nur ein verlängertes Platenidentum darstellen, sondern in der scharf konturierten, leitmotivisch durchdachten

Novelle, die dem schicksalhaft gefärbten Personalstil dieser Zeit am weitesten entgegenkam. Daß sie dennoch nur in den seltensten Fällen das gleiche Niveau erreicht wie die anderen künstlerischen Äußerungen dieser Ära, liegt an dem Widerstand, den sie der unmittelbaren Anschaulichkeit entgegensetzt, die nun einmal zum Stil der siebziger Jahre gehört.

Im Bereich des Musikalischen denkt man bei dem Begriff Formbetontheit unwillkürlich an Nietzsches Kampf gegen Wagner, und zwar Wagner als Vertreter der pessimistischen, willensfeindlichen Philosophie Schopenhauers, die in eine Verherrlichung des formlosen, zerfließenden Nichts, des Nirwanas, des orientalischen Quietismus mündet, den sowohl Nietzsche als auch Lagarde und Heyse als ein Zeichen der Dekadenz bekämpften. Vor allem beim späten Wagner findet er diese Willensschwäche, diese zerfließende Gefühlsverschwommenheit — „Versinken, ertrinken, unbewußt, höchste Lust" — bei der sich alles in die Monotonie der unendlichen Melodie, der gestaltlosen Tonmalerei und erotischen Sinnesreizung aufzulösen scheint. Man erinnere sich der wegwerfenden Geste: „Ist das noch deutsch, dies schwüle Kreischen?" (VIII, 197). Nur aus diesem Grunde wendet er sich der klaren, fest gebauten Melodie in Bizets „Carmen" (1875) zu, selbst auf die Gefahr hin, sich niveaumäßig etwas zu vergreifen.

Ein ähnlicher Antagonismus gegen Wagner kommt in den Werken von Brahms zum Ausdruck, den man seinerzeit als den „Akademiker" bezeichnete, um damit seine Formbetontheit hervorzuheben. Vor allem Eduard Hanslick, der sich schon 1855 in seinem Büchlein „Vom Musikalisch-Schönen" für die Idee der „tönenden Form" eingesetzt hatte, trug wesentlich dazu bei, eine Partei der „Brahminen" zu gründen, die sich nicht von den Wagnerschen Klangschwelgereien überfluten ließ. Brahms kehrt daher in den siebziger Jahren nach jugendlichen Stimmungsklängen zur streng durchstrukturierten Symphonie zurück und erwirkte durch sein Auftreten eine gewisse Beethoven-Renaissance. Paradoxerweise wurde auch der größte Wagnerianer dieser Jahre, nämlich Bruckner, von dieser Schwenkung zum Symphonischen erfaßt. In der Verbindung beider Richtungen ist er wohl der bezeichnendste Komponist für den sich monumental übergipfelnden Geist dieser Jahre, mit seinen strahlenden Bläserchören und ins Religiöse gesteigerten Choralmelodien, einer in ihren Fortissimo-Ausbrüchen ganze Kathedralen erfüllenden Musik. Seit der Wiederentdeckung der Brucknerschen Originalfassungen sieht man noch deutlicher wie formbetont sich hier die einzelnen Klangmassive gegenüberstehen, die wohlmeinende Schüler als erratische Blöcke empfanden und mit melodischen Übergängen versahen. Meist handelt es sich um ein wohlüberlegtes Nebeneinander von Chorälen, fugierten Partien und wagnerisch anmutenden Klangbrocken, die das klassische Symphonieschema zwar erweitern, ohne jedoch ins Tonmalerische oder Rhapsodische abzusinken, so daß August Halm später bewundernd von einer monumentalen Überform gesprochen hat.

Bei Brahms geht diese Tendenz zur Ballung manchmal so weit, daß er auf barocke Formschemata wie die Passacaglia zurückgreift, wie im Schlußsatz seiner 4. Symphonie, wo er sich in einer monumental einhämmernden Weise auf eine klar konzipierte Ostinato-Figur stützt — und das in einer Zeit der sogenannten neudeutschen Programmusik, in der sich der breite Strom der Entwicklung allmählich der symphonischen Dichtung zuwendet.

Eine ähnliche Formbetontheit läßt sich in Wissenschaft und Philosophie beobachten. Schon, daß man sich nicht um Tatsachenerkenntnis bemüht, sondern um bestimmte Einheitswerte, beweist eine deutliche Neigung zum Konstruktiven. Darüber hinaus versucht man selbst in der sprachlichen Fassung und im Aufbau der einzelnen Werke formvoll zu sein und so mit der Dichtung zu konkurrieren. Nietzsche sagt: „Der Dichter, der lügen kann, wissentlich, willentlich, der kann allein die Wahrheit reden" (VIII, 399). Justis Erfindung eines Dialoges und eines Reiseberichts inmitten eines historischen Werkes zeigt, daß er am liebsten einen Roman aus der Biographie seines Helden gemacht hätte. Wie verhaßt ihm alles Formlose war, beweist seine spätere Schrift über den „Amorphismus in der Kunst" (1902). Diltheys Beschreibung des Einzuges Friedrichs II. in Berlin ist eine poetische Lizenz des Philosophen, der übrigens wie Herman Grimm auch einen Roman geschrieben hat. Selbst Treitschkes Heroencharakteristiken und Personifikationen erwecken oft den Eindruck dichterischer Erzeugnisse. Und so ist auch Nietzsches „Zarathustra" kein philosophisches Manifest, sondern eine Dichtung voller Naturschilderungen, poetischer Situationen und anschaulicher Personifikationen, voll von reinen Erfindungen, dichterischen Konstruktionen und eingestreuten Gedichten. Alle diese Denker und Historker sehen in der Sprache ein künstlerisches Instrument, daß man schöpferisch behandeln muß, auch wenn es sich um wissenschaftliche Berichte und Erkenntnisse handelt. Die Form, das heißt die Formulierung ist ihnen so wichtig wie der Inhalt. So rühmt Treitschke, selbst ein bewußter Formulierer und Rhetor, an Winckelmann:

> „Er schuf zugleich die ersten formvollendeten Werke der neuen deutschen Prosa. Klar, tief und weihevoll erklang die Rede dieses Priesters der Schönheit, mächtige Leidenschaft und große Gedanken zusammengedrängt in maßvoll knapper Form; durch ‚die erleuchtete Kürze' seines Stiles wurde die formlose breite Redseligkeit der gelehrten Pedanterie zuerst überwunden" (I, 95).

Nietzsche drückt den Gegensatz von Form und Inhalt, Oberfläche und Tiefe folgendermaßen aus:

> „Oh diese Griechen! Sie verstanden sich darauf zu leben! Dazu tut not, tapfer bei der Oberfläche, der Falte, der Haut stehen zu bleiben, den Schein anzubeten, an Formen, an Töne, an Worte, an den ganzen Olymp des Scheins zu glauben! Diese Griechen waren oberflächlich — aus Tiefe... Und kommen wir nicht eben darauf zurück, wir Wagehälse des

Geistes, die wir die höchste und gefährlichste Spitze des gegenwärtigen Gedankens erklettert und von da aus uns umgesehen haben, die wir von da aus hinabgesehen haben? Sind wir nicht darin — Griechen? Anbeter der Formen, der Töne, der Worte? Eben darum — Künstler?" (VIII, 209).

Aus dieser Schätzung des Wortes und seiner Wirkung als Wort fordert Nietzsche auch im geschriebenen Buch einen rhetorisch überhöhten Redestil, und zwar aus doppeltem Grunde. In der Rede komme Klang und Rhythmus der Worte ganz anders zur Geltung, werde an die Formulierung höhere Ansprüche gestellt, als in der Schreibweise, die sich auf die logische Klärung des Inhalts beschränkt. Auf diese Weise verwandele sich der Sprechende und mit seinen Gesten Deklamierende zu einem Tänzer, einem Seiltänzer des Wortes:

„Man kann nämlich das Tanzen in jeder Form nicht von der vornehmen Erziehung abrechnen, Tanzen-Können mit den Füßen, mit den Begriffen, mit den Worten: habe ich noch zu sagen, daß man es auch mit der Feder können muß, — daß man schreiben lernen muß? — Aber an dieser Stelle würde ich deutschen Lesern vollkommen zum Rätsel werden ..." (VIII, 116).

In der Rede scheint ihm eine viel stärkere Suggestion auf den Hörer möglich als im Schreiben, da die Herrschaft des Willens — durch das aktive Element der Beeinflussung — in der Rhetorik ganz andere Möglichkeiten hat als im Schreibstil. Nietzsches Stil ist daher durch und durch rhetorisch, rednerhaft. Im „Zarathustra" ist jeder Satz gesprochenes Wort, zu dem Nietzsche durch Gedankenstriche, Ausrufezeichen, Parenthesen, Einklammerungen den Tonfall und die Geste des Redners hinzufügt.

„Der Deutsche liest nicht laut, nicht fürs Ohr, sondern bloß mit den Augen: er hat seine Ohren dabei ins Schubfach gelegt ... Der Prediger allein wußte in Deutschland, was eine Silbe, was ein Wort wiegt, inwiefern ein Satz schlägt, springt, stürzt, läuft, ausläuft, er allein hatte Gewissen in seinen Ohren ... Das Meisterstück der deutschen Prosa ist deshalb billigerweise das Meisterstück ihres größten Predigers; gegen Luthers Bibel gehalten ist fast alles übrige nur ‚Literatur' ... Der antike Mensch las, wenn er las — es geschah selten genug — sich selbst etwas vor, und zwar mit lauter Stimme; man wunderte sich, wenn jemand leise las und fragte insgeheim nach Gründen. Mit lauter Stimme, das will sagen, mit all den Schwellungen, Biegungen, Umschlägen des Tons und Wechsel des Tempos, an denen die antike öffentliche Welt ihre Freude hatte" (VII, 251/16).

Hier wird in größter Schärfe das Problem der Form in der Sprache als eine der wichtigsten Aufgaben ausgesprochen und zugleich durch die Praxis der eigenen Sprache erläutert. Aus dieser Vorliebe für das Gesprochene der Sprache entwickelt sich notwendig eine Neigung zu spruchartigen Formulierungen. So sind manche Novellen Heyses mit hintergründigen, oft schwer verständlichen

Sprichwörtern geradezu übersät. In der „Frau Marchesa" (1876) kommen diese sprichwortartigen Aussprüche aus dem Munde einer alten, einfachen Italienerin, die für jede Situation den passenden Spruch zur Verfügung hat, mit denen sie ihren harten Schicksalskampf zu meistern versucht:

> „Denn wer lebt, ißt sein Brot, wer stirbt, der ist tot und jedes Pferd wehrt sich die Mücken ab mit seinem eigenen Schwanz" (XVI, 253).

> „Wenn Gott einem eine Tür zumache, mache er ihm gleich daneben ein Tor auf" (XVI, 255).

> „Schönheit macht nicht satt, und wer sich nicht selbst hilft, der ertrinkt" (XVI, 256).

> „Man spricht von der Sünde, aber nicht vom Sünder, und man spricht vom Rausch, aber nicht vom Durst" (XVI, 259).

Ebenfalls aus dem Munde einer alten abergläubischen Italienerin kommen die Sprichwörter in der Novelle „Andrea Delfin" (1859):

> „Besser bewahrt als beklagt, ein Aug' auf die Katze, das andere auf die Pfanne, und es ist nützlicher, Furcht zu haben als Schaden" (V, 220).

> „Krankheiten kommen zu Pferde und gehen zu Fuß" (V, 222).

> „Die Kranken essen wenig, aber die Krankheit frißt alles" (V, 222).

> „Wer nicht zu nacht ißt, hungert im Traum" (V, 222).

Dieselbe Freude an der gesprochenen Sprache, an spruchartigen Formulierungen und wirkungsvollen Alliterationen findet sich bei Treitschke:

> „Zeiten der Not heben den rechten Mann rasch an die rechte Stelle" (I, 449).

Er trifft sich darin mit Nietzsche, wohl dem größten Formulierer und Sprachverdreher dieser Ära:

> „Großes vollführen ist schwer, aber das Schwerere ist: Großes befehlen" (VI, 217).

> „Der Fürst denkt, aber der Krämer — lenkt" (VI, 260).

> „Selig sind die Schläfrigen, denn sie sollen bald einnicken" (VI, 40).

> „Besser noch bös getan, als klein gedacht!" (VI, 129).

> „Jedes Redlichen Schritt redet" (VI, 178).

> „Alles an der Welt mißfiel mir: am meisten aber mißfiel mir mein Mißfallen an allem" (XIV, 304).

Meist sind es Formeln, in denen die Formulierung den Inhalt mehr verundeutlicht als erklärt. Diese Verundeutlichung ist jedoch ein Mittel, die aktive geistige Betätigung zu steigern, indem neben dem Sinncharakter der Worte noch die sprachliche Formulierung, die Beziehung der Worte zueinander erfaßt werden muß, was zu einer schwebenden Vieldeutigkeit führt, die ganz bewußt als Spannungselement verwendet wird. Diese durch die Formulierung hereingetragene Unklarheit wird noch erhöht, wenn zu dem wörtlichen Sinn des Wortes ein Nebensinn hinzugefügt wird, durch Anspielungen auf bekannte Dinge, Zitierungen oder Verdrehungen geläufiger Sprüche oder Verse und so mehrere Gedankenreihen und ihre gegenseitigen Beziehungen zu gleicher Zeit erfaßt werden müssen. Justi, der Wortspiele liebt — fair, fat, forty, flämischer Fleischklumpen — gefällt sich darin, in seinen Darlegungen Zitate aus der Literatur verschiedenster Epochen einzuflechten, die seinen reichen geistigen Besitz demonstrieren und neben ihrem eigenen Sinn auch noch durch die Beziehung zu dem vorher Gesagten wirken. Dieses Zitieren geläufiger Zitate, zugleich aber Verdrehen und Parodieren, ist neben allem anderen ein beliebtes Mittel, das Dargebotene in die spielerische, künstlerische Form des Geistreichen überzuleiten und der Formulierung die Hauptwirkung beim Leser zu überlassen. So ist bei Nietzsche die spruchhafte Kürze, Prägnanz und antithetische Formulierung in ihrer Unbedingtheit etwas, das über den kritisierbaren Sinn hinaus Freude macht. Wie geistreich, wenn er Sätze mit einem speziell eingeschränkten Sinn als anschauliche Formulierungen für einen weniger einfachen Übersinn verwendet. „Nur wo Gräber sind, gibt es Auferstehungen" (VI, 164). Gemeint ist, daß neue Kulturen nur durch das Sterben der alten und ihrer Vertreter in Revolutionen möglich sind. „An Unheilbaren soll man nicht Arzt sein wollen" (VI, 302). Auch hier hat eine zweifelhafte Wahrheit einen auf kulturelle Zustände bezüglichen Übersinn, ähnlich wie „Was fällt, das soll man auch noch stoßen" (VI, 305). Wörtliche Bedeutungen werden hier in sinnlich anschaulicher Form verwendet, wobei schon die unmittelbare Wortverbindung zu denken gibt, das heißt der Gedanke aus den Worten abgeleitet wird und es gar nicht einfach wäre, den Übersinn ohne ein bestimmtes Bild zu formulieren. „Wer gut verfolgt, lernt leicht folgen, ist er doch einmal hinterher" (VI, 386). Das meint: ein Revolutionär, der ein Ziel hat, wird sich auch mit anderen unter einer Führung zu einer Bewegung zusammenschließen. Ähnlich und zugleich ein Widerspruch zu diesem Spruch: „Was? du suchst? Du möchtest dich verzehnfachen, verhundertfachen? Du suchst Anhänger? — Suche Nullen!" (VIII, 62). Sehr geistreich, daß die Null, das Nichts, angehängt an eine Zahl eine hohe Zahl ergibt, zum Gleichnis der Massenqualität verwendet wird, zugleich auch ein Bild der bewußten Volksverdummung in autoritären Staaten ergibt. Selbst logische Unmöglichkeiten, posthum geboren, werden auf diese Weise zu geistreichen Paradoxien. So auch die Verdrehung von Sprichwörtern: „Müßiggang ist aller Psychologie Anfang. Wie? wäre Psychologie ein — Laster?" (VIII, 61). Gemeint ist: Psychologie als Selbstbetrachtung ist im Grunde ein Laster. Ein geläufiges Diktum: einfach, zwiefach gleich Wahrheit, Lüge wird in das Wortspiel verdreht: „Alle Wahrheit ist einfach. — Ist das nicht zwiefach eine Lüge?" (VIII, 61). Der Übersinn ist hier schwer zu deuten. Zwiefach? Heißt das, daß die Wahrheit nicht einfach ist oder daß nicht alle Wahrheit einfach ist? Selbst Lieder werden auf diese Weise verdreht. Nicht: Soweit die deutsche Zunge dringt und Gott im Himmel Lieder singt, sondern mit einem Komma dazwischen: Gott singt Lieder. „Wie wenig gehört zum Glücke! Der Ton des

Dudelsacks. — Ohne Musik wäre das Leben ein Irrtum. Der Deutsche denkt sich selbst Gott liedersingend" (VIII, 65). Oder: „Man muß Geist nötig haben, um Geist zu bekommen — man verliert ihn, wenn man ihn nicht mehr nötig hat. Wer die Stärke hat, entschlägt sich des Geistes (laß fahren dahin! denkt man heute in Deutschland — das R e i c h muß uns doch bleiben)" (VIII, 128). Schließlich eine parodistische Umdichtung von Dichtung, in diesem Falle Goethes „Faust", um den Leser mit einem blasphemisch formulierten Gegensinn zu verblüffen (V, 349):

> „Das Unvergängliche
> Ist nur dein Gleichnis!
> Gott, der Verfängliche,
> Ist Dichter-Erschleichnis ...
>
> Welt-Rad, das rollende,
> Streift Ziel auf Ziel:
> Not — nennt's der Grollende,
> Der Narr nennt's — Spiel ...
>
> Welt-Spiel, das herrische,
> Mischt Sein und Schein: —
> Das Ewig-Närrische
> Mischt u n s — hinein! ..."

Zum Verstehen des Wortsinns kommt hier noch das Geistreiche der Wortantithesen und Alliterationen hinzu. Der chiffrierte Übersinn wirkt dadurch wie eine Art Übersetzung aus der wahrnehmbaren Sprache in eine nur geistig mitschwingende. Führte man jedoch diese Übersetzung in eine faßbare Prosa durch, würde man merken, wie sehr es auf die Formulierung ankommt, die künstlerische Form, das Kunstwerk der Sprache. Der Rest ist Prosa.
Dieselbe Formbestimmtheit und zugleich Überlegenheit des schöpferisch-konstruierenden Geistes liegt den rein satirischen Werken dieser Zeit zugrunde, und zwar im Gegensatz zum Humor der Biedermeierzeit, dem stillen Lächeln über die philisterhafte Enge und Bescheidenheit wie bei Spitzweg und Hosemann. Wer denkt dabei nicht an den armen Poeten, der mit knurrendem Magen im Bett seine Hexameter zählt, oder den rührenden Handwerksburschen, der es sich nicht verdrießen läßt, in baumloser Heide mit Stangen und Zeltbahn eine Sonnenvilla zu errichten: beides reine Situationskomik, gemütlich, mehr die lächelnde Anteilnahme herausfordernd als das Auslachen. Was man jetzt findet, ist schneidende Ironie und Satire, die sich gegen Moralspießigkeit und kirchliche Bevormundung richten, — scharf im Ton und zugleich von äußerster Beherrschung der Form, der Pointe, der Sentenz. Besonders Nietzsche ist stark in solchen Pamphleten, hierin durchaus ein Teilliberalist. So beginnt seine Invektive gegen die Dynasten dieser Welt mit der

höhnischen Bemerkung: „Zwei Könige sehe ich — und nur einen Esel"
(VI, 355). Der Witz und die beißende Satire verschlägt hier jeden Humor.
Man höre Zarathustra spotten, wenn es gegen die Keuschen, die Weiblein
und Priester geht, Sätze wie Geißelhiebe, die eine bleibende Narbe hinterlassen sollen. Dasselbe gilt für Anzengruber. Im Gegensatz zu Freytags „Journalisten" (1852) sind seine Komödien keine Lustspiele, sondern wohlgezielte
Kritik, besonders an den Pfaffen. So beschließen die Bauern in seinen „Kreuzelschreibern" (1872) im Wirtshaus eine Adresse an das Konsistorium, in dem
sie sich zum Altkatholizismus bekennen. Vom Kaplan aufgehetzt kündigen
ihnen darauf die Frauen die eheliche Bereitschaft und verlangen eine Bußfahrt
nach Rom. Als Gegenschlag gründet der Unansehnlichste, aber Klügste, der
Steinklopferhans, einen Jungfrauenverein, der mit ihnen nach Rom ziehen
soll. Angesichts dieser Gefahr geben die Frauen schließlich nach.
Ebenso grotesk wirkt Heyses Novelle „Die Witwe von Pisa" (1865), deren
Witz gerade in ihrer formalen Konstruiertheit besteht. Es handelt sich hier
um einen Architekten, der dem Geheimnis des schiefen Turmes von Pisa
auf den Grund kommen will und dabei in die Hände einer mittelalterlichen
Witwe fällt, weil er nur bei ihr einen Tisch findet, den er als Reißbrett verwenden kann. Sie nimmt ihn auf unter der Bedingung, daß er sie später heirate
und damit vor der Kompromittierung bewahre. Ihr Gatte sei vor einem Jahr
von Räubern überfallen worden, die ihm beide Ohren abgeschnitten hätten,
was er als Musiker sicherlich nicht überlebt habe. Zum Beweis und zugleich
als Leitmotiv der Novelle werden ihm die beiden Ohren vorgelegt. In der
folgenden Nacht kommt sie in leichtem Kostüm an sein Bett und fordert ihn
auf, in ihr Schlafzimmer zu kommen, um sie gegen das Gespenst ihres Mannes
zu schützen. Er willigt ein, den Gang zu wagen und sie später zu ehelichen,
falls sie die Wahrheit gesagt habe. Eine Somnambule scheine ihm zur Ehefrau nicht geeignet. Da verzichtet sie, und er flieht auf eine Insel, wo er zufällig
ihren Gatten trifft. Auch er war geflüchtet, und zwar um eine Oper fertigzu-
stellen. Die Banditengeschichte hatten Freunde mit aus der Anatomie ent-
nommenen Ohren erfunden. Als Grund seiner Flucht gibt er die unbändige
Sangeslust seiner Frau an, die nie den richtigen Ton treffen könne und sogar
falsch niese. Schließlich wird die heiratstolle „Witwe", die dem Architekten
auf den Fersen gefolgt war, ihrem Manne wieder zugeführt. Diesem bleibt
nichts anderes übrig, als sich eine neue Todesart auszudenken.
Mehr an Offenbach erinnert die Geschichte vom „Letzten Zentaur": ein Zentaur, der ein Seidel Bier nach dem anderen trinkt. Zugleich ist das Ganze eine
scharfe Satire auf die kleinliche, moralisch versauerte Gegenwart, die sich in
nichts mit der Lebenslust und Sinnlichkeit der Antike vergleichen läßt. Dasselbe gilt für den Böcklinschen Zentauren. Auch er wirkt wie ein Witz auf
die klassizistische Auffassung der Antike: ein Zentaur, der sich in einer Dorfschmiede die Hufe beschlagen lassen will. Solche Parodien mythischer Gestalten

gibt es bei Böcklin in Fülle: den krokodilsköpfigen Drachen in „Ruggiero und Angelika", der so scheinheilig an der nackten Frau nach oben schielt, „Sirenen" (1874), von denen eine ihr eierlegendes Hinterteil nach außen kehrt, oder die „Bockreiterin" (1874), die ihr Roß, den Satyrn, höchst ungnädig mit dem Thyrsosstab am Hinterteil bearbeitet. Ganz Witz und Parodie ist auch sein „Heiliger Antonius" (1892), der auf einem Felsen in grotesker Silhouette den Fischen predigt. Auf der Predella wird der Erfolg gezeigt: die Großen fressen die Kleinen. Eine „Susanna im Bade" (1888) malt er als wohlbeleibte Matrone, der einer der beiden Greise mit flacher Hand auf den feisten Rücken klatscht. Man sagt, daß das Modell für dieses Bild die Frau eines Bankiers gewesen sei, an dem sich Böcklin für ein zu schlecht bezahltes Bild rächen wollte.

Selbst Scheffel benutzt das Mittel parodistischen Witzes vor dem Hintergrund bedeutsamer menschlicher Angelegenheiten für seine oft recht witzigen Kneiplieder, die zu der Zeit, als man in aller Welt die Ausgrabungen in Vorderasien, die Ergebnisse der Geologie, die Entdeckung von kolossalen Untieren und Altersstufen der Erdentwicklung bestaunte, noch witziger gewirkt haben müssen als heute. Er bedient sich dabei, wie Nietzsche, der karikierenden Umdichtung beliebter und bekannter Lieder oder der Benutzung einer gangbaren sentimentalen Melodie, die in einem seltsamen Gegensatz zu seinen burlesken Vorstellungswelten steht:

Die letzte Hose

Letzte Hose, die mich schmückte,
Fahre wohl! dein Amt ist aus,
Ach, auch dich, die mich entzückte,
Schleppt ein andrer nun nach Haus.

Altassyrisch

Im schwarzen Walfisch zu Ascalon
Da brachte der Kellner Schar
In Keilschrift auf sechs Ziegelstein
Dem Gast die Rechnung dar.

Der Ichthyosaurus

Es rauscht in den Schachtelhalmen,
Verdächtig leuchtet das Meer,
Da schwimmt mit Tränen im Auge
Ein Ichthyosaurus daher ...

Es starb zu derselbigen Stunde
Die ganze Saurierei,
Sie kamen zu tief in die Kreide,
Da war es natürlich vorbei.

DIE LUST AM AGGRESSIVEN

Diese Freude an Spott und Witz, an der geistigen Überlegenheit, hängt stark mit der Grundhaltung dieser Zeit überhaupt zusammen. Hierfür nur die Ereignisse von 1870/71 verantwortlich zu machen, wäre wohl etwas vordergründig. Nicht das einmalige historische Faktum, der gewonnene Krieg, ist die Grundlage dieser kriegerisch-angriffslustigen Stimmung, sondern der allgemeine Aktivismus, der den Willen über Vernunft und Gefühl, den tätigen Optimismus über den quietistischen Pessimismus, die Weltformung über die Weltflucht setzt. Daß es nicht allein der Siegesrausch war, der diese Stellung zu Krieg und Krieger bedingten, zeigt die Haltung Bismarcks, der in den siebziger und achtziger Jahren alles tat, durch Rückversicherungen und kluge Bündnispolitik die errungene Einheit des Reiches zu sichern, anstatt sich im Taumel der Ereignisse zu weiteren Provokationen hinreißen zu lassen. Die, die den Krieg preisen, sind nicht die Generäle und Staatsmänner, sondern die Historiker, Literaten, ja selbst die Maler. Die schärfsten Äußerungen finden sich daher bei Treitschke und Nietzsche, nicht bei Molke und Bismarck. So heißt es in Treitschkes „Deutscher Geschichte":

> „Wohin waren sie doch, die Träume der gebildeten Menschenfreunde vom ewigen Frieden? Gereift und gekräftigt in harter Prüfung glaubten die Deutschen wieder an den Gott, der Eisen wachsen ließ, und jene einfachen Tugenden ursprünglicher Menschheit, die bis ans Ende der Geschichte der feste Grund aller Größe der Völker bleiben werden, gelangten wieder zu verdienten Ehren: der kriegerische Mut, die frische Kraft des begeisterten Willens, die Wahrhaftigkeit des Hasses und der Liebe. In ihnen lag Blüchers Stärke, und diese Nation, die sich so gern das Volk der Dichter und Denker nannte, beugte sich vor der Seelengröße des bildungslosen Mannes; sie fühlte, daß er wert war, sie zu führen, daß der Heldenzorn und die Siegesfreude der Hunderttausende sich in ihm verkörperten" (I, 449).

Nietzsche schreibt im „Zarathustra" unter dem Titel „Vom Kriege und Kriegsvolke":

> „Ihr sollt den Frieden lieben als Mittel zu neuen Kriegen. Und den kurzen Frieden mehr als den langen.
>
> Euch rate ich nicht zur Arbeit, sondern zum Kampfe. Euch rate ich nicht zum Frieden, sondern zum Siege. Eure Arbeit sei ein Kampf, euer Friede sei ein Sieg! ...

Ihr sagt, die gute Sache sei es, die sogar den Krieg heilige? Ich sage euch:
der gute Krieg ist es, der jede Sache heiligt.
Der Krieg und der Mut haben mehr große Dinge getan, als die Nächsten-
liebe. Nicht euer Mitleiden, sondern eure Tapferkeit rettete bisher die
Verunglückten ...
Was liegt am Lang-Leben! Welcher Krieger will geschont sein ...
Euren Feind sollt ihr suchen, euren Krieg sollt ihr führen, und für eure
Gedanken!
Euren höchsten Gedanken aber sollt ihr euch von mir befehlen lassen
— und er lautet: der Mensch ist Etwas, das überwunden werden soll"
(VI, 67/68).

Wie stellt sich die Literatur zu solchen Gedanken? Der große Roman handelt
weitgehend von Helden und Kriegern, glanzvollen Aufstiegen oder heroischen
Untergängen. Vordergründig im „Kampf um Rom", dichterisch bedeutender
im „Jürg Jenatsch", einem Heldenlied von stärkster Leidenschaft, das trotz
der gefährlichen Maxime „Right or wrong — my country" nicht ins Attrappen-
hafte abgleitet, da es selbst die nationalen Haupt- und Staatsaktionen vor
einen menschlich verständlichen Hintergrund rückt. Auch Hutten, der letzte
Ritter, führt sich gleich im ersten Gedicht als ein Kämpfer ein (I, 228):

„In einer schwertgewohnten Hand begehrt
Die Feder ihre Fehde, wie das Schwert.

Erst flog sie wie der Pfeil in Feindes Heer,
doch meine Feder wuchs und ward zum Speer!

Frohlockend stieß ich sie, ein tötend Erz,
der Priesterlüge mitten durch das Herz."

Man denkt dabei unwillkürlich an den „Heiligen Georg" von Marées. Denn
auch die bildende Kunst ist voll von künstlerischer Verherrlichung des Kriegers
und des Krieges. Der heilige Georg hat es selbst dem ganz unkriegerischen
Thoma angetan, dem freilich nicht wie Jürg Jenatsch Glut und Kälte aus dem
Gesicht leuchten. Ganz anders der „Abenteurer" von Böcklin: brutal, stier-
nackig, rücksichtslos seine Mähre zur äußersten Anstrengung zwingend wie
ein Sklavenhalter seine Sklaven, und mit Siegerblick über die Weite triumphierend, deren mit Schädel und Knochen bedeckter Boden von Kampf und Verderben zeugt. Feuerbach versucht im großen, heroischen Stil der griechischen
Giebelfiguren und Reliefs seine Amazonenschlachten zu malen, in denen die
Schönheit der Leiber und der sich aufbäumenden Pferde die Verherrlichung
des Krieges und seine Idealisierung übernehmen. In seinem „Titanensturz"
(1879) in Wien, der mit der gleichen griechischen Heroenverklärung den
Kampf in seiner Wildheit zur Angelegenheit höchster Götter macht, wird der

Verherrlichung des Krieges eine geradezu übermenschliche Rechtfertigung gegeben. Am lebendigsten, schweizerisch urwüchsig in ihrer Lust am Raufen, wirken die „Zentaurenkämpfe" Böcklins: dämonisch, wild, ungestüm und unmenschlich wie eine Sturmwolke, mit ihrem Ringen, Kratzen, Beißen wie ein Knäuel wilder Tiere, wüst verkeilt und doch im Ganzen zu einer formvollen Pyramide aufgebaut, bei der ein zum Schleudern erhobener Felsbrocken den Schlußstein bildet. Das ungezügelte Pathos, das in diesem Bilde herrscht, die Pracht der Farben und Bewegung, die kompositorische Gedrungenheit des Aufbaus: alles spricht dafür, daß hier ein Grundmotiv erlebt und von einem Künstler dargestellt wird, der die natürlichen Voraussetzungen dafür mitbringt. Selbst Thoma hat in seiner etwas gesucht konstruktiven Manier „Raufende Buben" (1872) zu einer ähnlichen Gruppe zusammengebaut. Gerade weil dieses Bild so wenig überzeugt, spricht es für den Geist dieser Jahre, die selbst einem Träumer wie Thoma solche Motive nahelegte.

Ähnliche Raufszenen finden sich in der Literatur. So gibt es im zweiten Akt des „Doppelselbstmords" (1875) von Anzengruber eine Wirtshausprügelei, bei der die Feindschaft zweier in sozialer Stellung und Charakter gegensätzlicher Bauerntypen zu recht schmerzhaften Tätlichkeiten führt. Der eine ist arm und gallig, sagt bei jeder Gelegenheit: is a Dummheit, der andere reich und gutmütig. Beide waren ehemals Freunde, bis sie die Frauen auseinandergebracht haben. Am meisten Spaß hat der Krämer, der die beiden mit Absicht nebeneinandersetzt und die Raufszene mit den Worten beschließt: „Heunt war's doch unterhaltlich im Blauen Bock, gute Nacht."

Man wird bei diesen Kärntner oder Tiroler Bauern, diesen muskelstarken, rauf- und sauflustigen Naturmenschen, unwillkürlich an Leibls „Wildschützen" erinnert, eine Gesellschaft von kampfbereiten Jägern, denen es sicherlich nicht viel ausmacht, ob es Menschen oder Tiere sind, die ihnen vor die Flinten kommen, — als Gestalten sehr objektiv, aber viel zu gut gemalt und viel zu groß gefaßt, als daß nicht auch hier eine Heroisierung mitwirkte. Es handelt sich dabei um denselben Geist, der auch in Defreggers „Heimkehrender Tiroler Landsturm" zum Ausdruck kommt, nur daß dessen Bilder in ihrem Zuviel an Anekdote und Theater nicht im entferntesten an Leibls Intensität und künstlerische Entschiedenheit heranreichen.

Wesentlicher als diese Kraftentladungen ist jedoch, daß die Verherrlichung des Krieges, der Machtäußerung und Gewalttätigkeit vom Körperlichen auch auf das Geistige übergreift, und zwar in doppelter Beziehung, einmal, indem alles geistig Überragende mit einem heroisch schmückenden Beiwerk versehen wird und dadurch alles zweckmäßig Wertvolle nicht unter der Kategorie der Arbeit und des Arbeiters, der Qualität und Güte eines Produkts, sondern unter der Perspektive des Heldischen erscheint, als rangiere der Geistesheld mit Generälen und Schlachtgetöteten in einer Linie. Dazu kommt, und das ist noch bezeichnender für die Zeit, daß sich die Literaten und Künstler selbst

als Kämpfer fühlen und eine Kampfstellung beziehen, bei der sich die Feder
zum Speer verwandelt, ja die Polemik über das eigentliche Schaffen triumphiert.
Einer der leidenschaftlichsten Streiter dieser Art war Heinrich von Treitschke.
Wo er auftrat, verstand er es meisterlich, sein Publikum in eine willfährige
Masse zu verwandeln. Durch Taubheit von Jugend auf an einem nahmensch-
lichen Verhältnis zu anderen gehindert, steigerte er sich im Verlauf der Jahre
zu einem Rhetor ersten Ranges, der sich nur auf seine eigene Person, sein
eigenes Pathos verläßt. So gesteht er an Dilthey: „Daß ich nicht zu den fisch-
blutigen Naturen gehöre, ist Ihnen nichts Neues; diese Leidenschaftlichkeit
ist aber viel stärker, als die meisten meiner Freunde wissen" (11. Juli 1870).
Dilthey, der ihn mit einer Flamme verglich, „die unaufhaltsam aufwärts
steigt", hat daher diesem Gewaltigen der Sprache, diesem Herold des monar-
chischen Gedankens folgendes zeittypisches Denkmal gesetzt:

> „Heinrich von Treitschke war eine der mächtigsten Persönlichkeiten,
> denen ich begegnet bin. Es war, als ob das Zeitalter von Blut und Eisen,
> das sich in seiner Jugend vorbereitete und das in den deutschen Kriegen
> sein männliches Alter erfüllte, keinen gewaltigeren Vertreter hätte. Das
> Heroische war der Kern seines Wesens. Eine hohe Gestalt, breit in den
> Schultern und stark in den Gliedmaßen. In den späteren Jahren gab
> ihm die Leibesstärke etwas Übergewaltiges. Das Haupt saß stolz auf
> dem Körper — wenn er in Leidenschaft geriet oder redete, war es zurück-
> geworfen. Die braunen Augen, aus denen Treue zu allererst sprach, der
> dunkle Teint, das schwarze Haar gaben ihm unter den Norddeutschen
> etwas Fremdartiges. Er gemahnte an einen hussitischen Kriegshauptmann.
> Überhaupt umgab ihn etwas Kriegerisches. Niemand hätte ihn für einen
> Gelehrten oder Schriftsteller gehalten. Er schien geboren für handelndes
> Leben in irgendeiner Art von Kampf. Vernahm man dann den metallenen
> Klang seiner Stimme, die schlagfertig mächtigen Worte — dann ging
> eine neue Seite seines Wesens auf. Er hätte mitkämpfen können in der
> deutschen Schlacht seiner Jünglings- und Mannesjahre — Kampf und
> Tat waren sein Gebiet —, aber er war geboren zum Streit als ein großer
> Redner. Es ist kein Zweifel, daß Heinrich von Treitschke von der Natur
> ausgestattet war zum größten Redner unserer Nation" (XI, 231).

Dazu paßt eine Gestalt wie Mommsen, der sich mit einer ähnlichen Schroff-
heit und Leidenschaft zu einem historischen Richteramte berufen fühlte. Seine
Urteile über Cicero, „den erbärmlichen Literaten", über Cato, „den Hanswurst",
stehen Treitschke an Schärfe nicht nach.
Selbst Justis Werke, so objektiv sie auf den ersten Anschein wirken, sind oft
sehr polemisch. Anstatt sich mit einer tatsachengetreuen Schilderung zu begnügen, flicht er häufig ironische Seitenblicke ein, vor allem gegen Kollegen.
So heißt es in seinem „Velazquez":

„Pacheco erzählt, daß Rubens seine Bescheidenheit gefiel. Diese Tugend ist eine der weniger geschätzten; doch sollen auch große Männer zuweilen bescheiden gewesen sein, Condive nennt sogar Michelangelo modestissimo. Wahrscheinlich weil sie, auch wenn sie sich beschieden haben, Fachmänner zu sein, doch immer etwas über ihr Fach hinaussehen und daher andere Größenmaßstäbe kennen, als die in ihr Fach eingeengten, denen die gütige Natur aber zum Ersatz Selbstgefühl gegeben hat.

Whatever nature has in worth denied,
It gives in large recruits of needful pride (Pope).

Dieses Bewußtsein höherer Maßstäbe äußert sich gern in einem Anflug von Humor und Ironie, die ja der Form nach Bescheidenheit ist. Der Beschränktheit fehlt dieses attische Salz: sie ist immer pathetisch und voll vom Gefühl ihrer Wichtigkeit, auch wenn sie Kleinigkeiten treibt" (I, 253).

Daher ist er gegen trockene Entwicklungsgeschichte, „das würde zu sehr nach Lübke und Konsorten schmecken" (W II, 252). Dem entspricht eine Schreibweise, die sehr von oben herab wirkt, als ob er sich für zu schade hält, sich mit jemanden direkt zu befassen. Er gibt nur Seitenhiebe.

Diese Einstellung der Gründerjahre zu „Kampf" und „Polemik" macht sie zu einer Zeit der „Renaissance". Wie damals beruft man sich auf das Ideal des heroischen, körperlich-schönen und kraftvollen griechischen Menschen, bei dem Humanitas und kriegerische Lebenshaltung keine Gegensätze sind. Vor allem Nietzsche wird von dieser Weite des griechischen Wesens, für die der Krieg der „Vater aller Dinge" ist, tief ergriffen. So preist er schon in einer frühen Abhandlung „Homers Wettkampf" (1872) die treibende Kraft, die der Kampf im Sinne von Wettkampf für den griechischen Menschen bedeutete:

„Der Grieche ist neidisch und empfindet diese Eigenschaft nicht als Makel, sondern als Wirkung einer wohltätigen Gottheit: welche Kluft des ethischen Urteils zwischen uns und ihm! ... Je größer und erhabener aber ein griechischer Mensch ist, umso heller bricht aus ihm die ehrgeizige Flamme heraus, jeden verzehrend, der mit ihm auf gleicher Bahn läuft ... Jede Begabung muß sich kämpfend entfalten ... ,Auch der Künstler grollt dem Künstler!'" (IX, 278/81).

Nach seiner Meinung machte nur der Wetteifer aus Sophokles einen Dichter, aus Plato einen Philosophen. Großes erreiche nur der, wer andere unter sich fühle. Sein eigenes Werk ist daher durch und durch polemisch gesonnen. Er beginnt diesen Streit der Meinungen zunächst in künstlerischen Dingen: „Nietzsche contra Wagner", greift aber bald auf alle Wissensgebiete über. Hier ein Beispiel aus der „Götzen-Dämmerung":

„Meine Unmöglichen. — Seneca: oder der Toreador der Tugend. — Rousseau: oder die Rückkehr zur Natur in impuris naturalibus. —

Schiller: oder der Moral-Trompeter von Säckingen. — Dante: oder die Hyäne, die in Gräbern dichtet. — Kant: oder cant als intelligibler Charakter. — Victor Hugo: oder der Pharus am Meere des Unsinns. — Liszt: oder die Schule der Geläufigkeit — nach Weibern. — George Sand: oder lactea ubertas, auf deutsch: die Milchkuh mit ,schönem Stil'. — Michelet: oder die Begeisterung, die den Rock auszieht. — Carlyle: oder Pessimismus als zurückgetretenes Mittagessen. — John Stuart Mill: oder die beleidigende Klarheit. — Les frères de Goncourt: oder die beiden Ajaxe im Kampf mit Homer. Musik von Offenbach. — Zola: oder ,die Freude zu stinken' —" (VIII, 117).

Dieselben Ausfälle finden sich gegen den Sozialismus, jedenfalls wie er ihn sieht, und gegen die moralisch-religiösen Autoritätsansprüche von Christentum und Kirche. Aus diesem Grunde nahm er wie viele Geistesgrößen dieser Jahre leidenschaftlichen Anteil am Kampf gegen die katholische Kirche, einen Kampf, den der liberale Professor der Medizin, der berühmte Pathologe Virchow, als den „großen Kulturkampf der Menschheit" bezeichnete. Man sah darin die längst fällige Befreiung des einzelnen schöpferischen Menschen aus dem Gewissenszwang einer religiösen Gemeinschaft, die auf Intoleranz und Autorität aufgebaut ist. Statt allgemeiner Konformität, statt Dogmengläubigkeit, wollte man Fülle, Kontraste, einen Streit der „freien Geister", um keiner allgemeinen Stagnation anheimzufallen. „Geistiges Leben erwacht nur durch die Notwendigkeit des Kampfes", schrieb Lagarde (S. 127). „Mich reut die Stunde, die nicht Harnisch trug! / Mich reut der Tag, der keine Wunde schlug!", heißt es in „Huttens letzte Tage" von Meyer (I, 288).

Auf politischer Ebene wurde dieser Kulturkampf nach anfänglichem Zögern von Bismarck selbst geführt. Seine Niederlage beweist, daß die heroisch überspannten Ideen der Gebildeten nicht die Ideen des breiten Bürgertums waren und zugleich daß die Kirche mit ihrer seelenbeherrschenden und seelenfangenden Organisation eine ganz andere Macht über die Gemüter hatte als das seelenlos objektive Gebilde des Staates. Das Resultat war ein Kompromiß, da sich Staat und Kirche durch die gemeinsame Front gegen die immer stärker anwachsende Arbeiterbewegung aufeinander angewiesen sahen. Auf diese Weise kam es statt zu der erhofften Liberalisierung zu einer Stärkung der reaktionären Elemente. Wie schnell Bismarck hinter dem kleinen den großen Gegner erblickte, zeigen die 1878 erlassenen „Sozialistengesetze".

Chronologisch spielte sich das Ganze folgendermaßen ab. Seit der Wiederherstellung des Kirchenstaates auf dem Wiener Kongreß (1815) hatte das Papsttum unermüdlich versucht, seinen Einfluß und seine alte Machtstellung innerhalb der europäischen Staaten wiederherzustellen. Dabei wurden zwei Mittel angewandt: erstens der Abschluß von Konkordaten, in denen dem Papsttum die Alleingültigkeit der katholischen Religion zugesichert wurde; zweitens die Verkündigung von Dogmen und Erlassen, die für die gesamte katholische

Christenheit bindend sein sollten. Die beste Einführung in diesen Problemkomplex geben einige Daten und Beipiele. 8. 12. 1854: Lehre von der unbefleckten Empfängnis Mariä öffentlich verkündet. 1851 Konkordat mit Spanien, 1855 Konkordat mit Österreich, 1859 Konkordat mit Baden. 8. 12. 1864: Erlaß der Enzyklika „Quanta cura" durch Pius IX., in der unbedingte Unterordnung des Staates und der wissenschaftlichen Forschung unter die Autorität der Kirche gefordert wird. Im selben Jahr Veröffentlichung des berühmten „Syllabus errorum", einem Verzeichnis aller Irrlehren, die auf der menschlichen Gewissensfreiheit beruhen. 25. 9. 1865: Allokution gegen die Freimaurer als einer verbrecherischen, gegen die heiligen und öffentlichen Dinge sich vergehenden Sekte. Schließlich am 18. 7. 1870 das Dogma von der Unfehlbarkeit des Papstes in allen religiösen Fragen.

Diese steil anwachsenden Souveränitätsansprüche der Kurie riefen in der ganzen politischen und geistigen Welt eine heftige Unruhe hervor, vor allem das selbst fromme Katholiken verwirrende Unfehlbarkeitsdogma. Eine besondere Rolle in diesem Streit spielten die Bischöfe, die durch diesen Erlaß viel von ihrer bisherigen Selbständigkeit verloren. So veröffentlichte Bischof Hefele von Rottenburg eine Schrift mit dem Hinweis, daß Papst Honorius (625—638) die ketzerische Form des Dogmas vom Gottmenschen verkündet habe, worauf die 6. ökumenische Synode über den toten Papst das Anathema gesprochen und diese Verurteilung von seinem Nachfolger anerkannt worden sei. Im selben Jahr erschien ein von weiten Kreisen beachtetes Rundschreiben des Fürsten Hohenlohe, in dem er auf die Gefahren dieser Entwicklung hinzuweisen versuchte. Bischof Ketteler von Mainz beschwor Pius IX. fußfällig, vom Unfehlbarkeitsdogma abzulassen. In München protestierten katholische Gelehrte wie Huber und Döllinger mit ihren „Janus-Briefen" in der Allgemeinen Zeitung. Auf dem von 1869 bis 1870 in Rom tagenden Vatikanischen Konzil gaben bei der ersten Abstimmung von den deutschen Bischöfen nur vier ihr Placet. Am stärksten opponierte der österreichisch-kroatische Bischof Stroßmayer.

Den ersten Wendepunkt bildete der 19. Juli 1870: die Kriegserklärung an Frankreich und die Aufhebung des Kirchenstaates durch Viktor Emanuel. Die deutschen Bischöfe lenkten ein, lediglich katholische Gelehrte wie Döllinger, Schulte und Reintau blieben bei ihrem Protest. Besonders widerspenstige Theologieprofessoren wurden von der Kirche exkommuniziert oder ihres Lehramtes enthoben. Was an altkatholischen Gruppen entstand, bröckelte schnell auseinander oder wurde vom Protestantismus aufgesogen. Fürs erste schien der Papst gesiegt zu haben.

Doch Bismarck gab sich nicht geschlagen, sondern versuchte den taktischen Siegen der katholischen Kirche mit einer Reihe harter gesetzgeberischer Maßnahmen entgegenzutreten. 8. 7. 1871: Auflösung der katholischen Abteilung im preußischen Kulturministerium. 10. 12. 1871: Verabschiedung des sogenannten Kanzelparagraphen im Reichstag, der auch den geistlichen Beruf der strafrechtlichen Verfolgung unterwirft. Eine aktive Unterstützung erfuhr Bismarck dabei in dem preußischen Kulturminister Falk, der im März 1872 das Schulaufsichtsgesetz unterzeichnete, durch das katholische Ordensgeistliche vom Lehrberuf an öffentlichen Schulen ausgeschlossen wurden. Im selben Jahr folgte im Reichstag das Jesuitengesetz. Als Anfang Mai Pius IX. die Ernennung des deutschen Kardinals Hohenlohe als Botschafter beim Heiligen Stuhl als untragbar ablehnte, erklärte Bismarck im Reichstag unter dem Beifall aller Liberalen: „Nach Canossa gehen wir nicht!" Ein weiterer Schlag gegen die Kirche und die inzwischen mächtig angewachsene katholische Zentrumspartei waren die sogenannten Maigesetze von 1873, in denen auch für Theologen eine staatlich überprüfte Vorbildung mit obligatorischem Staatsexamen gefordert wurde und zugleich der Staat ein Einspruchsrecht bei der Besetzung geistlicher Ämter erhielt. Seit 1875 bestand überdies im ganzen Reich die Möglichkeit zu standesamtlicher Eheschließung an Stelle der kirchlichen Trauung. Da die Kirche gegen alle diese Gesetze einen aktiven Widerstand entfaltete, waren bis 1876 alle preußischen Bischöfe in Haft gesetzt oder ins Ausland geflohen, von 4600 katholischen Pfarreien blieben 1300 unbesetzt. Doch jeder Märtyrer, den man schuf, brachte der Zentrumspartei neue Wähler ein, was selbst Bismarck etwas mutlos machte. Daher spürt man seit 1879 ein deutliches Nachlassen der Spannungen. Die Auswirkungen der Weltwirtschaftskrise, sein Übertritt von den Nationalliberalen zu den Konservativen, die katholisierenden Neigungen der Kaiserin, die ultramontane Bewegung in den Rheinlanden und vor allem die „Hydra der Sozialdemokratie", die immer weitere Kreise der Bevölkerung erfaßte, zwangen ihn schließlich zum Einlenken.

Das endgültige Konkordat wurde jedoch erst 1887 mit Leo XIII. geschlossen, nachdem Bismarck 16 Jahre alle diplomatischen Beziehungen zum Heiligen Stuhl abgebrochen hatte.

Trotz dieser vielen Daten und Fakten wäre es verfehlt, den Kulturkampf lediglich als ein historisch genau fixierbares Ereignis hinzustellen. Aufs Ganze gesehen war er weniger ein diplomatischer Krieg zwischen Kirche und Staat als ein geistiger Klimawechsel, der selbst die Nichtbeteiligten erfaßte. In vorderster Reihe stehen selbstverständlich die Politiker und Journalisten. Aber auch Treitschke nimmt an ihm teil, wenn er im Werden der nationalen Einheit einen Sieg des Protestantismus sieht und Rom und Wien als die Vampire des Deutschtums bezeichnet. Noch entschiedener äußerte sich Lagarde, der eine absolute Eindeutschung des Protestantismus und damit Ausschaltung aller artfremden Elemente aus dem religiösen Leben forderte. Dieselben Töne hört man in der Literatur. So sind „Huttens letzte Tage" (1871) eine Streitschrift gegen den Katholizismus und für den Protestantismus, die Meyer am Schluß in den beiden Gestalten Huttens und Loyolas miteinander konfrontiert.

Verse wie „Der Römling, der in unsern Landen haust, / Erbleicht vor der geschienten Edelfaust", gingen schnell von Mund zu Mund und trugen wesentlich zum Erfolg dieses Werkes bei (I, 263). Auch der „Schuß von der Kanzel" (1878) und „Plautus im Nonnenkloster" (1882) lassen sich ohne Kulturkampfstimmung nicht verstehen. Vielleicht sogar der „Heilige" (1879), der in seinen Motiven an das von Meyer tief verehrte Kulturkampfdrama „König Roderich" (1875) von Felix Dahn erinnert. Das gleiche gilt für einige der Stormschen Altersnovellen, vor allem „Aquis submersus" (1876) und „Renate" (1878), in denen die Gestalt des Priesters in einer recht kritischen Perspektive erscheint. Was man hier erst interpretieren muß, liegt in der effektvollen Verserzählung „Tannhäuser in Rom" (1872) von Eduard Grisebach klar auf der Hand, wo es sich um einen modernen Salonritter handelt, der sich nach manchen italienischen Abenteuern wieder heim ins Reich begibt, um als treuer Zollernknecht gegen alle ultramontanen Dunkelmänner zu kämpfen. Auch in Heyses „Kindern der Welt" (1872) wird mit recht offenem Visier gekämpft: hier der schurkische Pfaffe Lorinser, der einen unsauberen Handel mit Mädchenherzen treibt, dort der edle Privatdozent Edwin, für den es nichts Höheres gibt als die geistige Freiheit und Lauterkeit der Seele. Ebenso eindeutig ist seine Novelle „Der letzte Zentaur" (1870), in der ein heidnischsinnenfroher Zentaur in ungenierter Nacktheit in ein oberbayrisches Dörfchen trabt, seinen Kopf durch eine offen stehende Kirchentür steckt, dort jedoch nur ein paar „verstörte Wackelköpfe" und „verwelkte Weiblein" erblickt (VII, 272), und schließlich zum Gaudi der Landbevölkerung mit der hübschen Wirtstochter scherzt, bis ihn der aufgebrachte Pfarrer mit Hilfe der Polizei wieder in die Berge vertreibt. In der Rahmengeschichte wird einem frommen Pfäfflein so mit Wein eingeheizt, daß er seine Kutte von sich wirft und sich heidnisch beseligt im Adamskostüm präsentiert. Zur gleichen Zeit heroisiert Anzengruber in seinem „Pfarrer von Kirchfeld" (1870) den Typ des freigeistigen Priesters und gibt in seinen „Kreuzelschreibern" (1872) eine grimmige Satire gegen die Kirche und ihre Diener.

Auch die bildende Kunst steht in diesem Kampf nicht zurück. Böcklins Predigt des heiligen Franziskus an die Fische wirkt wie eine satirische Polemik gegen jede Form der Heiligenverehrung, wenn auch nicht ganz so treffend, weil zu eigengewichtig als Malerei. Die Zeichnung kann hier wesentlich pointierter und schlagfertiger sein. Darum ist Wilhelm Busch mit seiner Priester- und Heiligenpersiflage, dem „Heiligen Antonius" (1870), der „Frommen Helene" (1872) und dem „Pater Filucius" (1872) viel aggressiver. Bis ins Detail hinein wird hier ein Hohn mit den „heiligsten" Dingen getrieben, bei dem jede andere Zeit nach dem Ketzerrichter oder Staatsanwalt gerufen hätte, und bei dem wir heute viel zu sehr den geistreichen Witz der Zeichnung, den Künstler bewundern, während wir den tiefen Ernst, der bei aller Komik dahintersteckt, weitgehend übersehen (III, 340):

„Und las bei seinem Heiligenschein
Meistens bis in die tiefe Nacht hinein ...
O Heiliger Antonius von Padua
Du kennst uns ja!
So laß uns denn auf dieser Erden
Auch solche fromme Heilge werden!"

Diese auf Philosophie, Geschichte, Dichtung und Malerei ausgedehnte kulturkämpferische Atmosphäre, die nur selten auf den politischen Machtkampf zwischen Staat und Kirche Bezug nimmt — wie etwa in Spielhagens „Sturmflut" Windthorst auftritt und mit dem satanischen Bösewicht des Romans, dem jesuitischen Pfaffen Corinther zusammengebracht wird — greift viel tiefer als der vordergründige Kampf gegen die kirchlichen Institutionen.

Was hier zum Durchbruch kommt, ist eine Stimmung, die sich gegen alle Mächte wendet, die den lebensbejahenden Optimismus, den rücksichtslosen Eroberungsdrang und weltergreifenden Aktivismus der aus der Gemeinschaft herausragenden Genies mit moralischem Muckertum, verlogenen Jenseitshoffnungen und Autoritätsansprüchen zu Boden zwingen möchte. Hierhin gehört Nietzsches Kampf gegen das Christentum und die Religion überhaupt. „Was wäre da zu schaffen, wenn Götter — da wären!" (VI, 123). Dasselbe gilt für seine Freude an der Polemik, an der kriegerischen Lebenshaltung an sich, das heißt der gestaltenden, überlegenen Kritik des Witzes und der Aggressivität der Sprache. Den Gegner zu schmähen, mit zündenden, ruhmheischenden Worten anzuprangern, ist ihm manchmal ebenso wichtig wie ihn niederzuwerfen. So nennt er Dühring ein „Moral-Großmaul". Hanslick hatte für Wagner, Böcklin für Leibl, Lagarde für Bismarck kaum schonendere Namen. Immer wieder fühlt man sich an die homerischen Helden erinnert, die sich vor dem Kampf mit den unflätigen Worten in den Kot zu ziehen versuchen, bevor sie den anderen zu Boden stoßen. Genau das will Nietzsches Sprache: Wortkunst und Witz um ihrer selbst willen, zugleich aber Krieg bis aufs Messer.

Ob es sich dabei um Sozialismus, Christentum, Künstler oder Politiker handelt, hat oft nur untergeordnete Bedeutung. Was ihn interessiert, ist lediglich das Gefühl der eigenen Souveränität, das sich in dieser polemischen Haltung manifestiert (VIII, 367):

Das neue Testament

Dies das heiligste Gebet-,
Wohl- und Wehebuch?
— Doch an seiner Pforte steht
Gottes Ehebruch!

Beim Anblick des Schlafrocks

Kam, trotz schlumpichtem Gewande
Einst der Deutsche zu Verstande,
Weh, wie hat sich das gewandt?
Eingeknöpft in strenge Kleider,
Überließ er seinem Schneider,
Seinem Bismarck — den Verstand!

Dieser aktive, kriegerische, erobernde Geist hat zur Folge, daß der unterhaltende Roman und die motivisch wohlüberlegte Novelle, überhaupt die schöne Literatur nicht zu den charakteristischen Äußerungen dieser Zeit gehört, sondern daß die Reden der großen Parlamentarier wie Laskers Polemik gegen den Gründerschwindel, daß Bismarcks Reden und Wirken, daß die großen Geschichtswerke, auch Treitschkes, bedeutsamer sind als die literarischen Erzeugnisse dieser Ära. Unter diesem Gesichtspunkt bilden die Schriften Nietzsches einen fragwürdigen und zugleich imponierenden Höhepunkt der gesamten Epoche, und zwar weder als logische Gedankengebäude noch als philosophische Weisheiten, sondern als dichterischer Ausdruck einer Zeit, die auf Grund ihrer aggressiven Gesinnung ständig zum Schlagwort, zur rhetorischen Phrase drängt.

DIE ABSAGE AN DEN LIBERALISMUS

DER WILLE ZUR MACHT

Der Heroenkult und die Verherrlichung des Krieges wiesen immer stärker auf die ideologischen Hintergründe dieser Jahre hin, deren Sprecher und Philosoph Nietzsche geworden ist. Von vornherein in seinen Werken in diese Richtung steuernd, trotz Schopenhauer und Wagner, aus deren Banden er sich allmählich befreit, schreibt er seine Hauptwerke erst am Ende der Gründerzeit, das heißt in den späten siebziger Jahren und im folgenden Jahrzehnt, das schon die heftigste Opposition gegen die Gründerzeit enthält, die sozialen Tendenzen des Naturalismus. Aber gerade diese Gegenbewegung hat seiner Weltanschauung, die wie Geschichtsschreibung und Philosophie meist post festum kommt und das zusammenfaßt, was sich von rückwärts besser überschauen läßt als zu Anfang, ihren leidenschaftlichen Ausdruck, den Schrei eines in der Sturmflut Ertrinkenden gegeben. Was man bei anderen erst zusammensuchen müßte, ist hier in jedem Wort zu greifen. Man tut daher gut daran, immer wieder auf sie zurückzukommen — schon aus Gründen des geistigen und stilistischen Niveaus.

Drei Ideen sind es, die auf dem Boden des zeitgenössischen Heroenkults und der allgemeinen Kriegsschwärmerei erwuchsen und als Forderung auftraten: der Wille zur Macht, das Problem das Ranges und die Absonderung von der Masse als ethisches Postulat. Um sie zu verstehen, und zwar als Kritik und Reaktion auf die bürgerlich-liberale Tradition des 19. Jahrhunderts, müssen wir sie an den Grundlagen dieser Haltung messen. Das sind die Ideen der Französischen Revolution — Freiheit, Gleichheit, Brüderlichkeit — die, durch mannigfache reaktionäre Gegenströmungen unterbrochen, die politische Bewußtseinsbildung des liberalen Bürgertums in der ersten Hälfte des 19. Jahrhunderts weitgehend beeinflußt haben. Allen voran die Idee der Freiheit, die bald zu den unveräußerlichen „Menschenrechten" zählte und je nach weltanschaulicher Orientierung auf Gott, die höchste Vernunft oder die Natur zurückgeführt wurde.

Freiheit bedeutet seit alters her: Freiheit vom Zwang, der durch die Gewalt und die Macht der Stärkeren auf den Einzelnen ausgeübt wird, ganz gleich wodurch diese Macht erworben ist, durch physische Überlegenheit, Leibesstärke, durch organisierte Gewalt der sich zur Machtgewinnung verbindenden Einzelmächte oder durch käufliche Erwerbung der zur Machtgewinnung und Machtausübung geeigneten Personen. Die Macht, die jemand besitzt, seinen Willen dem anderen aufzunötigen, über den Willen anderer zu verfügen, nennt man Herrschaft, die Befolgung des Willens der Macht-haber — Dienst. Es ist also immer die Freiheit der Unterworfenen von der Herrschaft der Mächtigen, des absoluten Alleinherrschers oder einer herrschen-den Kaste, worum revolutionäre Gruppen zur Verwirklichung ihres politi-schen Selbstbewußtseins kämpfen. Seit der Französischen Revolution glaubte man das Mittel, die Macht einer angemaßten und durch Tradition gefestigten Monarchen- oder Adelswillkür zu brechen, in der Teilnahme an der Gesetz-gebung gefunden zu haben, sei es durch Volksabstimmung oder Vertreter-gruppen, sogenannte Parlamente. Demokratie, Volksherrschaft nannte man diese neue Form der Gesellschaft, bei der das Wort „Herrschaft" freilich nicht zu vermeiden war. Vor allem aber verlangte man das Recht der freien Mei-nungsäußerung im gesprochenen oder geschriebenen Wort, Freiheit des Den-kens und des Glaubens, ja sogar die Freiheit, glaubenslos zu sein. Die Konse-quenz dieser Entwicklung war die mehr oder minder radikale Ablehnung aller Autoritäten von dieser und von jener Welt. Auch wirtschaftlich wurde die Freiheit des Handelns zum beherrschenden Ideal, und zwar in der Hoffnung, daß, wenn jeder seinen eigenen Vorteil ohne Rücksicht auf den anderen in freier Konkurrenz verfolgt, für die Allgemeinheit der größtmögliche Effekt dabei herausspringt. Die frühsten Akte dieser Befreiung waren die Abschaffung der Leibeigenschaft und der Sklaverei. Ihnen folgte das liberale Verlangen nach absoluter Selbstbestimmung, nach Verwirklichung der an-geborenen „Menschenrechte".

Durch alle diese Bestrebungen erhielt die Idee der Freiheit einen kaum zu überbietenden Selbstwert, der ohne Rücksicht auf materielles Wohl als höchstes Gut in Lied und Wort verherrlicht wurde: Freiheit, die ich meine, die mein Herz erfüllt, komm mit deinem Scheine, süßes Engelsbild — Lever dod als Sklav'!

Die Gründerzeit, die bereits auf das Scheitern der Achtundvierziger Revolu-tion zurückblickt, dachte darüber anders und war bereit, den Weg zur Un-freiheit, das heißt zur Macht einzelner, bis zum äußersten zurückzugehen, indem sie den Willen zur Macht als den eigentlichen Lebenswillen, als die Grundlage aller Ethik proklamierte. War nicht Bismarcks Auftreten Beweis genug, daß nicht das Volk, sondern der große Einzelne der entscheidende Faktor auf der politischen Bühne ist? Hier liegt selbst für Nietzsche, den scheinbaren Antipoden dieses Geistes, die unterschwellige Selbstidentifizie-rung mit dem allgemeinen Bonapartismus dieser Jahre. Leben bedeutet für ihn Wille zur Macht, Freiheit für die Großen und Unfreiheit für die Masse, um nicht in demokratischer „Nivellierung" auch den Großen die letzte Frei-heit zu nehmen. Er kommt daher immer wieder auf seine Theorie von einem sich in allem Geschehen abspielenden Machtwillen zurück. Das Dasein in der Natur hat für ihn einen rein überwältigenden organischen Charakter. „Herr werden" ist sein Ziel, nicht das demokratische Ideal der Anpassung, das die

Antinomie zwischen dem Einzelnen und der Gesellschaft durch eine wechselseitige Übernahme von Pflichten und ein Abtreten gewisser Rechte auszugleichen versucht. Was er sich unter dem menschlichen Dasein vorstellt, ist der „Wille und Weg zu größerer Macht ... auf Unkosten zahlreicher kleinerer Mächte" (VIII, 371). Er glaubt damit, den Willen zur Macht in etwas Positives umzuinterpretieren, indem er Macht gewinnen, Macht haben, Macht ausüben zu den den Menschen antreibenden, befriedigenden oder gar beglückenden Funktionen zählt. Den Urtyp dieser Machtausübung wie alles Befehlens, Vergewaltigens und Unterwerfens sieht er im Krieger, im Heer, und zwar im Sinne einer den Schwächeren überwindenden Kraft. Hier gilt, daß der Höhere, das heißt der Bessere, der Stärkere ist. Die Perspektive geht also rein vom Heroischen, Übermenschlichen aus. Nicht die Gewinnsucht wird als die treibende Kraft hingestellt, sondern ein primärer und damit abstrakt bleibender Wille zur Macht. Daß es daneben auch einen Willen zum Dasein, zum Leben gibt, weiß jeder Kranke, jeder Ertrinkende, jeder Unterjochte, der sich demütigt um des Lebens willen. Daß es ebensogut einen Willen zur Arbeit gibt, zum Werk, weiß jeder Schaffende. Nietzsche scheint dies nicht zu wissen oder nicht wissen zu wollen. Daher interpretiert er sogar das Werke-Schaffen als Machtausübung und Machtgewinnung und nicht als echte Produktion. Der Philosoph ist ihm der caesarische Züchter der Kultur, der sich die Aufgabe stellt, mit der „rücksichtslosesten Tapferkeit" auf die Verbesserung der als veränderlich erkannten Seite der Welt loszugehen. Während noch Jacob Burckhardt behauptet hatte: Die Macht ist böse von Grund auf, wird bei ihm geradezu eine Ethik des Machttriebes entwickelt:

„Was ist gut? — Alles, was das Gefühl der Macht und den Willen zur Macht, die Macht selbst im Menschen erhöht.

Was ist schlecht? — Alles, was aus der Schwäche kommt.

Was ist Glück? — Das Gefühl davon, daß die Macht wächst, — daß ein Widerstand überwunden wird.

Nicht Zufriedenheit, sondern mehr Macht; nicht Friede überhaupt, sondern Krieg; nicht Tugend, sondern Tüchtigkeit.

Die Schwachen und Mißratenen sollen zugrunde gehen: erster Satz unserer Menschenliebe. Und man soll ihnen noch dazu helfen. Was ist schädlicher als ein Laster? — Das Mitleiden der Tat mit allen Mißratenen und Schwachen — das Christentum ..." (VIII, 218).

Macht erscheint hier rein als Vergewaltigung, als unmittelbare körperliche Züchtigung und Grausamkeit, als Zerstörung des Lebens anderer. Deshalb erläutert Nietzsche den Machttypus am liebsten an Zuständen und Personen, in denen sich die Macht in brutaler Vernichtung, in wilder Zerstörungswut kundgibt, wie den „schweifenden blonden Bestien" der Völkerwanderungszeit, die sich körperlich stark, unkultiviert und ungebrochenen Willens über die Menschen alter Kulturen stürzten und alles vernichteten, was sich ihnen in den Weg stellte. Aus demselben Grunde schwärmt er für Cesare Borgia, diesen Verbrecher in der Kardinalsrobe, der mit Gift und Dolch seine Gegner beseitigte und für das zügellose Machtlieben seiner Begierden alle Macht, die ihm sein christliches Amt gegeben, einsetzte:

> „Ich sehe ein Schauspiel, so sinnreich, so wunderbar paradox zugleich, daß alle Gottheiten des Olymps einen Anlaß zu einem unsterblichen Gelächter gehabt hätten — Cesare Borgia als Papst ... Damit war das Christentum abgeschafft. Was geschah? Ein deutscher Mönch, Luther, kam nach Rom. Dieser Mönch, mit allen rachsüchtigen Instinkten eines verunglückten Priesters im Leib, empörte sich in Rom gegen die Renaissance ... Das Christentum saß nicht mehr auf dem Stuhl des Papstes, sondern das Leben! Sondern der Triumph des Lebens! Sondern das große Ja zu allen hohen, schönen, verwegenen Dingen!"
> (VIII, 311).

Diese Schwärmerei für die Gewaltmenschen der Renaissance, den Condottiere-Typus, ihre Rücksichtslosigkeit und ihr egoistisches Machtstreben hat zweifellos am Bilde des Übermenschen mitgeformt. Diese Menschen schweben Nietzsche vor, wenn er schreibt:

> „Die Geschichte ruft den Leidenschaften, Neid, Haß, Wetteifer zu: Mißhandelt und quält die Menschen! Treibt sie zum äußersten! Den einen wider den anderen, das Volk gegen das Volk! Dann flammt vielleicht gleichsam aus einem beiseitefliegenden Funken der dadurch entzündeten fruchtbaren Energien auf einmal das Licht des Genius empor! ...
> Die schrecklichen Energien — das, was man das Böse nennt — sind die zyklopischen Architekten und Wegebauer der Humanität" (II, 231).

Humanität ist hier selbstverständlich im Sinne Nietzsches gemeint, nicht Menschlichkeit in unserem Sinne, sondern Menschlichkeit im Sinne des Übermenschen, des Machtmenschen, und zwar in einseitiger Verabsolutierung des griechischen Wettkampfeifers, der den Körper kampftüchtig erhält und für den der Krieg der Vater aller Dinge ist.

Anstatt sich für die begriffliche Analyse der Macht zu interessieren, geht es ihm lediglich um die unmittelbare Besessenheit, das Auszeichnende und den Rang Bestimmende. Im Vordergrund seiner Machteinschätzung steht daher das „Gefühl der Fülle, der Macht, die überströmen will" (VII, 240). „Leiden sehen tut wohl, Leiden machen tut wohler ... Ohne Grausamkeit kein Fest" (VII, 355). Daß Macht auch etwas Dauerndes sein kann, daß zwar durch Gewalttaten erworben wird, aber erst dann Macht ist, wenn die Verfügung über den Willen anderer ohne Gewaltanwendung funktioniert, wäre ihm als ein Verstoß gegen das sich ewig wandelnde Leben erschienen, als eine Unterdrückung des eigentlichen Willens zur Macht. Eine solche Verfügung über den

Willen anderer kann sowohl im Hinblick auf Krieg und Gewaltanwendung bestehen, also militärisch, als auch im Rahmen der lebenserhaltenden und kulturellen Funktionen in einem Gemeinwesen. Ja Macht kann geradezu die Aufgabe haben, Gewalttaten zu verhindern und es nicht zum Krieg einzelner gegen einzelne oder aller gegen alle kommen zu lassen. Die Macht kann mit anderen Worten eine ordnende Funktion haben und ihre Anwendung in einem Sinne erfolgen, daß Gewalttat ein Verbrechen wäre. Eine solche Funktion der Macht nennen wir moralisch. Darum ist bei Nietzsche gerade die Moral daran Schuld, wenn eine an sich mögliche, höchste Mächtigkeit und Pracht des Typus Mensch niemals erreicht wird. Nicht die guten, sondern die bösen Geister sind für ihn die treibenden Energien der Menschheit. Nur sie können die eingeschlafenen „Leidenschaften" immer aufs Neue entzünden. „Die Menschheit als Masse dem Gedeihen einer einzelnen stärkeren Spezies Mensch geopfert — das wäre ein Fortschritt", ist seine Parole (VII, 371). Freiheit für jedermann gilt dàgegen als absolute Verflachung, Nivellierung und damit Untergang der Kultur. So kommt er notgedrungen dazu, in den wesentlichen Errungenschaften der Französischen Revolution und der sich daraus entwickelnden bürgerlichen Freiheitsbewegung keinen Fortschritt, sondern einen Rückschritt der Kultur zu sehen, selbst in der Aufhebung der Leibeigenschaft und der Sklaverei. Schon in der „Geburt der Tragödie" (1871) stellt er die These auf, daß zum Wesen einer echten Kultur das Sklaventum gehöre, fügt aber noch bedauernd hinzu, daß es dem Geier gleiche, der dem prometheischen Förderer der Kultur an der Leber nage. Diese Skrupel fallen später weg. Rangordnung und Wertverschiedenheit werden immer stärker in der Konfrontation von Herren und Sklaven gesehen. Das Modell dafür bot die antike Kultur, deren Wettkampfeifer, deren herrisches Wesen ohne Sklaverei gar nicht möglich gewesen wäre. Man fragt sich, welchen Sinn solche Parallelen haben? Eigentlich zeigen sie nur, wie stark der Klassizismus, die Rückwendung zur Antike an dieser Schätzung der Macht und allem Kriegerischen beteiligt war, und zwar selbst bei denen, die wie Nietzsche nur durch Philologie und Archäologie zu diesem Standpunkt gelangt waren und zur Zeit der Griechen wahrscheinlich zu den Sklaven gehört hätten. Doch solche Probleme werden genial übersehen. Was daher die Aufhebung der Sklaverei, dieser ungeheure Fortschritt in der sozialen Struktur der Menschheit, in Nietzsches Augen so negativ erscheinen läßt, wie sehr er sich durch seine Verflechtung mit der Antike in seiner Macht- und Übermenschenideologie bestärkt fühlte, hat er als laudator temporis acti und Kritiker des bürgerlichen Liberalismus in folgende Äußerungen gepreßt:

> „Die ganze Arbeit der antiken Welt umsonst: Ich habe kein Wort
> dafür, das mein Gefühl über so etwas Ungeheures ausdrückt. — Und in
> Anbetracht, daß ihre Arbeit eine Vorarbeit war, daß eben erst der Unter-
> bau für eine Arbeit von Jahrtausenden mit granitenem Selbstbewußtsein

gelegt war, (eben zu Nietzsches Übermenschen) — der ganze Sinn der antiken Welt umsonst! ... Wozu Griechen? Wozu Römer? —" (VIII, 307).

Die Griechen, die hier gemeint sind, gleichen eigentlich eher renaissancehaften Übermenschen als den Griechen des perikleischen Zeitalters. Was er darzustellen versucht, ist die Idee, die Vision, nicht die Realität. Das beweist, wie stark historisch Nietzsches Willen zur Macht gesehen ist, wieviel Reaktion, gegenwartsfremde, gegenwartsfeindliche Haltung in ihm zum Ausdruck kommt. Eine gegenwartsnahe Würdigung der Macht, etwa der durch den Krieg von 1870/71 geschaffenen Machtverhältnisse, lag ihm völlig fern. Dafür hatte er nur Spott und Hohn übrig, jedenfalls an der Oberfläche — „Das Reich muß uns doch bleiben" (VIII, 128). An sich hätte es doch nahegelegen, von den Macht- und Ohnmachtsverhältnissen, den Herren- und Sklavenformen seiner eigenen Zeit auszugehen, das heißt dem Gegensatz zwischen Unternehmern und Lohnsklaven im Rahmen der gerade in der Gründerzeit so mächtig anschwellenden Großindustrie. Aber in dieser Welt wäre kein Platz gewesen für den Nietzsche vorschwebenden Typ des Übermenschen, für einen Ausbeuter im Sinne der „schweifenden blonden Bestie". Daher erschienen ihm die Gründerkönige ebenso verwerflich wie die Heloten dieser Ära, die Arbeiterheere. Und doch läßt sich dieser Wille zur Macht nicht abstrakt begreifen, sondern ist in das Gründerklima eingebettet wie der Kern in der Schale, gleichsam die philosophische Essenz des machtvollen Bereicherungstriebes auf ökonomischer Ebene. Zu dieser Einkleidung gehört, daß Nietzsche nie direkt von der Macht und ihren Möglichkeiten redet, sondern nur vom Gefühl der Macht, vom Willen zur Macht, also einer Macht, die man selbst noch nicht besitzt. Seine Streberei nach Macht wirkt daher wie der Wunsch und Wille derer, die noch außerhalb der aktuellen Machtsphäre stehen, der Emporkömmlinge, und läßt sich deshalb mit der ressentimentgeladenen Haltung jener Parvenüs vergleichen, die durch Geschäft und Schiebung groß geworden sind und sich mit Hilfe des Geldes allmählich jenen nähern, die nach alter Tradition die Macht verwalten, der aristokratischen Oberschicht und die trotz ihres Reichtums den Abstand fühlen, der sie von den wirklich Mächtigen und über Gelderwerb und Arbeit Erhabenen trennt. Zu diesen Reichen, Besitzenden, aber im Grunde Ohnmächtigen, rechneten sich auch die geistig Reichen, die Schriftsteller, Künstler, Gelehrten. Unter dem Druck der Verehrung, die ihnen die Gründerzeit entgegenbrachte, begannen auch sie, Macht über Menschen, Auserwähltsein im Sinne der Herrschenden als ein erstrebenswertes Gut zu schätzen, umso mehr sie fühlten, daß ihnen bei aller geistigen Überlegenheit doch die Anerkennung durch die Machtsphäre des Adels, des Militärs nicht voll zuteil wurde, da sie auch die höchste Leistung nicht befähigte, derengleichen zu sein oder hoffähig zu werden. So spielt in der gründerzeitlichen Literatur gerade die Zurücksetzung der aufstrebenden bürgerlichen Intelligenz gegenüber dem Vorrang der herrschenden Klasse, besonders des Militärs, eine große Rolle. Dafür ein Beispiel aus Spielhagens „Sturmflut":

> „Die adlige Generalstochter würde den sehr bürgerlichen Lotsenkommandeur mit höchst verwunderten braunen Augen ansehen, wenn er es wagen wollte, die seinen allen Ernstes zu ihr zu erheben; und für den Herrn General bin und bleibe ich der Reserveleutnant — ein Etwas, das nicht Fisch, nicht Fleisch ist und das man sich nur im Falle der Not — und auch dann nur mit innerem Widerstreben — gefallen läßt. Ich dächte, du hättest es erfahren! Und gesetzt, das Unwahrscheinliche würde Wirklichkeit: Du könntest dir die Liebe des schönen Mädchens, die Freundschaft des Vaters erwerben — auf welche Gesellschaft würdest du in Zukunft angewiesen sein? Würde es dich sehr freuen, dem Herrn Grafen Golm, dem Herrn von Strummin und Genossen noch recht oft zu begegnen? Aus ihren Mienen, ihren Blicken zu lesen: was will der Mensch in unserer Mitte, kann er nicht bei seinesgleichen bleiben?" (VIII, 84).

Im Gefolge der allgemeinen Wehrpflicht war zwar den Bürgerlichen der Zugang zum Offizierscorps erschlossen worden, aber doch nur, um erst recht zu beweisen, wieviel höher der militärische Rang gegenüber den Verdiensten der Schaffenden gewertet wurde. Wie stark der Wille zur Macht bei den bisher Zurückgesetzten war, beweist die Tatsache, daß sich jeder Professor oder Weinreisende mit Stolz den „Leutnant der Reserve" auf seine Visitenkarte setzen ließ. Dabei wurden diese Reserveleutnants oder Konzessionsschulzen, wie man den einen Bürgerlichen in adligen Regimentern nannte, im Heere gar nicht voll genommen. Selbst Nietzsche war stolz auf seine Dienstzeit als Einjähriger, seine Heldenzeit. Gerade sein Wille zur Macht ist daher weitgehend der überspannte Ausdruck eines ressentimentgeladenen Verlangens, auch zu der Machtsphäre der Herrschenden und Kriegerischen zu gehören, einer Gesellschaft, die ökonomisch und geistig aus einer ganz anderen Welt stammte. Durch diese Verwechslung der Werte — von Intelligenz und Macht — haben er und andere, schon aus ungeheurem Selbstrespekt vor ihrer eigenen Person, immer wieder mit ihrem Schaffen im Grunde feindlichen Schichten sympathisiert, den Plutokraten und Militärs, die sie hätten verachten und bekämpfen müssen. Das ist der Verrat der Geistigen der Gründerzeit, Nietzsche ihr prominentester Sprecher.

Um diese Abwendung von den liberalen Tendenzen der ersten Jahrhunderthälfte ganz zu verstehen, bedarf es noch einer Besinnung über den Zusammenhang von Geist und Kapital. An sich ist Geld und Geldbesitz das Ungeistigste auf der Welt. Selbst die auf körperliche Kraft gegründete Macht ist als Ordnungsprinzip geistiger als das Geld. Dazu kommt, daß der bloße Besitz des Geldes noch keine Macht bedeutet. Was hier die Macht verschafft, ist lediglich die Anwendung dieses Besitzes, die einer gewissen Unterstützung von seiten der Mächtigen bedarf, um sich wirklich als Macht entfalten zu können. Daher wäre der Fabrikant oder der Kaufmann, der sich durch seine Geschicklichkeit ein Vermögen erworben hat, an sich völlig ohnmächtig und seines Besitzes nicht sicher, wenn es nicht eine Macht gäbe, die ihm diesen Besitz garantiert. Kein Wunder also, daß es die Besitzenden stets mit der Macht halten und nach Macht, das heißt nach Aufnahme in die Machtgemeinschaft der Herrschenden streben und im Machtgefühl oder Macht-fühlen-lassen einen besonderen Wert sehen, den sie sich etwas kosten lassen. Der liberale Freiheitsbegriff des frühen 19. Jahrhunderts wurde daher schnell nach oben verengt, das heißt die Vorstellung, daß ein menschenwürdiges Dasein nur im Gefühl der Unabhängigkeit bestehe, nur noch auf die Besitzenden angewandt und damit in ihr Gegenteil verkehrt. Eine solche Entwicklung war erst durch die Entstehung der Rente, des arbeitslosen Einkommens möglich geworden, die es den kapitalkräftigen Kreisen gestattete, von dem Ertrage der Arbeit anderer, das heißt von den Zinsen zu leben, die man aus den ererbten Geldsummen zog. Gerade dieser Tribut, den die Arbeitenden den sorgenfreien Nutznießern der Rente brachte, wurde als eine besondere Form der Machtausübung empfunden, ohne die keine gesellschaftliche Ordnung möglich sei. Zu diesen Freien, von der Arbeit um das tägliche Brot Befreiten, wollten selbstverständlich auch die freien Schriftsteller und Künstler gehören, denen zu dieser Freiheit zwei Wege offenstanden: entweder die Bedürfnislosigkeit des Bohemiens oder die Bindung an das Kapital und seine Macht, sei es mit Hilfe eines Mäzenats oder — der bequemste Weg — mit Hilfe einer Erbschaft. Auf diese Weise entstand auf dem so widerspruchsvollen Weg der Befreiung des Menschen der Anspruch der Wohlhabenden auf ein von der Masse abgesondertes Bildungsprivileg, verbunden mit dem Anspruch des Genies, auch in der Machtsphäre nach dem höchsten Titel zu greifen. Daher liegt fast allen Werken dieser Ära ein „geistiger Caesarismus" zugrunde, wie sich Nietzsche ausdrückte (XII, 203), der sich mit der Pose des Herrscherlichen umkleidet. Überall werden Aufstiege geschildert, die man mit dem angeborenen Recht des Stärkeren legitimiert, wobei man den Stärkeren des Geistes oft mit dem Stärkeren der Kraft verwechselt. Vom „Jürg Jenatsch" über die Künstlergestalten bei Heyse bis zum „Zarathustra" zieht sich eine geschlossene Reihe von machtbesessenen Gründernaturen, für die jede Handlung nur ein Schrittstein zu Ruhm und Größe ist. Man spürt deutlich, daß es sich hier um Werke handelt, deren Autoren sich als Schöpfer unvergänglicher Leistungen fühlen und von der Mitwelt wie Halbgötter eingeschätzt werden wollen. Nichts scheint ihnen ferner zu liegen als die Sorge um das tägliche Brot. Wie ihre Gestalten wollen sie über dem Alltäglichen stehen: machtvoll, versorgt. Für die Künstler, jene „müßigen Olympier", an denen das Glück der ganzen Menschheit hängt, haben die „Tätigen (seien sie Arbeiter oder Bankiers oder Beamte) mit ihrer

Überarbeit zu sorgen", schrieb Nietzsche von oben herab (XI, 79). Das Ergebnis dieser Entwicklung war ein „Wille zur Macht", der sich manchmal fast ins Groteske überschlägt, zumal manche Geldleute, Männer wie Conrad Fiedler, sich wirklich herbeiließen, neben der Fürstlichkeit des Genies verehrend beiseite zu treten. Nur so läßt sich verstehen, daß in dem Kampf der Arbeiter gegen das Kapital, den Bismarck mit brutalen Zwangsmaßnahmen zu unterdrücken versuchte, die Künstler weitgehend auf die Seite des arbeitslosen Einkommens, der Rente, stellten. Sie vergaßen, daß sie auch Schaffende sind und daß ihr Platz eigentlich bei diesen gewesen wäre. Trahison des clercs.

Die Form, in der sich diese Zugehörigkeit zur Machtsphäre, der Eintritt in die regierende herrschende Klasse bei den Besitzenden des Geldes und noch mehr bei den Besitzenden des Geistes vollzog oder vollziehen sollte, war die Teilnahme an Rang und Ehre, für die man den Personenkult bereit hatte. Dies führt zum zweiten Problem der Auseinandersetzung mit dem Liberalismus, dem Problem des Ranges.

DER RANG

Rang ist eine Auszeichnung, die von oberen Instanzen verliehen wird, also ein Vorrecht, unter dem die weniger Rangvollen oder Ranglosen zu leiden haben, seelisch oder materiell. Materiell, indem mit dem niederen Rang oder der Ranglosigkeit Tribute, Lasten, Arbeiten, körperliche Züchtigungen oder Freiheitsberaubungen verbunden sind, seelisch, indem damit Demütigungen, Unterwürfigkeiten oder Ehrenbezeugungen gegen Höhere zusammenhängen können, die das Selbstgefühl der Niederen verletzten oder beeinträchtigen. Wesentlich für Rang und Ranggefühl ist, daß er nicht für sich bestehen kann, sondern daß die Zugehörigkeit zu einer Ranggemeinschaft die Macht vermittelt. In allen Klassen- oder Kastengesellschaften wird daher Rang als höchstes Prinzip angesehen. Der Eintritt oder die Aufnahme in eine Ranggemeinschaft gilt hier als etwas Beglückendes, als ein außerordentliches Ereignis, das eine besondere Feier rechtfertigt. Die kultischen Riten älterer Staats- und Religionsgemeinschaften liefern dafür eine Fülle sprechender Beispiele. Ein wesentlicher Punkt dabei ist, daß Ranggemeinschaften stets die Tendenz enthalten, sich voneinander abzuschließen, indem sie den Verkehr mit niederen Ranggemeinschaften und deren Mitgliedern meiden, willentlich die Distanz markieren, bewußt gegen die unteren Ränge, unfreiwillig und gezwungen gegen die oberen Ränge, die sich ihnen gegenüber verschließen. Das Problem des Ranges ist daher von oben betrachtet nichts anderes als das Problem der Gleichheit von unten gesehen. Die Gleichheit, die Rousseau in seinem berühmten „Discours sur l'origine et les fondements de l'inégalité parmi les hommes" (1754) erörtert, läßt sich darum als Forderung der Französischen Revolution und des aufkommenden Bürgertums nur als Standesfrage verstehen. Was das Bürgertum in ihrem Zeichen verlangt, ist die Gleichheit des Ranges und damit die Abschaffung aller klerikalen und feudalaristokratischen Privilegien, mit denen man die Bourgeoisie bisher zu entrechten versuchte. Gleichheit bedeutet hier, daß alle Menschen den gleichen Rang für sich in Anspruch nehmen oder, was auf dasselbe hinausläuft, daß alle Rangunterschiede abgeschafft werden sollen. Denn Rang kann nur da bestehen, wo es eine Hierarchie der Machtverhältnisse gibt, deren höchste Spitze der Herrscher, der König oder Diktator ist. Am deutlichsten drückte sich diese Rangordnung beim Militär oder innerhalb der regierenden Beamtenschaft aus. Mit gleichen Titeln, gleicher Uniform oder gleichen Abzeichen versehen, gab es Schichten von Mächtigen und Gleichrangigen, die gerade, weil man sie von oben mit arroganter Herablassung behandelte, wie die kleinen Könige auf ihre Untergebenen herabsahen, an denen sie mit dem typischen Untertanenkomplex ihre verdrängten Aggressionen auslassen konnten. „Die Legitimisten brauchen einen Herrn, um Diener haben zu können", hieß es schon in der Restaurationsepoche. Diese Ranggemeinschaften hatten im Laufe der Jahrhunderte eine solche Zahl von Verhaltensmaßregeln ausgebildet, daß man von einer höchst differenzierten Psychologie der Rangunterschiede, Überlegenheiten oder Verehrungszeremoniellen sprechen kann. So sah sich die Französische Revolution Rangunterschieden gegenüber, von denen wir uns heute kaum noch eine Vorstellung machen können, obwohl die Tradition der Rangwerte noch immer eine gewisse Rolle spielt, unterstützt durch die vielen Restaurationen der Rangwerte im 19. und frühen 20. Jahrhundert. Gegen diese Rangverschiedenheiten und die damit verbundenen Privilegien auf der einen, Benachteiligungen auf der anderen Seite erhob man die Forderung der Gleichheit, besonders stark getragen vom dritten Stand, vom Bürgertum, und zwar gegen Königtum und Adel, sinngemäß aber auch gegen die Kirche, gegen Priester und Heilige, in der sich dieselben Macht- und Rangstufen mit denselben Vorzeichen der Ehren und Geltungen wie beim Militär entwickelt hatten. Diese Gleichheit, die in der Gleichheit vor dem Recht, der Gleichberechtigung in allen Fragen des öffentlichen und gesellschaftlichen Lebens kulminieren sollte, führte zu einer Kunst, die sich nicht die Aufgabe setzte, durch Denkmäler, Ahnenbilder, Oden, Hymnen, Widmungen und Lobpreisungen hochgestellte Personen zu feiern, sondern das schlichte, bisher ranglose Leben bürgerlicher oder bäuerlicher Personen bildwürdig werden zu lassen. In dieser thematischen Verschiebung ist zugleich eine Revolutionierung der Kunst enthalten. Schrittweise kann man verfolgen, wie Hof, Adel, Heer und Heilige im Bild verbürgerlicht werden, bis schließlich der Bürger selbst an die Stelle der höfischen oder religiösen Apotheose tritt. Die Geschichte des frühen 19. Jahrhunderts ist daher ein einziger fortschreitender Kampf gegen die Herrschaftsfunktionen der bevorzugten Stände und die gesetzgebende Gewalt der Monarchen, ein Kampf um das freie und allen Bürgern gleichmäßig zustehende Wahlrecht, ein Kampf um die Gleichberechtigung aller, was Macht und Rang betrifft. Da sich diese radikale Gleichberechtigung im Rang vorerst nicht durchsetzen konnte, und sich die Mächte des Ancien régime nach der Niederwerfung Napoleons zu einer weitgehenden Restauration der vorrevolutionären Zustände zusammenfanden, kam es zum Sichbegnügen in der Sphäre eines bürgerlichen Daseins, eines heimlichen Familienglücks, das sich mit der Teilnahme an der Natur und der inneren Selbstbereicherung durch Wissenschaft, Kunst, Musik und Literatur zufrieden gab, wie es für die Epoche des Biedermeiers bezeichnend ist. Aktiver wird das nach Gleichheit strebende Bürgertum erst in den fünfziger und sechziger Jahren, trotz der gescheiterten Achtundvierziger Revolution, deren Zusammenbruch mehr ein politisches als ein wirtschaftliches

Desaster bedeutete und damit eine Epoche bürgerlichen Arbeitseifers, erster Vermögensansammlungen und damit bürgerlichen Selbstbewußtseins einleitete. Was sich hier an Gleichberechtigungsvorstellungen anzubahnen scheint, wird jedoch durch die Gründerzeit wieder beiseite gefegt. Die dominierende Gestalt Bismarcks, die Restauration des Kaisertums, die Kapitalisierung der großbürgerlichen Schichten: sie alle trugen dazu bei, daß es wieder zu scharfen Rangklassen kommt, wie sie in den Romanen und Novellen von Heyse und Spielhagen gespiegelt werden.

Rang kann auf drei verschiedene Arten entstehen: erstens bürokratisch, das heißt durch die Verleihung einer Kommandogewalt, der sich alle untergeordneten Schichten bedingungslos zu unterwerfen haben; zweitens kastenmäßig, das heißt in der Weise wie sich bestimmte Berufsgruppen, das Heer oder die Priesterschaft als gesellschaftlich höherwertig betrachten; drittens in ständischer Form, etwa in der Art wie sich Adel, Bürgertum und Arbeiterschaft durch traditionell gegebene Machtverhältnisse und Privilegien von einander unterscheiden. Die Aufhebung der Stände, die Bekämpfung des Kastengeistes und die Eröffnung des wirtschaftlichen Aufstieges für jedermann, die berühmte „Freie Bahn für den Tüchtigsten", hatten an dieser Ordnung wenig geändert. Gerade das, wovon sich die frühliberalen Kreise eine Demokratisierung der Rangverhältnisse und damit ein Maximum an Gleichheit versprochen hatten, nämlich die ökonomische Freiheit, war durch die Bildung großer Kapitalien schnell illusorisch geworden und hatte lediglich zu einer anderen Art von Unfreiheit geführt. Das Rangstreben der Gründerzeit beweist daher nicht nur, wie stark sich unter der oberflächlichen Verbürgerlichung die alten Rang- und Standeswerte gehalten hatten, sondern wie durch die Entstehung industrieller Machtbereiche neue Standesunterschiede erwuchsen, indem das reichgewordene Bürgertum nun auf den Arbeiterstand herabblicken konnte, was ihm die Möglichkeit gab, sich selbst als ein höheres Wesen zu fühlen. Das bürgerliche Kapital wurde daher kein Befreier, sondern sorgte umgekehrt dafür, daß sich auf der Basis des Geldbesitzes und des Gelderwerbes die alten Formen des Ranges und des Standes neu belebten, ja verschärften. So spielte zum Beispiel bei der Aufnahme in das Offizierscorps plötzlich neben dem Geburtsadel auch das Kapital eine Rolle, das dem Anwärter zur Verfügung stand, um ein standesgemäßes Leben zu führen. Titel wie Kommerzienrat oder Adelsverleihungen an finanzkräftige Bürgerliche taten ein übriges, eine neue Kaste zu bilden. Arbeitersöhne waren von vornherein vom Offiziersstand ausgeschlossen, auch alle Söhne von besitzenden Vätern, die sich noch sichtbar ihr Geld verdienten, das heißt Kaufleute, die noch hinter dem Ladentisch standen, anstatt wie die Unternehmer und Fabrikanten bereits andere für sich arbeiten zu lassen. „Handarbeit schändet", sagte man in diesen Kreisen. Eine besondere Rolle in allen Rangfragen spielten in dieser Zeit die studentischen Verbindungen, die sich selber gegeneinander nach dem Grade ihrer Vornehmheit abschlossen, und deren Zweck es war, nicht die Leistungsfähigkeit in einem Fachgebiet zu fördern, sondern den Sinn für militärische Macht- und Rangverhältnisse zu wecken und damit eine Erziehung zum Standeshochmut durchzuführen. Ein wohlorganisiertes Konnexionswesen sorgte dafür, diesen Ranggenossen bevorzugte Stellen und Pfründen zu vermitteln und über die Eignung zu einem hohen Posten nicht das Können, sondern das Auftreten entscheiden zu lassen. „Feudalität" war der Ausdruck, mit dem diese Gruppen ihre bevorzugte Stellung über ihre Mitmenschen bezeichneten. Innerhalb der verschiedenen Corps gab es neben den verschiedenen Graden der Vornehmheit noch solche von höchstem Rang, in denen sich der alte Adel zusammenfand und dort mit Söhnen von Souveränen verkehrte, was man für die besten Verbindungen hielt. Da jedoch zu einem standesgemäßen Auftreten nicht nur das Wappen, sondern auch das Geld eine große Rolle spielte, trafen sich bald Geld- und Geburtsadel auf derselben Ebene und gründeten so einen kommerzialisierten Feudalismus, der bis 1918 in unverminderter Stärke seine Absichten durchzusetzen verstand.

Diese Situation, in der die alten Rangwerte durch eine Welt von Emporkömmlingen wieder neuen Glanz erhalten, vergoldet werden, trifft nun zusammen mit dem bereits geschilderten Heroenkult und dem übersteigerten Selbstbewußtsein der geistig Schaffenden, die sich selbst so gern die Aristokratie des Geistes nannten. Die Kluft, die in Bezug auf Rangbesitz und Rangbewußtsein zwischen dem Geburts- und Geldadel auf der einen und den Geistigen auf der anderen Seite bestand, und die Treitschke als den Zentaurenhaß des Gardeleutnants gegen die Professoren charakterisierte, suchten die Künstler dieser Zeit durch eine nur mit Geld zu bestreitende fürstliche Hofhaltung und ein dem wirklichen geistigen Schaffen entgegengesetzten Heraustreten in die gesellschaftliche Ebene zu überbrücken, wobei es einigen von ihnen immerhin gelang, sich mit Königen und Adligen auf demselben Parkett zu bewegen. Wer dächte dabei nicht an Lenbach und Makart, wahre Malerfürsten innerhalb dieser Emporkömmlingswelt der siebziger Jahre. Die Bildnisse von Lenbach sind nicht nur ein Beweis, wie sehr ihre Kunst von den Mächtigen und Rangvollen dieser Ära geschätzt wurde, sondern auch wie sehr sie selbst mit Hilfe der aus feudalistischen Zeiten erborgten Mitteln die Repräsentation, die herrische Gebärde und Geste als Aufgabe ihrer Kunst ansahen und selbst das Geistige mit diesen Effekten verbrämten. Von der repräsentativen Haltung der Selbstbildnisse war schon die Rede. Ein Bildnis von Böcklin, auf dem der Künstler mit seiner Frau in einer italienischen Landschaft lustwandelt, verrät in seiner fast komisch anmutenden Repräsentation die Zwiespältigkeit dieses Rangstrebens innerhalb einer bürgerlich sentimental gesehenen Naturszenerie. Auch Leibl, der Bauernmaler, malt seine Bauern meist in einem Festkostüm und in einer Haltung, die aristokratisch wirkt, entsprechend einer Auffassung des Bauern, die gerade in seiner Urtümlichkeit und der hergebrachten Tracht einen Adel der Tradition und der selbstsicheren Haltung sieht.

Ebenso deutlich enthüllen die Äußerungen des Privatgelehrten Schwarz in Heyses Novelle „Unvergeßbare Worte" das Bedürfnis des Schaffenden, das eigene Werk und seine Qualität nur als Stufenleiter zur Selbsterhöhung aufzufassen, und zwar im Sinne des Ranges und der Genialität:

> „Mit dem bißchen Philologie und Philosophie war da nichts zu hoffen. Damit treibt man eben mit der großen Herde mit, die auf der nahrungssprossenden Erde friedlich weidet im dumpfen Genuß. Immer nur danken zu müssen für das, was andere einem zu genießen geben, — es widert uns an auf die Länge. Wie muß einem Menschen zu Mut sein, der so reich ist, daß er sich selbst alles verdankt, oder doch das Beste: den Genuß einer großen und starken Persönlichkeit" (XVIII, 265).

> „Es war eine Idee plötzlich in mir zur Blüte gekommen ... ich will ein Buch schreiben, ein schönes, starkes Buch, Fräulein Victoire, daß es immerhin der Mühe verlohnt, auf die Welt zu kommen, um so ein Buch darin zurückzulassen ... Sie glauben, ich sei bei dem Bemühen, mich selbst zu entdecken, ein wenig übergeschnappt. Aber selbst wenn Sie recht hätten ... darauf kommt es ja nicht an, daß man das Unerhörte, Unvergängliche leistet, sondern daß man an sich selber glauben lernt und sich selber so hoch schwingt, wie es die Natur jedem einzelnen gestattet" (XVIII, 291/92).

Wieder ist es Nietzsche, der dem Ganzen die schärfste Formulierung verleiht, indem er den Rang als den höchsten aller Werte proklamiert und für sich und seinesgleichen in Anspruch nimmt. Die demokratischen Tendenzen des Liberalismus sind in seinen Augen nur eine Verfalls-, ja „Verkleinerungsform des Menschen" (VII, 139). Durch sie würde nach seiner Meinung aus dem Menschen ein „Zwergtier der gleichen Rechte und Ansprüche" werden, eine Gesellschaft „autonomer Herden". Die Schuld an dieser Entwicklung gibt er dem Christentum, das sich in erster Linie an die Unterworfenen, die Ranglosen wende. Als besonders verwerflich wird dabei die Lehre vom unendlichen Wert der Seele für jedes menschliche Wesen hingestellt, aus der sich auf dem Umweg über die Gleichheit vor Gott eine „ethische Demokratie" entwickelt habe, in der es nur den sündigen, kreatürlichen, niedrigen Menschen gebe. „Das Christentum ist ein Aufstand alles Am-Boden-Kriechenden gegen das, was Höhe hat: Das·Evangelium der ‚Niedrigen' macht niedrig", heißt es in der „Götzen-Dämmerung" (VIII, 273). Auf die hohe Kulturstufe der griechischen Sklavenhaltergesellschaft sei daher eine allgemeine Verflachung, Widernatur und Menschenschändung gefolgt, und zwar durch den „Demokratismus der ‚allgemeinen', der gemein gewordenen Bildung" und der Religion, erst Gleichheit vor Gott, später Gleichheit vor dem Gesetz genannt (VIII, 113). Um den „höheren" Menschen vor dieser fortschreitenden „Herden-Vertierung" zu bewahren (VIII, 149), verlangt er im Gegensatz zu allen „Tschandala-Propheten" eine Moral des Ranges und der Privilegien, die er mit dem indischen Kastenwesen, dem „Gesetz des Manu" vergleicht. Auf den Höhen der Menschheit wandeln die Heroen und Genies, unter ihnen stehen die „Viel zu Vielen", die „Allermeisten", die Menschen der Herde — in eine Sentenz zusammengefaßt: „Das Höhere soll sich nicht zum Werkzeug des Niedrigeren herabwürdigen, das Pathos der Distanz soll in alle Ewigkeit auch für die Aufgaben auseinanderhalten!" (VIII, 436). Mit dieser Anerkennung von Rangverhältnissen, in der die Notwendigkeit von Sklaven als die unterste, ranglose Schicht als eine nicht zu ändernde Gegebenheit anerkannt wird, ist Nietzsches Theorie von zwei Moralformen, einer Herren- und einer Sklavenmoral gegeben. Immer wieder behauptet er, daß es Regeln des Tuns, Gebote des Verhaltens gibt, die nur für die Menschen höheren Ranges gelten und solche, die den Ranglosen und Untergebenen zukommen. Befehlen, Ansprüche stellen, Tribute heischen, Ehrungen einkassieren auf der einen Seite, sich fügen, sich demütigen, dienen, Leistungen materieller Art für die herrschende Klasse vollbringen auf der anderen Seite, also Selbstgefühl einerseits, Gefühl der Wertlosigkeit andererseits. Verbunden mit diesem Wertklassensystem wird die These, daß alle Wertvorstellungen von der herrschenden Klasse auszugehen haben, und zwar in Form einer Gesetzgebung, die keinen Widerspruch erlaubt. Eine Auflehnung gegen dieses Wertdiktat läßt sich nach seiner Meinung nur als Pöbelressentiment interpretieren, als ein Sklavenaufstand demagogisch aufgehetzter Instinkte, der ebenso schmutzig sei wie der Racheinstinkt eines sinnlich geknebelten Priesters. Dazu einige Beispiele:

„Das Urteil ‚gut' rührt nicht von denen her, welchen ‚Güte' erwiesen wird! Vielmehr sind es die ‚Guten' selber gewesen, das heißt die Vornehmen, Mächtigen, Höhergestellten und Hochgesinnten, welche sich selbst und ihr Tun als gut, nämlich als ersten Ranges empfanden und ansetzten, im Gegensatz zu allem Niedrigen, Niedriggesinnten, Gemeinen und Pöbelhaften" (VII, 303).

„Der vornehme Mensch trennt die Wesen von sich ab, an denen das Gegenteil seiner gehobenen Zustände zum Ausdruck kommt, er verachtet sie" (VII, 239).

„Der Gegensatz kommt auf seine Spitze, wenn sich gemäß der Sklavenmoral-Konsequenz zuletzt nun auch an den ‚Guten' dieser Moral ein Hauch von Geringschätzung hängt ...

Überall, wo die Sklavenmoral zum Übergewicht kommt, zeigt die Sprache eine Neigung, die Worte ‚gut' und ‚dumm' einander anzunähern" (VII, 243).

„Daß man nur gegen Seines-Gleichen Pflichten habe, daß man gegen die Wesen niederen Ranges, gegen alles Fremde nach Gutdünken oder ‚wie es das Herz will', handeln dürfe — hierhin mag Mitleiden und dergleichen gehören" (VII, 241).

In diesen Thesen liegt beschlossen, daß alles moralisch Wertvolle von den Mächtigen ausgeht und damit einen Rang bezeichnet, daß infolgedessen für die Herrschenden ganz andere Tugenden gelten als für die Viel zu Vielen, die sich auf Grund ihrer „unschöpferischen" Natur mit Ergebenheit, Demut, Arbeitsamkeit, Genügsamkeit, Sparsamkeit begnügen müssen. Jeder Versuch, die Tugenden der Herren, also der Mut, anderen Böses zuzufügen oder andere leiden zu machen, vom Standpunkt der Unterworfenen aus als Laster hinzustellen, bedeutet daher in seiner Terminologie einen Sieg der rebellierenden Sklavenmoral. Nur so sei es möglich geworden, edel als schlecht, grausam als teuflisch, hochgemut als hochmütig zu interpretieren, das heißt an die schrankenlosen Privilegien der Herrenschicht den Maßstab mediokrer Sklaven zu legen, die alles auf die Ebene ihrer eigenen Niedrigkeit zu ziehen versuchten. Sklavenmoral kann also zweierlei bedeuten: einmal die Moral, die Gesetze, die den Sklaven auferlegt werden, deren Tugenden nach seiner Meinung nur in jenen Eigenschaften bestehen, mit denen sie sich das Wohlwollen ihrer Herren gewinnen. Auf der anderen Seite versteht er unter Sklavenmoral eine Moral, die, wenn sie die Macht erränge, auch für die Herrenschicht verbindlich würde und dadurch einen allgemeinen Verfall der Kultur zur Folge hätte. Wie so oft bei Nietzsche wird dabei das Vokabular der Antike entnommen. Von den Sklaven seiner eigenen Zeit, den Knechten auf den ostelbischen Gütern oder den Industriearbeitern, ist viel seltener die Rede, als habe er gar nicht die aktuellen Machtverhältnisse im Sinn, wenn er sich mit einer solchen Verbissenheit mit den Problemen des Ranges beschäftigt. In dieser Hinsicht wird er an Deutlichkeit von Gestalten wie Treitschke weit übertroffen. Für Treitschke war jede Sympathie mit dem vierten Stand eine offene „Aufwieglung der Bestialität". So griff er selbst den relativ harmlosen Kathedersozialisten Schmoller an und schrieb ihm, als sich dieser zur Wehr setzte, am 7. August 1874 mit gläubiger Emphase: „Was mich leitete, war die Sorge um die idealen Güter unserer Kultur, welche heute von einer bestialischen Pöbelbewegung bedroht werden; und diese Sorge wird nahezu von der gesamten geistigen Aristokratie Deutschlands geteilt." Gustav Freytag gegenüber nannte er den Sozialismus einen „undeutschen Wahnsinn". Nietzsche ist in solchen Äußerungen viel zurückhaltender. Er tritt nicht als militanter „Sozialistenfresser" auf, sondern begnügt sich mit kleinen Nadelstichen. Doch manchmal kann auch er seinen Pöbelhaß nicht bezwingen und geht zum offenen Angriff über:

„Wen hasse ich unter dem Gesindel von heute am besten? Das Sozialisten-Gesindel, die Tschandala-Apostel, die den Instinkt, die Lust, das Genügsamkeits-Gefühl des Arbeiters mit seinem kleinen Sein untergraben, — die ihn neidisch machen, die ihn Rache lehren" (VIII, 303).

Über den ideologischen Hintergrund solcher Anpöbeleien belehrt folgendes Zitat:

„Die ‚Ausbeutung' gehört nicht einer verderbten und unvollkommenen und primitiven Gesellschaft an: sie gehört ins Wesen des Lebendigen, als organische Grundfunktion, sie ist eine Folge des eigentlichen Willens zur Macht, der eben der Wille des Lebens ist" (VII, 238).

Daß man überhaupt von solchen Dingen redet und nicht einfach zur Tagesordnung übergeht, ist ihm bereits ein Symptom für die wachsende Macht der Sklavenmoral. Er schreibt dazu unter dem Titel „Die Arbeiter-Frage":

„Die Dummheit, im Grunde Instinkt-Entartung, welche heute die Ursache aller Dummheiten ist, liegt darin, daß es eine Arbeiter-Frage gibt. Über gewisse Dinge fragt man nicht: erster Imperativ des Instinkts. Ich sehe durchaus nicht ab, was man mit dem europäischen Arbeiter machen will, nachdem man erst eine Frage aus ihm gemacht hat. Er befindet sich viel zu gut, um nicht Schritt für Schritt mehr zu fragen, unbescheidener zu fragen. Er hat zuletzt die große Zahl für sich. Die Hoffnung ist vorüber, daß hier sich eine bescheidene und selbstgenügsame Art Mensch, ein Typus Chinese zum Stande herausbilde: und dies hätte Vernunft gehabt, dies wäre geradezu eine Notwendigkeit gewesen" (VIII, 153).

Noch deutlicher kann man sich wohl kaum auf den Herrenstandpunkt stellen. Die Frage nach seinem Verhältnis zur damaligen Arbeiterklasse ist damit eindeutig beantwortet. Doch an wen denkt Nietzsche eigentlich, wenn er von den „Herren" spricht? Ist es der starke Mann, der anderen ihr Eigentum nimmt, mit Gewalt, mit Dolch und Gift? Sind es die rohen, harten, mächtigen Granitmenschen, wie die Gewaltnaturen der Renaissance oder die Schergen des Hitlerregimes, sind es die Räuber und Briganten, die ein freies Leben führen, ein Leben voller Wonne, und keine Herren, kein Gesetz über sich anerkennen, ein Wort Nietzsches variierend — wenn es Herren gäbe, wie hielte ich es aus, nicht Herr zu sein! Nietzsche scheint geneigt, das zu bejahen. Seine Sympathie für den rücksichtslosen Gewaltmenschen, sein Preis der Grausamkeit, seine Wertung des Verbrechens ist deutlich genug ausgesprochen. Dennoch ist dies nicht das letzte Wort Nietzsches, eher das vom „Löwen des Geistes", der durch das Volk hindurchgeht und überall seine Spuren hinterläßt, in Sitte, Recht, Glauben, ja im Leben aller (IX, 141). Zwar heißt es auch hier „Löwe", um die Tierheit, die Bestialität, die Grausamkeit, die Überwältigung zu betonen, — aber doch „Löwe des Geistes", da ihm schließlich die Geistigkeit doch wichtiger war als jede noch so faszinierende Körperkraft oder animalische Schönheit. Löwe ist lediglich eine für die Machttheorie bequeme Metapher. Der höchste Rang wird daher den Größen des Geistes zugesprochen, das heißt im Sinne der Gründerzeit den Philosophen, den Dichtern, den Künstlern, die sich ganz ihrem „Werke" widmen, oder, wenn sie Huldigungen für die Mächtigen und Rangvollen schaffen, diese vor ihren eigenen Wagen spannen. Letzteres trifft jedoch auf Nietzsche am wenigsten zu, denn sonst hätte er aus Hochachtung vor Rang und Macht die traditionellen Mächte, die legitimen Hierarchien, Königtum, Hof, Adel, Kirche und Priesterschaft

mit dem Papst an der Spitze anerkennen müssen und nach dem liberalen Zweifel an diesen Wertordnungen ihre Wiedereinsetzung als den Schlußstein seiner Ideologie empfinden müssen. Aber wie weit Nietzsche davon entfernt ist, obwohl ihm Rang, Macht und Absonderung von der Masse nur an einem solchen Beispiel klar geworden sein kann, beweist sein Aphorismus über die Könige. Über die Junkerkaste läßt er sich folgendermaßen aus: „Der deutsche Adel fehlt beinahe in der Geschichte der höheren Kultur: man errät den Grund ... Christentum, Alkohol — die beiden großen Mittel der Korruption" (VIII, 310). Auch der Kampf gegen Kirche und Priester wirkt bei ihm oft wie der Wutschrei eines Revolutionärs, der die von der religiösen Orthodoxie dem Geiste auferlegten Fesseln abschütteln möchte, Bindungen, in denen sich eine bestehende, weltbeherrschende Macht und Rangordnung offenbart. Das einzige, was er wirklich anerkennt, ist der „Löwe des Geistes", dessen Licht er anzünden will. Sein Maßstab ist daher weniger das Werk als die Gloriole der Person, von der sowohl in den Novellen als auch in den Biographien dieser Jahre die Rede ist. Sogar bei ihm handelt es sich lediglich um Rang, gesehen vom Standpunkt dessen, der noch draußen steht und die Rangwerte einer ihm unzugänglichen Welt mit Sehnsucht und Verblendung bewundert, wo sie ihm am grellsten in der Geschichte dargeboten werden. Es ist der Wunschtraum des Emporkömmlings, des Parvenüs, der aus Nietzsche spricht. Schließlich war es sein eigenstes Anliegen: als Philosoph, als Denker, als Schriftsteller, als Dichter, als Musiker ein caesarischer Züchter und Gewaltmensch mit all ihrer Macht und ihrem Range zu werden. Überall spürt man das Ressentiment eines Ranglüsternen, der in Wirklichkeit all das nicht hat, was er preist. Beweis dafür sein offenes Bekenntnis: „Man hat gut reden von aller Immoralität: aber sie aushalten können! Zum Beispiel würde ich ein gebrochenes Wort oder gar einen Mord gar nicht aushalten" (XII, 224).
Seine eigene Lehre ist daher selbst nur ein Sklavenaufstand der Moral. Denn auch er hätte, bei einer Verwirklichung seiner „griechischen" Ideale, höchstwahrscheinlich zu den Banausen, den Namenlosen oder Sklaven abtreten müssen. Gehörte er doch in seiner Zeit immer noch zum dritten Stand. Von den zwei Möglichkeiten, diese Alternative zu verhindern, entweder das Sklaventum abzuschaffen und die Menschen von Herrschaft und Unterdrückung zu befreien oder aber den Rang bestehen zu lassen und sich selbst zur obersten Rangklasse zu rechnen, wählt er die letzte. Er tut das kraft seines übersteigerten Selbstgefühls und dem Respekt des schaffenden Geistes vor sich selbst, indem er sich aus eigener Machtvollkommenheit zum Propheten einer neuen Kultur erhebt, was ihm als subjektive Pose durchaus unbenommen bleibt, während es objektiv gesehen — trotz aller Einkleidungen — eine Verherrlichung der gründerzeitlichen Klassengesellschaft bedeutete und als solche geradezu katastrophale Folgen hatte.

UNBRÜDERLICHKEIT

Hatte man dem Begriff Liberté den Willen zur Macht, dem Begriff Egalité ein deutlich abgestuftes Rangklassensystem entgegengesetzt, so mußte man auch die Fraternité in ihr Gegenteil, die Unbrüderlichkeit verwandeln. Brüderlichkeit ist ein Zustand menschlichen Beisammenseins, der sich weniger auf Rang oder hierarchische Ordnung stützt als auf gegenseitige Rücksichtnahme, ja Sympathie, wie es dem bürgerlichen Ideal der Familie entspricht. Wohl kann es auch in ihr Macht, Überlegenheit des einen über den anderen, des Mannes über die Frau, der Mutter über die Kinder, eines Kindes über die anderen geben, aber das schafft keinen Rang, das heißt keine Zugehörigkeit zu einer Ranggemeinschaft mit entsprechendem Ranggefühl, sondern basiert mehr auf den natürlichen Verhältnissen körperlicher Überlegenheit und deren Ausübung. In Zeiten starker Rangschichtungen können diese Machtverhältnisse auch in der Familie eine große Rolle spielen und auch in sie eine Analogie zur hierarchischen Ordnung der Stände und Kasten hineintragen, aber das Familiäre wird doch, vor allem bei den unteren Schichten, immer wieder in der Gleichberechtigung aller Familienmitglieder untereinander und eines auf Liebe, nicht auf Macht gegründeten Verhältnisses von den Eltern zu den Kindern zum Durchbruch kommen. Weder Geld noch Ehre und Rang, sondern die wechselseitige Sympathie, das Mitfreuen und Mitleiden, bestimmen das Bild dieser Gemeinschaftsform – jedenfalls in der Idee.

Fraternité, Brüderlichkeit, bedeutet daher schon durch seinen Namen ein Verhalten, das in der Familie seinen Ursprung hat und als Prinzip der Moral die Verallgemeinerung eines auf einen kleinen, intimen Kreis beschränkten Verhaltens als Regel für die ganze Welt aufstellt. „Alle Menschen seien Brüder, diesen Kuß der ganzen Welt." Mit diesen Worten bekannten sich Schiller und Beethoven zu den Idealen der Französischen Revolution. Es ist eine Forderung, die sich wie Liberté und Egalité gegen alle Macht- und Rangverhältnisse, alle Überlegenheit und Unterwürfigkeit richtet und auf dem Prinzip der Ranggleichheit, das heißt der Verwandtschaft aller Wesen aufgebaut ist. Eine solche brüderliche Sympathie, ein solches Mitleiden und Miterleben steht in scharfem Kontrast zu allem Sichhervortun und Mehrseinwollen. Nicht der Wettkampf ist das Ideal dieser Lebenshaltung, sondern die Hilfsbereitschaft und Liebe. Schon in der Liebesethik des Christentums, im Rahmen der frühchristlichen Gemeinden, in denen sich die Gemeindemitglieder Brüder und Schwestern nannten, in den Mönchsorden, war diese Sympathie zur

Regel des Lebens geworden oder wurde wenigstens in der Idee als eine solche proklamiert. Gerade in diesem Punkt ist der empfindsame Rousseauismus des 18. Jahrhunderts weitgehend saekularisiertes Christentum, eine weltanschauliche Akzentverschiebung aus dem Religiösen ins bürgerlich Familiäre. Eine besonders wichtige Rolle spielte in dieser Sympathieethik das Mitleid, da im Leiden die brüderliche Hilfsbereitschaft für andere wesentlich tätiger werden kann als im bloßen Mitfreuen, zumal in der Hilfe für den leidenden Menschen die Mitfreude nicht ausgeschlossen ist, vor allem wenn die Hilfsbereitschaft zur Befreiung vom Leiden führt — ist doch das Prinzip des Arztes und der Schwesternschaft darin begründet.

Darum war es in erster Linie das Mitleid, das bei vielen Humanitätsschwärmern im Vordergrund stand, erst aktiv unterstützend, später immer pessimistischer, als wolle man die ganze Welt in ein Lazarett verwandeln, wie sich Goethe einmal unwillig ausdrückte. Da gerade die Schwachen und Unterdrückten, die „Viel zu Vielen" auf ein solches Mitleid angewiesen sind, glaubte sich Nietzsche völlig im Recht, wenn er die Verallgemeinerung des Mitleids als ethischer Form als einen „Sklavenaufstand der Moral" bezeichnete und die christliche Tradition für dieses „Gefühls-Ressentiment" verantwortlich machte. Statt Nähe und Teilnahme, bei ihm meist als ein gegenseitiges Sich-Beriechen hingestellt, wollte er wieder zur Distanz, zur Absonderung und Unbrüderlichkeit zurück. Besonders verwerflich erschien ihm das Mitgefühl mit dem Leiden, worin er etwas rein Negatives, Schwächendes, auch das Kranke am Leben Erhaltendes sah. Er wandte sich daher weniger gegen den revolutionären Fraternité-Gedanken der Französischen Revolution, dessen Leitbild der menschheitlich empfindende Citoyen ist, als gegen die Schopenhauersche Mitleidsethik, wo sich der Gedanke der Brüderlichkeit bereits auf die Sympathie mit dem Leidenden beschränkt. Diese Umwertung hatte sich im Verlauf des frühen 19. Jahrhunderts sehr schnell vollzogen, begünstigt durch die reaktionären Tendenzen der Romantik und der Restaurationsepoche, die alle auf Emanzipation drängenden Ideen entweder entschärft oder in ihr Gegenteil verwandelt hatten. Das Bürgertum dieser Ära, das nur noch in kleinen Splittergruppen den ursprünglichen Elan der Gleichberechtigung teilt und sich schon merklich vom Arbeiterstand, den Bauern, kleinen Handwerkern, Dienern und Knechten zu distanzieren beginnt, betrachtete das Problem der Brüderlichkeit bloß noch von seiner gefühlsmäßigen Seite. Nur noch im Sentiment, nicht mehr in der Realität stellte man sich die Menschheit, die „Family of Man" als eine einzige große, gefühlsverbundene Menschenfamilie vor, und zwar in einer patriarchalischen Stufenpyramide, die vom Gottvater über den Landesvater zum Familienvater herunterreicht.

Dieses Mitgefühl, dieses Mitleben mit anderen Menschen, konnte sich umso reiner und weiter, umso ausgedehnter entfalten, je mehr der Mensch von den Menschen außerhalb seines engeren Kreises erfuhr, und zwar durch

Mitteilungen von Menschenschicksalen, in denen sich das Mitlebenswerte — von allen Nebendingen des tätigen Lebens gereinigt — unmittelbar dem Gefühl darbot. So galt es in steigendem Maße als Aufgabe der Kunst, besonders der Dichtung, in der Verdichtung des Geschehens und des Gefühls solche Mitgefühlserlebnisse zu vermitteln. Als besonders menschlich empfand man eine Lebensweise, sein ganzes Dasein mit solchen durch die Literatur vermittelten Gefühlserlebnissen zu füllen, nicht sein eigenes Leben zu leben, sondern sich in die Schicksale anderer hineinzufühlen. Im Gegensatz zu allen Machtäußerungen eines kriegerischen, befehlenden Ranggefühls wollte das mittlere Bürgertum dieser Jahrzehnte ein passives, rezeptives Dasein führen, lebend und webend in „goldener Tage Erinnerung". Damit wird nicht nur das Leben des sich mit Kunsteindrücken füllenden Menschen zur Passivität gedrängt, sondern auch das Mitgeteilte selbst immer bemitleidenswerter dargestellt, um im Leser die nötige Sympathie zu erwecken. „Der arme Spielmann", das „Barfüßle", das „Erdbeeri-Mareili", „Der Großvater und sein Enkelkind", wie viele Dichtungen der Biedermeierära heißen, sprechen schon im Titel für die mehr oder minder versteckte Sentimentalität dieser Mitleidskundgebungen. Auf das Leben zurückwirkend, wird damit jedes aktive, besonders das aburteilende Eingreifen vom Mitgefühl zurückgedrängt. „Tout comprendre, c'est tout pardonner!"

Der schöpferische Schaffensdrang, die Arbeit, das Leben der niederen Schichten wurde auf diese Weise völlig entwertet. Denn mit dem Leben im Mitgefühl ist zwar eine gefühlsmäßige Gleichheit gegeben, aber zugleich das Nichtstun geheiligt, das Mitempfinden zu einer moralisch gerechtfertigten Lebenshaltung erhoben. Auf diese Weise verwandelt sich die ursprüngliche Brüderlichkeitsmoral mehr und mehr in einen seelischen Komfort des wohlhabenden Bürgertums der Jahrhundertmitte, das selbst nicht mehr arbeitet, sondern sich mit dem Adel des Mitfühlenden dekoriert, der zwar alles versteht, aber nicht mehr auf seine Person bezieht. Das Mitleben mit allem Menschlichen im künstlerischen Werk, das sich inhaltlich immer stärker gegen das tätige Leben isoliert, ist daher auch eine Form des arbeitslosen Einkommens, ein ästhetisches Lebensmittel, das eine erlesene Schicht von Gebildeten sättigt. Der Künstler, der ihnen dieses Leben, selbst wenn er es aus eigener Empfindung schöpft, also als private Erlebnisse mitteilt und sie zum Kunstwerk verarbeitet, steigt dadurch aus dem Sklaven, der für andere arbeitet, allmählich zu einem Menschentyp auf, der wie Gott, wie ein Souverän die Menschheit mit seinen Werken begnadet. Aus dieser Schätzung der Kunstwerke und ihres Schöpfers entwickelte sich zwangsläufig der Geniekult der siebziger Jahre, der zu einer steigenden Verherrlichung des Genialen führte, und zwar im Sinne der alten Rangordnungen, die sich auf Grund der herrschenden Machtverhältnisse in der vorbürgerlichen Ära herausgebildet hatten. Der Künstler galt primär als der große Erlebende, der auf der Seite der ebenso tief empfindenden Gebildeten steht und seine Ausnahmestellung — wie das wohlhabende Bürgertum — als einen Rang gegenüber den Ranglosen betrachtet. Kein Wunder, daß man in der Kunst der Gründerzeit auf jede demokratische Einfühlsamkeit verzichtet und wieder zu den alten Werten der Macht und des Ranges und damit zur Neueinschätzung des Krieges, des Adels und der Vornehmheit zurückzukehren versucht, wo sich das Mitgefühl von vornherein auf eine bestimmte Kaste beschränkt oder ganz unmöglich wird. Die Folge ist, daß es sich weitgehend um Themen handelt, die nicht mehr zu psychologischem Nachvollzug einladen: Raufszenen, Zentaurenkämpfe, Heroen, Götter und Giganten, die den Krieg verherrlichen, ähnlich den Kampfszenen der griechischen Giebelplastiken oder Friesreliefs, bei denen alle bürgerliche Intimität ausgeschaltet ist. Daneben werden tragische Gestalten in großer Pose als Vorbilder für künftige Übermenschen wie die Helden eines Dramas vorgeführt oder Naturwesen in unverfänglicher Nacktheit zur Steigerung des Lebensgenusses auf Fresken oder wandfüllenden Gemälden dargestellt, um sich wie in barocken Palästen auf die Ebene der Götter zu erheben. Rubens redivivus. An die Stelle häuslicher Szenen und eines reichen Innenlebens tritt so in steigendem Maße die große Gebärde, die Haltung, das Repräsentative. Prunk und Pracht dieser fürstlichen Hofhaltungen entsprechen ganz dem Geltungsbedürfnis der reichgewordenen Bourgeoisie und den von ihr geschätzten Genies dieser Zeit. Renaissance und Griechentum werden dabei zu Helfern auf dem Wege zu einem großen Stil. Durch diesen Drang ins Expansive bekommt selbst die Kunst wieder eine öffentliche, erzieherische, vorbildliche Aufgabe, in der sich das Lebensgefühl einer bestimmten Kaste gegen die unteren Ränge abzuschließen versucht. Nicht das Mitleid steht hier im Vordergrund, sondern Gemetzel und Grausamkeit, Siegerehrung und Venuskult. Was früher erschreckte oder als unmoralisch galt, wird jetzt geradezu verklärt. Damit ist die Grundlage zu Nietzsches Stellung dem Christentum und seiner Mitleidsethik gegenüber gegeben. Weg mit der karitativen Betätigung der Kirche, weg mit den sentimentalen Bestrebungen der Sozialhilfe, weg mit der modernen Hygiene der Krankenhäuser und Schwestern, weg mit dem Sozialismus sind seine Forderungen. Übermensch, werde hart! Eine andere Losung scheint er nicht zu kennen. Dazu einige Zitate:

„Was fällt, das soll man auch noch stoßen" (VI, 305).

„Was mich nicht umbringt, macht mich stärker" (VIII, 62).

„Hier Arzt sein wollen, hier unerbittlich sein, hier das Messer führen — das gehört zu uns, das ist unsere Menschenliebe" (VIII, 223).

„Diese Toleranz und largeur des Herzens, die alles ‚verzeiht‘, weil sie alles ‚begreift‘, ist Scirocco für uns. Lieber im Eise leben, als unter modernen Tugenden und anderen Südwinden" (VIII, 217).

„Mitleid ist ebenso als Multiplikator des Elends wie als Konservator alles Elenden ein Hauptwerk zur Steigerung der Dekadenz … Durch das Mitleiden wird das Leben verneint, verneinenswürdiger gemacht" (VIII, 222).

„Was ist gut? fragt ihr. Tapfer sein ist gut. Laßt die kleinen Mädchen reden: gut sein ist, was hübsch zugleich und rührend ist" (VI, 67).

Obwohl hier Nietzsche nicht ausdrücklich vom Miterleben spricht, das zu ermöglichen die Kunst des frühen 19. Jahrhunderts als die höchste Aufgabe empfand, ist mit dem Kampf gegen das Mitleiden, gegen die Brüderlichkeit, gegen das „tout comprendre" auch der Kampf gegen die allesverstehende, mitfühlende Kunstbetrachtung gegeben. Seine Abwendung von Wagner und seinen gefühlsgeladenen Klangschwelgereien beweist das zur Genüge. Wie so oft in dieser Zeit wird dadurch den Verzerrungen der liberalen Ideale der Französischen Revolution eine andere Verzerrung entgegengesetzt, hier die sentimentale Erweichung der Fraternité durch eine gefühlsmäßige Teilnahmslosigkeit, die selbst vor Härte und Brutalität nicht zurückschreckt, um ihre Überlegenheit zu demonstrieren.

DAS IDEAL DER VORNEHMEN HALTUNG

Eng verwandt mit den Begriffen Freiheit, Gleichheit, Brüderlichkeit ist das intensive Naturgefühl des späten 18. und frühen 19. Jahrhunderts. Freiheitliche Natur, Natürlichkeit, bedeutet in dieser Ära, daß das Mitgefühl und sympathische Miterleben sich weit über die Grenze des Menschlichen auf alle Geschöpfe der Natur, auf Tiere und Pflanzen auszudehnen versucht. Entweder, indem es in diesen wertvollere Objekte als die Menschen erblickt, das heißt reinere, durch die Kultur noch unverdorbenere Wesen, oder indem sie das Leblose und Menschenfremde humanisiert, die menschliche Seele mit ihren Freuden und Leiden in sie hineininterpretiert, um dann mitfühlend an ihr teilnehmen zu können. Die Forderung der Gleichheit, des gleichen Ranges nimmt daher oft recht empfindsam-romantisierende Züge an. Überall liegt man „am Busen der Mutter Natur", der Allesernährerin, die selbst den Geringsten in ihre Obhut nimmt. Natur und Freiheit werden dadurch fast zu Synonymen. Für die Menschen dieser Ära bedeutet Natur und Natürlichkeit nicht mehr die Welt des Untermenschlichen, das außerhalb des Menschen Seiende, sondern die freie, zwanglose, ungebändigte Wirklichkeit, ein keiner Regel unterworfener Organismus. Der in Freiheit aufgewachsene Mensch, der sich unbefangen und zwanglos gibt, der Naive, galt darum als der natürliche Mensch, während man alle Ziererei, alles höfische Regelwesen als verbildet und unnatürlich empfand. Wie begierig übernahm man die Rousseausche Lehre, daß der unverdorbene Mensch, der edle Wilde, der noch im Naturzustand lebt, der gute Mensch sei. Die Begriffe Natur und Natürlichkeit wurden daher schnell zu Fanfaren der Revolution. Immer wieder sprach man von einem Naturrecht als einem Recht, das dem Menschen eingeboren ist, daß es eine natürliche Gleichheit gebe, die man den Ranglosen bisher gewaltsam verweigert habe.

Dieser Naturbegriff ist eine deutliche Auflehnung gegen die Konvention des Ranges und der Ranggesellschaft, die alle ihre Mitglieder zwingt, ihre natürlichen Wünsche und Regungen einem konventionell-abgezirkelten Benehmen zu opfern. So galt es plötzlich als Unnatur, den Körper in eine dem natürlichen Wachstum widersprechende, höfische, den Rang kennzeichnende, modische Tracht zu zwängen oder Menschen entgegen ihren persönlichen Neigungen, ihrem freien Willen zu einer Standesehe zusammenzuführen. Den Höhepunkt der Natürlichkeit sah man in jenen Gefühlen, wie sie im Rahmen einer Familie herrschen. Diderot zum Beispiel behauptete, daß sich früh getrennte Kinder oder Geschwister, die sich nie gesehen haben, bei einem späteren Zusammentreffen von Natur aus sympathisch sind. Das Familienleben, die Mutter- und Kindesliebe, die sich wie bei den Tieren auch ohne moralische Gesetze und Gebote zu äußern scheint, erschien daher vielen als die Basis aller Sympathie, die im Gegensatz zu Achtung und Devotion, wie man sie den Mächtigen schuldig war, durch keine Vorschriften geregelt werden kann.

Aus diesem Naturgefühl, als dem Urzustand der freien Menschen, entwickelte sich im Laufe der Zeit das Ideal der Zwanglosigkeit, der absoluten Ungebundenheit des Empfindens, das sich scharf gegen die Unterdrückung der Gefühle, die Herrschaft des Konventionellen wendet, wie sie für die geschlossene Welt der Barockkultur bezeichnend sind. Schon die Empfindsamkeit betrachtete es als Tragik des Menschen, wenn die Moral der Gesellschaft dem Einzelnen verbietet, seinen unmittelbaren Gefühlen nachzugeben. „Gefühl ist alles." Eine der vielen Konsequenzen dieser Entwicklung ist der romantische Bohemien, der seine Sache auf Nichts gestellt hat, der unbekümmert um das Urteil anderer Menschen und um die guten Sitten sein Äußeres vernachlässigt, das heißt den bürgerlichen Protest gegen die aristokratische Gesellschaft des 18. Jahrhunderts nun auch gegen das inzwischen stagnierte Bürgertum auszuspielen versucht. „Épatez le bourgeois!" Bedürfnislos in allen äußeren Dingen lebt er nur vom Reichtum seines Inneren und wird deshalb das Ideal aller gesellschaftlichen Außenseiter, vor allem der Künstler. Er ist der Typ, von dem Murger in seinen „Scènes de la Vie Bohème" (1851) in Bezug auf die Unabhängigkeit an äußeren Bindungen und Bedürfnissen behauptet: „Vivant comme ca, on devient poitrinaire ou génie."

Auf diese Weise entsteht ein Naturbegriff, der alles Selbstgewachsene, das keiner Berechnung des Menschen, keiner Absicht, keiner Regel unterliegt, als Inbegriff des menschlichen Daseins überhaupt empfindet. Das Tier in der Wildnis oder die Pflanze auf der Wiese galten darum mehr als der Mensch. Die ungeformte Landschaft stand höher als die Stadt und alle geformte Architektur. Nicht das Leben in der Gesellschaft, sondern das Leben in der Natur war das höhere Leben. Wenn man keine Geschäfte vorhatte und nur fühlendes Wesen sein wollte, ging man hinaus in Feld und Wald. Auf die bildende Kunst bezogen, bedeutet das einen Triumph der Landschaftsmalerei. Bilder voller Weite und Freiheit entstehen, die auch im stillen Kämmerlein die Flucht aus den Konventionen der Gesellschaft ermöglichten. Dasselbe Naturgefühl herrscht in der Lyrik. Auch sie wendet sich an das Mitempfinden, das Teilnehmen an Stimmungen und poetisch-humanisierten Landschaftsgefühlen. Dazu paßt, daß gerade jene Menschen, die bisher als verächtlich galten, die ungehobelten, schmutzigen und groben Bauern, die Zigeuner, die Wilden, den „Kanadier, der Europas übertünchte Höflichkeit nicht kannte", jetzt als sympathisch, ja vorbildlich dargestellt werden, indem man den Nachdruck auf die „natürliche" Menschlichkeit dieser Klassen und Völker legt. Dasselbe gilt für die steigende Achtung dem Kind gegenüber, das Mitleben mit der kindlichen Natürlichkeit, seiner Unverbildetheit, seiner Unaffektiertheit. Selbst hier spürt man das Programm. Denn wäre alles Natur, gäbe es gar keinen Wert der Natürlichkeit, keinen Gegensatz zwischen Natur und Unnatur. Natur ist daher ein Wertbegriff, da ohne den dahinterstehenden Freiheitsbegriff auch die Natur nichts Wertvolles wäre.

Demgegenüber ist das Ideal der Gründerzeit die bewußt vornehme Haltung, die Repräsentation, die Gesellschaftlichkeit, die Architektur, um selbst im menschlichen Benehmen das Gefühl für bestimmte Rangklassen zum Ausdruck zu bringen. Wie vornehm bewegen und halten sich die Porträtierten und Tragödinnen auf Feuerbachs Bildern. Wie vornehm wirken seine Modelle wie die großen Bilder der Nanna. Römische Würde, Gravitas, zeichnet sie aus. Gerade diese antikische Würde als Gegenteil alles Sichgehenlassens, lockte die Künstler der siebziger Jahre nach Rom und zog auch Nietzsche und Heyse nach Italien. Hier fand ihr Künstlerauge die Lebenshaltung ihrer Sehnsucht. Ebenso vornehm möchte Feuerbach auf seinen Selbstbildnissen erscheinen, und das vornehmste Bildnis, das in dieser Zeit entstanden ist, ist Feuerbachs Porträt seiner Stiefmutter. Auch bei Lenbach, dem beliebtesten Bildnismaler der hohen und höchsten Kreise dieser Epoche, ist alles ins Vornehme gesteigert. Das gleiche gilt für Nietzsche, der in der Vornehmheit, im Adel der Person, geradezu eine ethische Kategorie erblickte, und zwar im bewußten Gegensatz zu allen demokratischen Freiheitsbestrebungen. Wie oft hört man bei ihm: Wir Edlen, wir Vornehmen, wir Guten! In der Tat spielt bei Nietzsche die Vornehmheit als eine für den Rangvollen verbindliche Haltung dieselbe Rolle wie Rang und Macht. Was ist jedoch Vornehmheit im Gegensatz zu Rang und Macht? Gewiß hängt sie eng mit Rang und Macht zusammen. Ohne Macht gäbe es keinen Rang, ohne Rang keine Vornehmheit. Und doch sind sie nicht identisch.

Vornehmheit ist ein Verhalten, das Rang zum Ausdruck bringt, obwohl es nicht mit ihm zusammenfällt. Das Verhalten desjenigen, der Macht erwirbt, durch Gewalttaten, durch Kampf und Zuschlagen, durch Mord und Totschlag, durch Krieg also, kann nicht vornehm sein. Noch weniger ist es die käufliche Erwerbung von Macht. Auch der Besitz von Macht ist noch nicht Gewähr für Vornehmheit, so wenig wie Rang schon Vornehmheit garantiert. Vornehmheit ist vielmehr eine Forderung an den Mächtigen, seine Übermacht als Rang auch durch sein Verhalten, seine Art des Auftretens zum Ausdruck zu bringen. Das geschieht durch ein Verhalten, das wir Selbstbeherrschung nennen, die sich rein physisch in der Beherrschung des eigenen Körpers, in der stolzen Haltung kundgibt, um durch das Sichbeherrschen zu beweisen, daß man auch fähig ist, über andere zu herrschen. Diese Haltung nennen wir Würde. In ihr bekundet sich eine Überlegenheit über andere Menschen, die sich nicht beherrschen können oder nicht beherrschen brauchen.

Nicht jeder Mächtige vermag seine Macht mit einer solchen Haltung zu verbinden. Nicht jeder Mächtige hat Würde. Napoleon war der mächtigste Mann seiner Zeit, doch nicht gerade der Würdevollste. Als er bei der Kaiserkrönung nicht zögerte, sich die Krone selbst aufs Haupt zu setzen, war das zwar eine Geste, die von ungeheurem Selbstbewußtsein zeugt, aber es war keine vornehme Geste. Der vornehme Mann, im Sinne älterer Verhaltensregeln, hält mit der Äußerung seiner Gefühle zurück. Er ist nicht mitteilsam, weil er im Gegensatz zu aller Brüderlichkeit und mitteilsamen Menschlichkeit nicht seine Schwäche verraten, seine Freuden und Leiden mit andern teilen will, sondern im Verkehr lediglich seinen Rang und seine Überlegenheit offenbaren will. Er verlangt nicht nach der alle Menschen gleichmachenden Teilnahme, wie die Freiheits- und Gleichheits- und Brüderlichkeitsmoral der Französischen Revolution, sondern nach Achtung, nach Anerkennung seines Ranges. Der vornehme Mensch dieser Prägung läßt sich nichts schenken. Er will kein Mitleid, für ihn ist Mitleid eine Zudringlichkeit. Deshalb sind Menschen, die gern rangvoll sein möchten, es aber noch nicht sind, besonders empfindlich gegen Schenkungen und lehnen alle von oben herab gereichten Gaben ab, um sich nicht bedanken zu müssen. In diesem Benehmen liegen die Pflichten des Mächtigen. Hier muß er im Gegensatz zu dem Sichgehenlassen in Haltung und Stimmungen hart gegen sich selbst sein.

Wie viel die Gründerzeit von diesen älteren Vornehmheitsidealen übernommen hat, wie sehr sie daraus eine Ideologie zu machen versuchte, beweisen einige Äußerungen Nietzsches:

„Der vornehme Mensch ehrt in sich den Mächtigen, auch den, welcher Macht über sich selbst hat, der zu reden und zu schweigen versteht, der mit Lust Strenge und Härte gegen sich übt und Ehrerbietung vor allem Strengen und Harten hat" (VII, 240).

„Der Glaube an sich selbst, der Stolz auf sich selbst gehört zur vornehmen Moral" (VII, 241).

„Zeichen der Vornehmheit: nie daran denken, unsere Pflichten zu Pflichten für jedermann herabzusetzen; die eigene Verantwortlichkeit nicht abgeben wollen, nicht teilen wollen, seine Vorrechte und deren Ausübung unter seine Pflichten rechnen" (VII, 250).

Oder noch schärfer:

„Der Egoismus gehört zum Wesen der vornehmen Seele, ich meine, jenen unverrückbaren Glauben, daß einem Wesen, wie ‚wir sind', andere Wesen von Natur untertan sein müssen und sich ihm zu opfern haben" (VII, 251/52).

Störend wirkt hier, neben anderem, das Wort Egoismus. An sich ist Egoismus, auf den einzelnen bezogen der Vornehmheit geradezu entgegengesetzt. In Epochen wie dem Barock oder Rokoko galt Vornehmheit als eine Pflicht, mit der man den gesellschaftlichen Rang, der dem Einzelnen von einer bestimmten Gemeinschaft verliehen war, durch eine betont würdevolle Haltung zu bekunden hatte. Vornehmheit war nicht der Ausdruck einer egoistischen Machtaneignung oder Machtausübung, sondern eher das Gemeingefühl einer bestimmten Rangzugehörigkeit. Mit ihr wollte man jene Stufe zum Ausdruck bringen, die einem in der Hierarchie der Rangwerte zustand oder zuerteilt wurde, sowohl in der Ehrerbietung nach oben, der Überlegenheit nach unten und der Zugehörigkeit zu einer Gemeinschaft gleichen Ranges. Daher war sich der vornehme Mensch im Rahmen dieser Gesellschaftsform stets bewußt, was er dem höheren Rang schuldig war und offenbarte dies in der Form des Grußes, der bescheidenen Zurückhaltung, dem Vortrittlassen und anderen Arten der Ehrung. Wer gegen diese Ordnung verstieß und nach Gleichheit strebte, konnte nur den Weg der allgemeinen Umwälzung, der Revolution beschreiten.

Auch für das Wesen der gründerzeitlichen Vornehmheit ist der ausschlaggebende Faktor, daß sich der vornehme Mensch wie in den alten Ständestaaten stets der Zugehörigkeit zu einer bestimmten Ranggemeinschaft bewußt sein soll, daß sein Verhalten zu den Gleichrangigen eine Pflicht bedeutet, die darauf beruht, daß er seinen Rang jener Machtgemeinschaft verdankt, in die er durch einen Titel oder eine Rangerhöhung aufgenommen wird. Eine besonders große Rolle spielte für dieses Rangbekunden die Teilnahme an den Festen dieser Ranggemeinschaft, zu denen nur der Rangzugehörige einlud oder eingeladen wurde. Beides wurde als eine Pflicht und ein Recht, als Rangbestätigung und Ehre empfunden. Diese Feste waren es, bei denen das Leben der Vornehmen eine bestimmte Form, einen Gemeinschaftscharakter bekam. Die Vornehmheit dieser Einladungen bestand darin, daß es nicht Interessensgemeinschaften waren, daß nicht von privaten Freuden und Leiden gesprochen wurde, sondern daß man untereinander gewisse Ehrenbezeugungen austauschte. Diese Lebensform war es, was man Höflichkeit nannte, und zwar Höflichkeit als Form vornehmen Beisammenseins, indem man von den Rechten oder Vorrechten, die man in der gleichrangigen Gesellschaft hat, auch dem anderen etwas zuschiebt, ihn in seiner Macht bestätigt, ihm einen Rang zuspricht in der Erwartung, daß der andere die Ehrung, die ihm geschenkt wird, als einen Beweis dafür nimmt, daß der Schenkende auch wirklich Macht besitzt und von dem anderen dasselbe annimmt. Nietzsche schreibt dazu:

> „Sobald sie (die vornehme Seele) über die Frage des Ranges im reinen ist, bewegt sie sich unter Gleichen und Gleichberechtigten mit der gleichen Sicherheit in Scham und zarter Ehrfurcht, welche sie im Verkehre mit sich selbst hat ... sie ehrt sich in ihnen und in den Rechten, welche sie an dieselben abgibt, sie zweifelt nicht, daß der Austausch von Ehren und Rechten als Wesen alles Verkehrs ebenfalls zum naturgemäßen Zustand der Dinge gehört" (VII, 252).

Diese gegenseitige Respekts- und Achtungsbezeugung als Verkehr innerhalb einer Ranggemeinschaft setzt voraus, daß jede Spur von Egoismus ausgeschaltet wird, daß der Vornehme sich nicht vordrängt, daß er nicht auffällt, daß alles, was er zur Selbsterhaltung braucht, Essen und Trinken und damit verbundene Geräusche, zurücktritt vor der Teilnahme an Zeremonien und Konversationen, die gemeinsam sind oder gegenseitige Achtungsbezeugungen enthalten. Ein ausgebildetes und gar nicht einfaches Essenszeremoniell sorgte dafür, daß sich der einzelne keine ungebührlichen Bequemlichkeiten erlaubt und alles vermieden wird, was das Auge oder überhaupt die Sinne des anderen beleidigen könnte. Diese Form des gleichrangigen Verkehrs im Zusammensein auf Festen machte das eigentliche Leben der Vornehmen aus. In ihnen genoß man die Erhebungen des Daseins — im Gegensatz zu dem Alleinsein des freien, geistigen Menschen, der im Nacherleben der durch Kunstwerke vermittelten Lebensinhalte sein Dasein in der Einsamkeit genießt. Deshalb lebten die Vornehmen dieser Ära so, als ob sie dauernd in Gesellschaft wären. Ein Gentleman ist ein Mann, der die Butter auch dann mit dem Buttermesser nimmt, wenn er allein ist, hieß es in England.

Schließlich gehörte zur Vornehmheit, daß man sich stets um eine sorgfältige Abgrenzung gegen die tieferen Ränge oder die Ranglosen, die „Viel zu Vielen" bemühte. So galt es als vornehm, wenn sich der Höherrangige von den Niederrangigen isoliert, nicht mit ihnen verkehrt, sie übersieht, wenn er eine Begegnung nicht vermeiden kann, im Tonfall seiner Stimme merken läßt, daß er keinen Wert darauf legt, von ihm gehört zu werden, sich mit ihm zu unterhalten und vor allem mit jenen Gefühlen zurückhält, die den Glauben erwecken könnten, er lege Wert darauf, mit ihm familiär, mitteilsam oder anteilnehmend zu verkehren. In demselben Maße, wie man mit seinesgleichen ehrerbietig und rücksichtsvoll umging, behandelte man Niedrigstehende mit arroganter Überheblichkeit. Nietzsche sprach daher vom „Pathos der Distanz", ohne sich bewußt zu sein, daß Distanz, das heißt Vornehmheit gar kein Pathos kennt. Ebenfalls zur Vornehmheit gehörte, daß alle vornehmen Gebärden, Zeremonien und Verhaltensweisen so vollzogen wurden, daß in ihnen eine bereits Tradition gewordene Zugehörigkeit zu Rang und Stand zum Ausdruck kommt. Man wollte damit zeigen, daß sich nur der Mensch von Adel, der Alteingesessene mit vollkommener Sicherheit in den Pflichten der Vornehmheit bewegen kann. Nur er hat es nicht nötig, sich die Vornehmheit vorzunehmen, er ist nicht absichtlich vornehm, sondern durch Herkunft und Tradition. Man vergleiche Fontanes Adelskreise mit seinen neureichen Berliner Parvenüfamilien. Neulinge, die erst eingeführt werden in die Pflichten des Vornehmtuns, verraten oft durch ihre Ungeübtheit, durch das Auswendiggelernte ihres Tuns, daß sie Emporkömmlinge sind, im Gegensatz zu den selbstverständlichen Gesellschaftsformen der schon immer Obenseienden. „Vornehmheit läßt sich nicht improvisieren", heißt es bei Nietzsche. Doch gerade er und mit ihm viele Größen der Gründerzeit sind Parvenüs reinsten Schlages, da sie ihren Rang mehr auf sich selbst beziehen als auf die Zugehörigkeit zu einer Machtgemeinschaft. Während die wahrhaft Vornehmen ihren Rang eher vertuschen als sich damit brüsten, steht bei ihm der „Egoismus der vornehmen Seele" im Vordergrund, das verzweifelte Bestreben auch Rang, auch Macht, auch Vornehmheit zu haben, anstatt auf seine Geistigkeit stolz zu sein. Wann hätte ein wahrhaft Vornehmer je gesagt: „Ich bin Zarathustra, der Gottlose: wo finde ich Meines-Gleichen" (VI, 250)? Oder ständig von sich selbst geredet, als gebe es nichts anderes von Interesse auf der Welt. Eine solche Haltung hat eher etwas mit Selbsterwähltheit als mit Vornehmheit zu tun. Man höre dazu den Privatgelehrten Edwin aus Heyses Roman „Kinder der Welt" (1872):

> „Es gibt nur eine wahre Vornehmheit: sich selber treu zu bleiben. Gemeine Menschen kehren sich an das, was die Leute sagen, und bitten andere um Auskunft darüber, wie sie selbst eigentlich sein sollten. Wer Adel in sich hat, lebt und stirbt von seinen eigenen Gnaden und ist also souverän" (XI, 257).

Eine besondere Note erhält dieses Parvenütum in den Fällen, in denen der Rang, die Aufnahme in die Gesellschaft durch Geld erkauft wird wie bei den reichgewordenen Bankiers, Kaufleuten und Industriellen. Noch mehr als den Künstlern fehlt ihnen die Gewohnheit der Vornehmheit als einer durch das ganze Leben gehenden Gesellschaftlichkeit. Hier sind neben der Rangschätzung meist noch andere, wesentlich dringlichere Interessen am Werke. Da aber das Geld nur indirekt Rang und Macht verschaffen kann, wurde in diesen Kreisen das Wesen echter Vornehmheit mit Luxus, üppiger Lebenshaltung und käuflichem Lebensgenuß verwechselt, worin ein Streben nach Rang zum Ausdruck kommt, wie es selbst bei einigen Künstlern wie Makart und Lenbach zum Lebensstil wurde. Hier manifestiert sich das, was diese Kreise als ihre eigene Vornehmheit verstanden. Nietzsche, der mit seinem Willen zur Macht, seiner Verherrlichung von Krieg, Ausbeutung und Immoralität, mit seinem Egoismus des Genies nicht unschuldig an dieser Verwechslung ist, war zugleich einsichtig genug, diesen Besitz von Macht, diesen hemmungslosen Lebensgenuß als ein ressentimentgeladenes Protzentum anzuprangern, wenn er in einem Brief von 1884 schreibt: „Bei den anderen lese ich so leicht in den Mienen, daß sie mich vollständig mißverstehen und nur das Tier in ihnen sich freut, eine Fessel abwerfen zu dürfen." Auch den „Zarathustra" wollte er nicht als einen Freibrief der Hemmungslosigkeit angesehen wissen:

> „In die freie Höhe willst du, nach Sternen dürstet deine Seele. Aber auch deine schlimmen Triebe dürsten nach Freiheit. Deine wilden Hunde wollen in die Freiheit; sie bellen vor Lust in ihrem Keller, wenn dein Geist alle Gefängnisse zu lösen trachtet ...

Reinigen muß sich auch noch der Befreite des Geistes, rein muß auch noch sein Auge werden ...
Nicht das ist die Gefahr des Edlen, daß er ein Guter werde, sondern ein Frecher, ein Höhnender ...
Einst dachten sie Helden zu werden, Lüstlinge sind es jetzt. Aber bei meiner Liebe und Hoffnung beschwöre ich dich — wirf den Helden in deiner Seele nicht weg!" (VI, 61/62).

Nietzsche will damit sagen, daß Vornehmheit und hemmungsloser Liberalismus absolute Gegensätze sind. Trotz aller Ichbezogenheit setzt auch nach seiner Meinung das Prinzip der Vornehmheit stets eine gewisse Ein- und Unterordnung voraus, und zwar Einordnung in ein konventionell festgelegtes System von Traditionen, Riten und Umgangsformen, das im Laufe der Zeit von einer bestimmten Gesellschaftsschicht oder den Oberhäuptern dieser Schicht als maßgebend konstituiert worden ist. Er wendet sich daher scharf gegen den demokratischen Naturbegriff, der gerade das Ungezwungene, das Sichgehenlassen, das „Laissez aller" zum gesellschaftlichen Ideal erhebt und fordert einen neuen Zwang, um das Höhere für alle Zeiten vom Ordinären abzutrennen. Wie seit eh und je nennt er diesen Machtanspruch der herrschenden Klasse, die sich auch nach außen als solche kundzutun bemüht, das Ideal der vornehmen Haltung. Folglich ist das Leitbild der Gründerzeit nicht nur der mächtige, sondern auch der edle Mensch, der Mensch mit Gebärde.

Eine solche Haltung führt notwendig zu einer stark konstruierenden Tendenz, selbst in der Kunst. Alles: Form, Erzählweise, Stil, Umgebung, Charakter wird mit dem neuaristokratischen Gütezeichen der Vornehmheit abgestempelt. So ist Heyses Frauenideal immer wieder das schöne, vornehme, junge Mädchen, die edle, gemessene, verhalten glühende Römerin. Selbst von Haus aus unvornehme, das heißt ranglose Personen der Handlung, wie zum Beispiel Jonathan und seine Geliebte, die kleine Tochter der Waschfrau, oder die Hexe vom Korso erhalten vornehme, edle Züge oder werden auf Grund ihrer vornehmen Gesinnung in höhere Rangsphären aufgenommen wie die Frau Marchesa oder die Stickerin von Treviso. Auch C. F. Meyer wählt für seine wohlbedachten Erzählungen mit Vorliebe Personen von wohlgeborener Herkunft, vornehmer Erscheinung und edler Gesinnung. So liegt das Rührende der tragischen Liebesgeschichte des verkleideten Pagen Leubelfinger in der Novelle „Gustav Adolfs Page" (1882) weniger in dem Opfertod als in der Zurückhaltung und dem Unerkanntbleiben-Wollen, in dem sich diese Liebe äußert. In den „Leiden eines Knaben" (1883) werden die mangelnden geistigen Fähigkeiten eines Knaben aus edlem Geblüt durch ein unbestechliches, lauteres und vornehmes Wesen ersetzt, das ihn moralisch und menschlich weit über seine hoch intellektuellen, aber charakterlich niederträchtigen Jesuitenlehrer erhebt und einen im Geistigen heroischen Tod sterben läßt. Wiederum ist das beste Beispiel die elegante, kultivierte, feinsinnige, selbst in Schmerz und Rache verhaltene Gestalt des Thomas von Canterbury, des „Heiligen". Selbst bei Spielhagen spielen Rang und Vornehmheit eine große Rolle. Obwohl seine Zeitromane ihre Kritik an der alten, traditionellen Ranggemeinschaft nicht verhehlen, bleiben seine Helden und Lieblinge doch die genormten Menschen einwandfreier, edler und vornehmer Gesinnung und Herkunft wie in den üblichen Adelsromanen. Noblesse oblige.

In der Sprache dieser Werke äußert sich diese Vornehmheit in einer gemessenen, schön fließenden und wohlüberlegten Phrasierung. Das „klassische Gepräge", der „Goldton", sind die Stilideale, von denen Meyer spricht (II, 541). Man beschränkt sich darum auf ein Vokabular, das jede Beziehung zum Vulgären, Lauten oder Gemeinen meidet. In dieser Auswahltendenz liegt natürlich die Gefahr des Gleichmaßes. Und tatsächlich hat Heyse die Langeweile, die ja ohnehin der Schatten der Vornehmheit zu sein pflegt, sowohl im Gegenstand als auch im Stil seiner Novellen nicht immer vermeiden können. Auch Meyers Stil ist sehr gewählt in seinen Ausdrücken, die zwar plastischer und kräftiger sind als die von Heyse und dennoch im Bereich des Maßvollen, eines disziplinierten, vornehmen, auf Würde bedachten Geistes bleiben.

Ähnliche Beobachtungen lassen sich in der bildenden Kunst machen. Was sie auch darstellt, ist von erhabener, würdiger Art. Man denke an die vornehme Haltung der römischen Schustersfrau, die Feuerbach als seine „Nanna" unter die Königinnen und Heroinen erhebt. Auch seine Selbstbildnisse zeigen immer den schönen, selbstbewußten jungen Mann und nie den über seinem widerspruchsvollen und versteckt abgründigen Ich grübelnden Maler, wie man ihn aus dem Werk des jungen Rembrandt oder Dürer kennt. Die besten Vorlagen für die Darstellung dieser Gesinnung fanden die Künstler der Gründerzeit in der Antike: großartige Architekturen, edle Gestalten, vornehm fließende Gewänder, abgemessene Kompositionen. Selbst Thoma und Leibl, die mehr am Volkstümlichen und Realistischen Gefallen hatten, verzichten selten auf sonntägliche Kleidung und Feiertagsruhe, um selbst die Bauersfrau oder den kleinen Dorfjungen in eine Atmosphäre von Distanz und Adel zu stellen.

Stilistisch kommt diese Haltung in der Bevorzugung der Gebärde an Stelle psychologischer Einzelzüge zum Ausdruck. Die Gebärde gehört seit alters her zu den beliebtesten Formen, mit der sich die vornehme Gesellschaft untereinander verständigt. Die Dame bietet mit zurückhaltender, aber graziöser Gebärde ihre Hand zum Kuß. Der Herr verneigt sich mit einer leichten, eleganten Bewegung des Oberkörpers vor der Dame oder einer ranghöheren Person. Der Herrscher hebt leicht und hoheitsvoll die Hand, wenn er sich der huldigenden Menge zeigt. Daher drückt auf Feuerbachs Bild „Lesbia mit dem Vogel" (1868) allein die Gebärde der Hand, die den Vogel trägt, die

Vorstellung von Adel und Größe des Griechentums aus. Auf Böcklins allegorischem Bild „Malerei und Dichtung" sagt die leichte Neigung der Malerei deutlicher als jede Einzelbeschreibung, daß die Malerei erdgebundener ist als die abstraktere, auf geistigerer Ebene stehende Dichtung. Selbst die leichten Neigungen der Baumkronen, vor allem der Zypressenspitzen, erinnern bei Böcklin oft an personenhafte, vornehme, gelassene Gebärden.

Ein anderes Mittel, das Verlangen der Zeit nach Auserwähltheit und Vornehmheit zum Ausdruck zu bringen, ist die auffällige Bevorzugung der Vertikalität innerhalb der Komposition. Die Vertikale, das Aufrechte ist stets der Ausdruck von Bewußtheit, Überlegenheit und Selbstdisziplin. Der vornehme Mensch hält sich aufrecht, manchmal sogar durch eine übertrieben stocksteife Haltung wie die preußischen Offiziere dieser Jahre. Immer, wenn man sein Selbstbewußtsein stärken will, richtet man sich auf, versucht man größer zu erscheinen, als man ist. Nur wenn man sich aufgibt, sich gehen läßt, sich von der Selbstzucht entspannt, legt man sich hin, ist man horizontal. Fast alle Gründerzeitmaler wählen daher die Senkrechte als das bestimmende Prinzip ihrer Komposition. Wenn man auch das Horizontale einbezieht, dann nur, um die Vertikale desto steiler emporschießen zu lassen. Nicht nur die Menschen, selbst die Bäume und Felsen werden in diesen Drang nach oben einbezogen. Besonders deutlich zeigt sich dieses Stilprinzip bei Marées. Alles wird bei ihm vom Gesetz des Senkrechten beherrscht, und zwar von der mehrfachen, parallelen Wiederholung einer bestimmten Vertikale. Die Wirkung, die er damit erreichen will, ist die unpersönliche, stille, aber vornehme Kühle eines gottgeweihten Hains oder einer antiken Wandelhalle, in der man sich nur ergehen, aber nicht Gehenlassen kann.

Was man damit erreichen will, ist die absolute Trennung zwischen dem vornehmen und dem arbeitenden Menschen. Arbeit, vor allem Handarbeit, ist immer unvornehm. Der vornehme Mensch, der sich ständig in Gesellschaft fühlt und sich deshalb standesgemäß kleidet, kann nicht in einem Arbeitskittel auftreten wie Rembrandt. Die Haltung des Menschen als Arbeiter, auch des geistigen Arbeiters, wird stets durch die Arbeit bestimmt, nicht durch den Rang. Sie ist mit Vornehmheit nicht zu vereinbaren. Jeder Versuch, beides miteinander zu verbinden, artet notwendig in Snobismus aus. Der vornehme Mensch arbeitet nicht, er läßt wie der Mächtige andere für sich arbeiten. Von den Vertretern der Gründerzeit konnte daher die Würde der Arbeit, die durch die rasch anwachsende Industrialisierung immer akuter wurde, nur reaktionär, das heißt als nichtexistent betrachtet werden. Anstatt in Arbeit, Produktion und Industrie auch auf geistiger Ebene neue Werte zu sehen, die dem Wesen der Vornehmheit geradezu entgegengesetzt sind, da sie den Wert des Menschen nicht nach seinem Auftreten, sondern nach seiner Leistung bestimmen, bemühte man sich mit allen Mitteln um eine Restauration, ja Verschärfung der alten Rangsysteme. Auf Grund dieser Anschauung wurde der durch Arbeit erworbene Reichtum lediglich als eine Quelle der Vornehmheit angesehen und der Arbeiter als Rangloser in der gesellschaftlichen Achtung immer weiter herabgedrückt. Das Ergebnis dieser Entwicklung war, daß man das Wohl dieser Helotenschicht als eine Angelegenheit der Arbeiter-Wohlfahrt betrachtete, das heißt als eine Gnadenäußerung der Besitzenden, die in rauschenden Wohltätigkeitsfesten ihre vornehme Überlegenheit durch Geschenke bekundeten, was in den achtziger Jahren zu der sogenannten „Sozialgesetzgebung" überleitete.

IDEE UND REALITÄT

DIE GROSSEN EINZELNEN UND DER NEUE STAAT

Das Wesentliche der hier beschriebenen Machtideologie ist, daß sie nicht von denen ausging, die im Besitz der Macht waren, die befehlen konnten und wollten, sondern von den Literaten, Künstlern und Gebildeten, die sich weniger für die reale Macht als für den Rang interessierten, der durch diese Macht gewährleistet wird. Was sie im Auge hatten, waren die Ehrenbezeugungen, die ihnen auf Grund ihres Ranges dargebracht wurden, nicht die realen Verwaltungsfunktionen. Sie beriefen sich dabei auf die Qualität ihrer Produkte, ihrer künstlerischen oder philosophischen Leistungen, und versuchten aus der Güte dieser Werke einen Macht- oder Rangwert abzuleiten, der im Grunde gar nichts mit der realen Macht zu tun hat. Rein sachliche Werte wurden auf diese Weise mit Herrschaftsansprüchen verwechselt, die in einem diametralen Gegensatz zu jeder künstlerischen Sachhingegebenheit stehen. Daß es überhaupt zu einer solchen Machtstreberei kam, hängt mit dem überspannten Geniekult dieser Jahre zusammen, der sich von allen realen Gegebenheiten distanziert und doch eine geheime Selbstidentifikation mit den politischen Realitäten der Gründerzeit verrät.

Dieses scheinbare Paradoxon läßt sich schon in der Einschätzung des Deutsch-Französischen Krieges beobachten. Da war ein Krieg gewonnen, an sich ein Ereignis, wert und würdig von machtbesessenen Künstlern und Literaten überschwenglich gefeiert zu werden. Doch nichts von alledem. Keiner der großen Maler dieser Jahre, weder Böcklin noch Feuerbach, noch Thoma, Marées oder Leibl haben auf diesen Krieg bezug genommen oder ihn verherrlicht. So heißt es zwar in Feuerbachs Briefen an seine Stiefmutter: „Sei so gut, mir die Einnahme von Paris umgehend telegraphisch zu melden, damit ich der Erste (in Rom) bin, der die Fahne heraussteckt" (S. 213). Aufs Ganze gesehen, hatte jedoch diese nationale Hochstimmung auch bei ihm eher einen entbindenden als einen gestaltenden Charakter. Er schreibt daher wenige Jahre später:

> „Die Arbeiten überstürzten sich fast, wozu auch die patriotische Aufregung ihren guten Teil beitrug. Orpheus, die zweite Iphigenie, mehrere Medeenstudien, die große Medea, das Urteil des Paris — dies alles kam von 70 bis 71 zutage. Die Arbeitslust schäumte über" (S. 175).

Das künstlerische Ergebnis waren also Medeen und Iphigenien, keine preußischen Ulanen. Böcklin malte Zentaurenkämpfe, Marées und Thoma wählten den Heiligen Georg als Ausdruck des Kriegerischen. Selbst der große Gestalter historischer Ereignisse, Conrad Ferdinand Meyer, beschränkte sich weitgehend auf die Vergangenheit, die Renaissance, die ihm erlaubte, der unmittelbaren Gegenwart aus dem Wege zu gehen, obwohl auch er von den Ereignissen von 70/71 aufs tiefste beeindruckt wurde:

> „Der große Krieg, der bei uns in der Schweiz die Gemüter zwiespältig aufgeregt, entschied auch einen Krieg in meiner Seele. Von einem unmerklich gereiften Stammesgefühl jetzt mächtig ergriffen, tat ich bei diesem weltgeschichtlichen Anlasse das französische Wesen ab, und innerlich genötigt, dieser Sinnesänderung Ausdruck zu geben, dichtete ich Huttens letzte Tage" (II, 582).

Die Parallele zu Feuerbach ist deutlich: dieselbe Ergriffenheit und doch der Griff in die Geschichte. Der einzige, den man für fähig halten würde, in monumentaler Weise über diesen Krieg zu berichten, Heinrich von Treitschke, ist in seiner „Deutschen Geschichte" nur bis in die vierziger Jahre gekommen. Ob er, wenn die Ereignisse, die er feiern wollte, aus dem Helldunkel der Vergangenheit ins grelle Licht der Gegenwart herausgetreten wären, noch dasselbe Pathos hätte aufwenden können wie für die Frühzeit des 19. Jahrhunderts, ist zumindest fraglich. Sogar Autoren wie Jordan und Dahn, denen sonst nichts unmöglich war, wichen in die Vergangenheit aus und benutzten das Germanische als Ausdruck ihrer patriotischen Hochstimmung. Doch Literatur, die so entsteht, ist letztlich nur ein Aufputschen unkontrollierbarer Gefühle, die durch die Brille einer oberlehrerhaften Teutomanie gesehen sind. Dies ist zwar auch Gründerzeit, hat aber nicht den großen Stil dieser Ära.

Alles in allem waren also die unmittelbaren Zeitereignisse nicht imstande, den Stoff für eine monumentale Geschichte im Stile antiker Heroenkämpfe abzugeben. Beruht doch selbst das begeistert konzipierte „Triumphlied" (1872) von Brahms, eins seiner ersten großen Chor- und Orchesterwerke, nicht auf patriotischen Gesängen, sondern auf Texten der Bibel. Wenn sich die Maler, Dichter, Musiker und Philosophen dieser Ära für die Siege von Sedan und Paris interessierten, sich an Krieg und Schlachtgetümmel berauschten, dann im Medium der Literatur oder des gestalteten Bildes, das bereits eine durch die Tradition geheiligte Patina besitzt. Doch die meisten gingen überhaupt an ihnen vorbei, und nur kleinere Geister, wie eine Gruppe von Menzel-Epigonen, bemächtigten sich des zeitgenössischen Geschehens und jener Prominenten, die an der hohen Politik und ihren Machtäußerungen beteiligt waren. Im Gegensatz zu Menzel, dessen Größe gerade darin besteht, daß er bei seinen historischen Gestalten stets das Menschliche und Intime betont, versuchten sie, das realistische Detail mit einem unerträglichen Pathos zu verbinden, oder schufen leere Allegorien, wie die „Germania" (1883) vom Niederwald-Denkmal von Johannes Schillings, die eher einer Reklame für eine Korsettfabrik als einer Siegesgöttin gleicht. Auch Anton von Werner, wohl der bekannteste Historienmaler dieser Zeit, bemühte sich vergeblich, seine Zeithelden zu monumentalisieren, indem er sie, wie Michelangelo bei seinen Municeer-Gräbern, in antikisch geformte Nischen stellt, sie jedoch mit einer solchen Realistik und Modellmäßigkeit wiedergibt, daß weder der große Atem der Architektur, noch das bißchen Leben der Dargestellten zu seinem Rechte kommt. Sein mythologisches Bild „Victoria" (1880) im Rathaus zu Saarbrücken zeigt zwei germanische Recken im Turnertrikot, die sich treu und bieder die Hände reichen. Ein Mantel weht um ihre Hüften. Dahinter sieht man eine in Luft zerflossene, lichte Jungfrauengestalt mit einer Kaiserkrone in der einen, einem Lorbeerzweig als Zeichen des Sieges in der anderen Hand. „Heil dir im Sieger-kranz", „Es braust ein Ruf wie Donnerhall" oder „Sie sollen ihn nicht haben, den freien, deutschen Rhein". Sein Bild der Kaiserproklamation in Versailles (1877), für das Berliner Schloß gemalt, verdankte schon damals seine Anzie-hungskraft mehr den blitzblanken Uniformen und gewichsten Stiefeln als den hohen Persönlichkeiten. Die Problematik aller heroischen und zugleich aktuel-len Kunst zeigt sich hier in besonderer Schärfe. Für die großen Künstler dieser Jahre waren die Zeitereignisse nicht „poetisch" genug, um ihnen in historischer Ferne zu erscheinen, den kleinen Geistern fehlte dagegen die große Form, um das Zeitnahe in eine monumentale Höhe zu entrücken. Eine Mittel-stellung nimmt lediglich Lenbach ein. Und doch ist es auch für seine Bildnisse bezeichnend, daß auf ihnen weniger das Imperatorische der großen, dem Zeit-geschehen verhafteten Männer zum Ausdruck kommt als das Geistige, das, was sie mit den Bildungsmenschen der Zeit, den Künstlern und Schriftstellern verbindet. So vornehm sie auch erscheinen, so ästhetisch, geistig, künstlerisch sind sie andererseits gesehen. Daher ist das bezeichnendste Bild von Lenbach nicht sein Bismarck, sondern sein Heyse, dessen imperatorische Geste ganz mit dem Ausdruck der dichterischen Inspiration verbunden ist.

Auch in der Literatur hat der Krieg von 1870/71 nur die kleinen und kleinsten Talente zu unmittelbaren Bekenntnissen verführt. Hierüber möge man nach-lesen, was Franz Mehring in seinem Aufsatz „Die Literatur im neuen Reiche" (1874) schreibt. Vernichtenderes wird man kaum finden. Schon in den acht-ziger und neunziger Jahren erinnerte sich kaum noch jemand an Jammerpro-dukte wie „Das Lied vom neuen, deutschen Reiche" (1871) von Oskar von Redwitz, Romane wie „Waldfried" (1872) von Auerbach oder „Allzeit voran!" (1871) von Spielhagen, ganz zu schweigen von den Hektakomben patrioti-scher Lyrik im Stile der Geibelschen „Heroldsrufe" (1871). Mag sein, daß man sie bei Kaisers Geburtstag oder den pompös aufgemachten Sedanfeiern wieder hervorkramte, auf die Literatur haben sie keinen Einfluß gehabt. Wohl der bezeichnendste Vertreter dieses Genre war Ernst von Wildenbruch, der sich in seinem Heldenepos „Vionville" (1874) zu einem ebenso platten wie tiefgefühlten Pathos hinreißen ließ. Obwohl das Ganze kaum mehr als achtzig Seiten umfaßt, entblödet er sich nicht, mit einem an Homer und dem Nibe-lungenlied orientierten Anruf an die Muse zu beginnen (S. 8):

> „Bevor ich schreite zum gewalt'gen Werke,
> Erheb ich brünstig flehend Herz und Hand:
> Du schenke Glut mir und verleihe Stärke,
> Du heilger Geist von meinem Vaterland!
> Denn ich will jetzt von Wundertaten singen,
> Von Treue, fest bis in den bittren Tod,
> Wie eine Mär aus Zeiten wird es klingen,
> Als Sage noch der Wirklichkeit gebot."

Wie sich diese „Mär aus alten Zeiten" in der Sprache Wildenbruchs vernehmen läßt, verraten die Zeilen (S. 23):

> „Das Mannesherz klopft fragend an die Rippen:
> ,Du heiße Brust, wie wirst du nur so kalt?'
> Fest aufeinander pressen sich die Lippen,
> Ein stummes Grausen wandelt durch den Wald."

Gerade das Vorhandene, ein triviales Machwerk wie dieses, läßt das Nichtvorhandene noch deutlicher werden. Wenn man in dieser Zeit wirklich die Absicht gehabt hätte, die reale Macht und den durch den Krieg errungenen Machtzuwachs darzustellen, und zwar als echten Ausdruck der Zeit, das heißt auf künstlerisch höchster Ebene, dann wäre die Schöpfung des neuen deutschen Reiches und die in ihr beschlossenen Machtfaktoren wie Kaiser und Kanzler der geeignete Ansatzpunkt zu heroisch monumentaler Gestaltung gewesen. Wo hätte Nietzsche für seine Übermenschentheorie eine bessere Figur als Bismarck finden können, der nach innen und außen wohl der mächtigste Mann damals in Europa war? Dasselbe gilt im Hinblick auf den neuen Staat, das eben gegründete Reich. Bei einem wirklichen Engagement wäre man in diesem Punkt nicht an einer leidenschaftlichen Auseinandersetzung zwischen Autokratie und Demokratie, das heißt einer in Wirklichkeit autoritären Staatsführung mit dem allgemeinen Wahlrecht nach 1871 vorbeigekommen. Statt dessen spricht man vom „Pathos der Distanz" und vom „Egoismus der vornehmen Seele". Überall läßt sich beobachten, daß man sich weniger für die Probleme des Staates interessiert als für das Recht und die Willkür der großen Einzelnen. So schreibt Heyse in seinem Roman „Im Paradiese" (1876), der mit der Reichsgründung endet:

> „Du weißt, daß ich mit allem Respekt vor der Politik sie nicht als die höchste Aufgabe des Menschengeistes anzusehen vermag. Das Mögliche und Nützliche, das Zweckmäßige und Notwendige sind und bleiben relative Ziele; die Aufgabe des Staatsmannes muß sein, sie mehr und mehr entbehrlich zu machen, den öffentlichen Rechtssinn so zu erziehen, daß möglichst viel freie Individuen sich miteinander vertragen, und jeder auf seine Hand sich mit ewigen Aufgaben beschäftigen könne" (XIV, 340/41).

Selbst die Notwendigkeit der Sklaverei wird daher meist mit der Existenz großer Einzelpersönlichkeiten und nicht mit dem Herrschaftsverlangen bestimmter Klassen oder Kasten begründet. Wie wenig hat Bismarck mit diesen erträumten Übermenschen zu tun, deren Aufgabe es ist, als höhere Menschen lediglich da zu sein, keinesfalls aber die Macht und Ordnung eines Staates zu begründen und zu erhalten. Das Gros der Menschheit, die Masse, ist im Grunde nur dazu da, dem Übermenschen die erhabenen, stolzen Zustände der Seele als das Auszeichnende und die Rangordnung Bestimmende zu ermöglichen, das Gefühl „der Macht, die überströmen will" (VII, 240). Wie Nietzsche über den Staat denkt, hat er in dem Kapitel „Vom neuen Götzen" im „Zarathustra" ausgedrückt:

> „Irgendwo gibt es noch Völker und Herden, doch nicht bei uns, meine Brüder: da gibt es Staaten.
>
> Staat? Was ist das? Wohlan! Jetzt tut mir die Ohren auf, denn jetzt sage ich euch mein Wort vom Tode der Völker. Staat heißt das kälteste aller kalten Ungeheuer. Kalt lügt es auch; und diese Lüge kriecht aus seinem Munde: ‚Ich, der Staat, bin das Volk.'
>
> Lüge ist's! Schaffende waren es, die schufen die Völker und hängten einen Glauben und eine Liebe über sie hin: also dienten sie dem Leben ...
>
> Staat nenne ich's, wo Alle Gifttrinker sind, Gute und Schlimme: Staat, wo Alle sich selber verlieren, Gute und Schlimme: Staat, wo der langsame Selbstmord Aller — ‚das Leben' heißt" (VI, 69/71).

Dieselbe Diskrepanz zwischen Idee und Wirklichkeit herrscht im Bereich des Heroenkults. Die Realität der zeitgenössischen Helden sah ganz anders aus als jene Helden, die in der Phantasie der Heldenverehrer der siebziger Jahre lebten. Schon die allgemeine Wehrpflicht hatte das aristokratische Bild des Helden weitgehend demokratisiert. Der Reserveleutnant nicht der athletische Heros war der neue Heldentyp, der auch in der Uniform nicht den Zivilisten abzulegen vermag. Anton von Werner hat in einer Reihe von Bildern diese Verbürgerlichung des Kriegers ausgezeichnet getroffen. Moltke in seinem Arbeitszimmer in Versailles (1872), bequem in einem Lehnstuhl in die Lektüre eines Schriftstücks vertieft. Nur die Uniform bewahrt ihn vor der völligen Verspießung eines Biedermanns. Im „Etappenquartier vor Paris 1870" (1894), eins seiner bekanntesten und damals beliebtesten Bilder, zeigt er eine Reihe von Soldaten und Offizieren in schmutzigen Stiefeln in einem Salon, wo ein zum Wehrdienst eingezogener Tenor Lieder vorträgt, von einem anderen Soldaten auf dem Flügel begleitet. Die Burschen schüren das Feuer im Kamin, die Offiziere hören zu, wie Moltke bequem in die Sessel gelehnt, während der weibliche Teil ihrer Quartierwirte den Türrahmen füllt, um sich an der Gemütlichkeit und Gutmütigkeit der Eroberer zu erfreuen. Auch hier besteht das Kriegerische nur in der äußeren Erscheinung, alles andere ist genrehafte Gemütlichkeit der Biedermeierära. Ein solches Bild beweist, wie unheldisch weite Kreise des Bürgertums empfanden. So war der Leutnant eine beliebte Figur für Lustspielfabrikanten, wie in dem „Raub der Sabinerinnen" (1885) von Franz Schönthan mit dem prägnanten Schluß: „Wer die Braut heimführt, ist unter Kameraden ganz ejal." Selbst Bismarck galt in diesen Jahren noch nicht als der heldische Roland, der Widukindenkel, der Alte aus dem Sachsenwald, sondern wurde von Witzblättern wie dem „Kladderadatsch", dem Organ der bürgerlichen Liberalen, als ein dümmlich aussehender, bramarbasierender Kahlkopf mit drei abstehenden Haaren karikiert. Auch Nietzsche ist trotz seines Übermenschenkults stets geneigt, anerkannte Größen mit einem witzigen Schlagwort ihres Nimbus zu entkleiden. Wie tief skeptisch er im Grunde gegen jede menschliche Größe war, hat er in einem Aphorismus in „Jenseits von Gut und Böse" verraten:

„Das ‚Werk', das des Künstlers, des Philosophen, erfindet erst den, welcher es geschaffen hat, geschaffen haben soll; die ‚großen Männer', wie sie verehrt werden, sind kleine schlechte Dichtungen hinterdrein; in der Welt der geschichtlichen Werte herrscht die Falschmünzerei. Diese großen Dichter zum Beispiel, diese Byron, Musset, Poe, Leopardi, Kleist, Gogol (ich wage nicht, größere Namen zu nennen, aber ich meine sie) — welche Marter sind diese großen Künstler und überhaupt die höheren Menschen für den, der sie einmal erraten hat" (VII, 256/57).

Selbst er, der sich so stark für Rang und Vornehmheit einsetzt, wendet sich dennoch im Sinne revolutionärer Freiheitsforderungen gegen die Spitzen der Ranghierarchie, von der im Grunde aller Rang gesetzt wird und seine Bedeutung erhält:

„Hin zum Throne wollen sie alle: ihr Wahnsinn ist es, — als ob das Glück auf dem Throne säße! Oft sitzt der Schlamm auf dem Throne — und oft auch der Thron auf dem Schlamme" (VI, 71).

Diese Skepsis gegen alle im Staat und in den realen Gemeinschaftsformen der Zeit gegebenen Rangwerten bestätigt die These, daß die Philosophen und Künstler dieser Ära trotz des lebhaft propagierten „Willen zur Macht" an sich in einer ganz anderen Welt von Werten lebten und daß sich ihr Ranggefühl oft in einem deutlichen Widerspruch zu den realen Machtfaktoren befindet, da sie ihre geistige Würde als eine wesentlich höhere Auszeichnung als den politischen Machtbesitz empfanden. Bei näherem Zusehen stößt man daher bei fast allen auf Anschauungen, deren liberaler Charakter noch in der Tradition der freiheitlich-demokratischen Tendenzen der Goethe-Zeit und des frühen 19. Jahrhunderts steht. Denn auch die Forderung der absoluten Individualität, wie sie von den bürgerlichen Demokraten verkündet wurde, gehört zu den Ideen der Französischen Revolution, und zwar in doppelter Hinsicht, einmal, daß in der Besonderheit des Individuums, in seiner Originalität ein Wert für sich gesehen wird, daß Selbstentwicklung im Sinne von Bewahrung und Steigerung seiner eigensten Anlagen für das Individuum eine Pflicht bedeutet, zum anderen, daß es sich aus allen Bindungen der Gemeinschaft löst, seine Beziehungen zu anderen Menschen selbst reguliert, anstatt sich irgendwelche Konventionen aufzwingen zu lassen. Diese Selbstverantwortung des einzelnen im Rahmen des sittlichen Verhaltens nannte man Autonomie. Damit hängt ein deutliches Bedürfnis nach Einsamkeit zusammen, das bei allen, die geistig schaffen, bei Schriftstellern und Künstlern, besonders verständlich ist, um sich wirklich konzentrieren zu können. Da man ferner bei literarischen und künstlerischen Werken die Neuheit und Originalität des Werkes verlangte, kam es gerade auf Seiten der geistig Schaffenden zu einer betont asozialen Haltung, die in einem scharfen Gegensatz zur Gebundenheit des Künstlers im Rahmen älterer Gesellschaftsformen steht. „Je entfernter man von der Bestie ist, umso mehr hat man die Aussicht, in der Kunst etwas Bleibendes zu leisten", schreibt Marées am 21. November 1868 an Hildebrand. Auch Nietzsches Lebensführung entspricht diesem bürgerlichen Künstlerideal. So nimmt es nicht wunder, daß er trotz seiner Forderung von Macht und Rang zugleich die Einsamkeit preist und sich ausdrücklich auf eine individuelle Autonomie beruft:

> „Frei steht großen Seelen auch jetzt noch die Erde. Leer sind noch viele Sitze für Einsame und Zweisame, um die der Geruch stiller Meere weht.
> Frei steht noch großen Seelen ein freies Leben. Wahrlich, wer wenig besitzt, wird umso weniger besessen: gelobt sei die kleine Armut.
> Dort, wo der Staat aufhört, da beginnt erst der Mensch, der nicht überflüssig ist" (VI, 72).

Dem entsprechen die Eingangssätze seines „Zarathustra":

> „Als Zarathustra dreißig Jahre alt war, verließ er seine Heimat und den See seiner Heimat und ging in das Gebirge. Hier genoß er seines Geistes und seiner Einsamkeit und wurde dessen zehn Jahre nicht müde" (VI, 9).

Aus diesem Grunde stellt Nietzsche die Entwicklung der Freiheit stets in dem Sinne dar, daß jeder, der frei werden will, es durch sich selber werden muß. „Sei ein Mann und folge mir nicht nach — sondern dir!" tönt es durch alle seine Schriften. „Werde der du bist!" (VI, 346). „Du bist kein Schriftsteller, du schreibst nur für dich!" (XII, 85). „Wir wollen die werden, die wir sind, — die Neuen, die Einmaligen, die Unvergleichbaren, die Sich-selber-Gesetzgebenden, die Sichselbstschaffenden" (V, 257). Daß er damit ganz auf dem Boden des liberalen Individualismus steht, der in allem das Anderssein, die Originalität betont, beweist der Aphorismus: „Nur das Persönliche ... ist das ewig Unwiderlegbare" (X, 7). So wenig der Liberalismus der absoluten Willkür das Wort reden wollte, sondern erwartete, daß man aus eigenem Willen das Gute tue, so auch Nietzsche in seinen Aussprüchen, in denen er sich für eine Autonomie des Willens einsetzt: „Daß eure Tugend euer Selbst sei, und nicht ein Fremdes, eine Haut, eine Bemäntelung" (VI, 136). „Daß euer Selbst in der Handlung sei, wie die Mutter im Kinde" (VI, 139). „Der aber hat sich selbst entdeckt, welcher spricht: das ist mein Gutes und Böses" (VI, 272). „Ihr habt euch noch nicht gesucht: da fandet ihr mich. So tun alle Gläubigen, darum ist so wenig mit allem Glauben" (VI, 115). „Und ihre eigenen Angelegenheiten? Ihre Pflicht, sich selbst zu entdecken?" — heißt es bei Paul Heyse.

In dieser Anerkennung der Individualität und Originalität des Künstlers und seiner Werke ist auch Nietzsches Kampf gegen einen „gleichmacherischen" Sozialismus mitbegründet:

> „Kein giftigeres Gift als die Lehre von der Gleichheit: denn sie scheint von der Gerechtigkeit selbst gepredigt, während sie das Ende der Gerechtigkeit ist ... ,Den Gleichen Gleiches, den Ungleichen Ungleiches' — das wäre die wahre Rede der Gerechtigkeit: und, was daraus folgt, Ungleiches niemals gleich machen" (VIII, 162).

> „Die Kommunisten-Schablone Dührings, daß jeder Wille jeden Willen als gleich zu nehmen habe, wäre ein lebensfeindliches Prinzip" (VII, 368).

Ein solcher Individualismus der Absonderung von allen sozialen Pflichten und Aufgaben, des Sich-Selbst-Genugseins, führt zwangsläufig dahin, daß man sich in seinen Werken nur noch sich selbst verantwortlich fühlt:

> „Allmählich hat sich mir herausgestellt, was jede große Philosophie bisher war: nämlich das Selbstbekenntnis ihres Urhebers und eine Art ungewollter mémoires" (VII, 14).

> „Meine Schriften reden nur von meinen Überwindungen, ,ich' bin darin, mit allem was mir feind war, ego ipsissimus, ja sogar wenn ein stolzerer Ausdruck erlaubt wird, ego ipsissimum" (III, 3).

Daher nennt Nietzsche seine Bücher die „erlebtesten" aller Bücher (XIV, 316). Das ist genau das, was der extreme Freiheitsstandpunkt des Liberalismus als das Wesen des künstlerischen Schaffens ansah, nämlich das von allen Zwecken und Pflichten entbundene Erlebnis des Dichters den Genießern der Kunst als ein ebenso starkes Erlebnis zu übermitteln, was Dilthey später in seinem Buch „Das Erlebnis und die Dichtung" (1905) zusammengefaßt hat. Bei Nietzsche wird das Erlebnis der dichterischen Inspiration, das heißt in der unmittelbaren Ergriffenheit das auszudrücken, was man gerade erleidet, folgendermaßen beschrieben:

> „Der Begriff Offenbarung, in dem Sinn, daß plötzlich mit unsäglicher Sicherheit und Feinheit etwas sichtbar, hörbar wird, etwas, das einen im tiefsten erschüttert und umwirft, beschreibt einfach den Tatbestand ... Eine Entzückung, deren ungeheure Entspannung sich mitunter in einen Tränenstrom auslöst, bei der der Schritt unwillkürlich bald stürmt, bald langsam wird, ein vollkommenes Außer-sich-Sein mit dem distink-

testen Bewußtsein, eine Unzahl feiner Schauder und Überrieselungen bis in die Fußzehen; eine Glückstiefe, in der das Schmerzlichste und Düsterste nicht als Gegensatz wirkt … Alles geschieht im höchsten Grade unfreiwillig, aber wie in einem Sturm von Freiheitsgefühl, von Unbedingtsein, von Macht, von Göttlichkeit" (XV, 90/91). Diese Unabhängigkeit des Genies, die an sich zum Bohemien, zum „unvornehmsten" Typus des 19. Jahrhunderts gehört, wird nun von Nietzsche parvenühaft mit jener Unabhängigkeit identifiziert, die der Souverän gegenüber seinen Untergebenen hat, wodurch sich der Rausch des geistigen Schaffens in einen Machtrausch, einen Beweis der Göttlichkeit verwandelt. „Der Herr seiner Tugenden, der Überreiche des Willens, der Inhaber eines langen, unzerbrechlichen Willens … der wie ein Souverän verspricht, schwer, selten, langsam" — das ist für ihn Genialität (VII, 164, 346). Er nennt es das „stolze Wissen um das außerordentliche Privilegium der Verantwortlichkeit" (VII, 347). Dieselbe individualistische Ichbezogenheit verrät sich in dem Ausspruch: „Der Egoismus gehört zum Wesen der vornehmen Seele", obwohl gerade der Vornehme alles Persönliche zugunsten einer stilbewußten Gesellschaftlichkeit unterdrückt. Kein Wunder also, daß Nietzsche selbst von den religiös und ständisch gebundenen Griechen, deren Kunst kein Porträt, sondern nur das Ideal einer allgemein-gültigen Haltung kennt, in eigensinniger Verblendung behauptet: Merkwürdig viele „freie Individuen!" (XII, 196). Es sind daher gerade die Eigentümlichkeiten, Seltsamkeiten und asozialen Instinkte, die sich in der Kultur der siebziger Jahre mit den Werten der Macht- und Rangkategorien umkleiden. Wie zu erwarten, konnte das Ergebnis nur eine Parvenükultur der Gebildeten sein.

Auch Treitschke, der Zeit- und in gewissem Sinne Weggenosse Nietzsches, der dieselben Ideen von Rang und Vornehmheit, dieselbe Verherrlichung des Krieges und der Heroen vertritt, hat trotz seines maßlosen Patriotismus immer wieder die Überlegenheit des geistigen Schöpfers über den uniformierten Streiter betont. So ist die Einleitung zu seiner „Deutschen Geschichte des 19. Jahrhunderts" ganz erfüllt von der Bedeutung der kulturellen Entwicklung als Grundlage auch der politischen. Überall stößt man auf die Ideen der Freiheit, der gefühlsmäßigen Anteilnahme, der Natur und der Weltbürgerlichkeit, wobei er durchscheinen läßt, daß er diese Wertbegriffe als etwas Positives, das Leben der Nation Begründendes empfindet. Eine Reihe von Zitaten aus dieser Einleitung möge das belegen:

„Und doch erscheinen uns heute jene gewaltigen Kämpfe gegen den Jesuitismus und das erstarrte Luthertum ebenso bahnbrechend, ebenso radikal wie die politischen Taten des großen Kurfürsten. Sie haben den festen Grund gelegt für alles, was wir heute deutsche Geistesfreiheit nennen … Zugleich wirkte der Pietismus in der Gesellschaft fort. Der rauhe Ton tyrannischer Härte verschwand aus dem Familienleben. In den gefühlsseligen Konventikeln der schönen Seelen begann der Kultus der Persönlichkeit. Das Leben jedes Einzelnen erhielt einen ungeahnten neuen Wert und Inhalt; die Deutschen erkannten wieder, wie reich die Welt des Herzens ist, und wurden fähig, tief empfundene Werke der Kunst zu verstehen" (I, 94).

„Nicht die Höfe erzogen unsere Literatur, sondern die aus dem freien Schaffen der Nation entstandene neue Bildung unterwarf sich die Höfe, befreite sie von der Unnatur ausländischer Sitten, gewann sie nach und nach für eine mildere, menschlichere Gesittung" (I, 87).

„Während das politische Leben in unzählige Ströme zerteilt dahinfloß, waltete auf dem Gebiete der geistigen Arbeit die Naturgewalt der nationalen Einheit so übermächtig, daß eine landschaftliche Sonderbildung niemals auch nur versucht wurde ... Also wurde die neue Dichtung und Wissenschaft auf lange Jahrzehnte hinaus das mächtigste Band der Einheit für dies zersplitterte Volk" (I, 88).

Besonders warme Töne findet er, wenn er auf die Goethe-Zeit zu sprechen kommt, die ihm immer noch als das Leitbild einer genuin deutschen Kultur erscheint:

„In ihnen allen (den Helden unserer klassischen Literatur) lebte das Bewußtsein der Einheit und Ursprünglichkeit des deutschen Wesens, und das leidenschaftliche Verlangen, die Eigenart dieses Volkstums wieder zu Ehren zu bringen" (I, 88).

„Sie erweckten mit den Idealen reiner Menschenbildung auch den vaterländischen Stolz in unserem Volke; denn wie unreif auch die politische Bildung der Zeit erscheint, wie verschwommen ihre weltbürgerlichen Träume, in allen ihren Führern lebte doch der edle Ehrgeiz, der Welt zu zeigen, daß, wie Herder sagt, ‚der deutsche Name in sich selbst stark, fest und groß sei'" (I, 90).

„Ein jeder redet, wie es ihm ums Herz ist, und befolgt getrosten Mutes die frohe Botschaft des jungen Goethe: ‚Denn es ist Drang, und so ist's Pflicht!' und setzt seine volle Kraft ein, als ob das Schaffen des Denkers und des Dichters allein auf der weiten Welt des freien Mannes würdig wäre" (I, 87).

„Es war eine Bewegung so völlig frei, so ganz aus dem innersten Drange des übervollen Herzens heraus, daß sie zuletzt bei dem verwegenen Idealismus Fichtes anlangen mußte, der den sittlichen Willen als das einzig Wirkliche, die gesamte Außenwelt nur als eine Schöpfung des denkenden Ich ansah" (I, 87).

„Ungerührt von dem Lärm und der Hast der großen Welt konnte sich die deutsche Dichtung wunderbar lange den unschuldigen Frohmut, die gesammelte Andacht und die frische Werdelust der Jugend bewahren. Das war es, was Frau von Staël noch in den Glanztagen der Weimarischen

Kunst so mächtig bezauberte; sie meinte an der Ilm inmitten der Höchst-
gebildeten des deutschen Volkes die reine Waldluft eines ursprünglichen
Menschenlebens zu trinken" (I, 88).
Genau so humanistisch klingt das, was Treitschke über die Griechen, über
Italien, über die „reine Kunst" zu sagen hat:
„Dort im Süden lernte er (Goethe) nordische Leidenschaft und Gemüts-
tiefe mit antiker Formenreinheit versöhnen" (I, 99).
„Er dichtete nur Erlebtes gleich den Sängern der Zeitalter naiver Kunst"
(I, 98).
„Wetteifernd, in leidenschaftlichem Entzücken, strebten Dichtung und
Wissenschaft sich zu erfüllen mit dem Geiste des Altertums; und da
der Mensch nur schätzt, was er überschätzt, so wollte dies schönheits-
frohe Geschlecht, berauscht von der Freude der ersten Entdeckung,
in der antiken Gesittung nichts sehen als reine Menschlichkeit, Gesundheit, Natur ... Winckelmann selber freilich erinnert in manchem Zuge
an die unbefangenen Heiden des Cinquecento; aber die Mehrzahl der
Dichter und Denker, die seinen Spuren folgten, blieb deutsch, nahm
von hellenischer Bildung nur an, was deutschem Wesen zusagte, und
das Gedicht, das unter allen Werken der modernen Kunst dem Geiste
des Altertums am nächsten kam, Goethes Iphigenie, ward doch durch-
weht von einem Sinne liebevoller Milde, den die Herzenshärtigkeit
der Heiden nie verstanden hätte" (I, 95/96).
Das spezifisch Gründerzeitliche an diesen Äußerungen, in denen sich der
hochgespannte Geltungsdrang dieser Jahre verrät, ist der Nationalstolz oder
das, was wir heute Nationalismus nennen. Und doch ist Treitschkes Parole
nicht „Lieber Potsdam statt Weimar", sondern wie bei Nietzsche der Wunsch,
Geist und Macht zu einer schöpferischen Einheit zu verbinden. Besinnen
wir uns einen Augenblick, welche Quellen diesem Nationalismus zugrunde
liegen. Treitschke selbst bezieht sich gern auf Herder, auf seine „Stimmen
der Völker" und die in ihnen zum Ausdruck kommende Anschauung, daß
jede Nation ihre Eigenart habe und gerade durch ihre Originalität, ihr Anderssein einen wichtigen Beitrag zur Polyphonie im Chorgesang des Universums
leiste. Auf diese Stimmen sollen wir hören und darin das Lebensrecht der einzelnen Nation, auch der kleinsten, anerkennen und uns ihre Besonderheit
wie bei einem Einzelmenschen mitfühlend zu eigen machen. Mit anderen
Worten, diese Art von Nationalgefühl beruht auf denselben Prinzipien, die
allen Idealen der bürgerlich-liberalen Bewegung des 18. Jahrhunderts zu-
grundeliegen: der Freiheit, des Individualismus und der Gleichberechtigung
jedes originalen Wesens, das sein eigenes Ich zur Entfaltung bringen will.
Dazu kommt die mitfühlende Brüderlichkeit, die sich in andere Wesen ge-
fühlsmäßig einzuleben versucht, sie versteht, und gerade in dieser Hingabe
eine Bereicherung des eigenen Lebens erfährt. Ein solches Nationalitäten-

gefühl, das nur darum besteht, weil es auch die eigene Nation als ein Kultur-
individuum erkennt und ihr Entfaltungsrecht fordert, ist noch weit entfernt
von allem Imperialismus, aller Herrschsucht über andere, aller Großmacht-
absichten, sich die kleineren zu unterwerfen oder auf den gleichen Kurs zu
bringen. Weltbegriff und Naturgefühl sind hier noch verwandte Dinge, weil
durch dieses Alles-Verstehen und Alles-Billigen gerade die Schöpfungen bisher
unkultivierter Völker in den Vordergrund treten, deren volkstümliche, ursprüngliche und tief poetische Schöpfungen von Herder wie ein noch unverbrauchter Schatz empfunden wurden. Zum Nationalismus oder nationalen
Imperialismus entwickelte sich dieses Weltgefühl erst, als man den mensch-
heitlichen Charakter der nationalen Kulturleistungen ins Chauvinistische ver-
fälschte und aus künstlerischen Werten eine politische Weltgeltung abzuleiten
versuchte. Davon ist jedoch in der Gründerzeit noch wenig zu spüren. Die
Großen dieser Jahre haben dieser Anschauung nicht gehuldigt, — eher die
Kleinen, denen das Nationale als Legitimation ihrer künstlerischen Ansprüche
selbstverständlich sehr gelegen kam. Sie waren es, die in der geistigen Überlegenheit der Goethe-Zeit, dem deutschen Idealismus und dem Dreigestirn
der Wiener Klassik und dem Beifall, den die Werke dieser Zeit in der Welt
gefunden hatten, ein Anrecht auf Macht und Machtgewinn sahen, das auch
im politischen Sinne die Gleichberechtigung mit den bestehenden Großmäch-
ten wie England und Frankreich rechtfertigen sollte. Kulturelle und macht-
politische Werte wurden hier genauso verwechselt wie innerhalb der Sphäre,
die das Genie im einzelnen betraf. Ganz frei von solchen Anschauungen sind
auch Nietzsche und Treitschke nicht, vor allem in ihrer These, daß in beiden
Bereichen das Recht des Stärkeren gilt. Indem sie jedoch diesen Machtanspruch aus der Natur ableiten, sind sie noch in dem verwurzelt, was Herder
unter dem Nationalen verstand, nämlich das kulturelle Eigenleben eines Volkes, das mit dem politischen Begriff des Staates nicht unbedingt zusammenfallen muß. Es wäre daher absurd, aus Nietzsche einen gründerzeitlichen Na-
tionalisten zu machen. Der „Nationalismus, diese névrose nationale, an der
Europa krank ist", war ihm in seinen letzten Jahren geradezu verhaßt (XV,
111). Aus der Sils-Maria-Perspektive sah er in Deutschland mehr und mehr
„Europas Flachland", vor allem wenn er an Bayreuth dachte (VIII, 111).
Manchmal war er regelrecht stolz darauf, herkunftsmäßig ein Pole zu sein.
Dazu paßt seine Bewunderung für alles Französische, und zwar als Eigenart
des Romanischen, Südlichen, wie es sich für ihn in Bizets „Carmen" (1875)
manifestierte. Für deutschbewußte Autoren wie Wildenbruch und Dahn war
das alles „welscher Tand". Auch aus Treitschkes Schriften geht hervor, wie
sehr er die kulturelle Eigenart eines Volkes als den entscheidenden Ausgangspunkt für jedes Nationalgefühl betrachtete. In ihm lediglich einen reaktionären
Fürstendiener zu sehen, hieße die ideologische Situation rein oberflächlich
zu betrachten. Trotz aller nationalen Hochgefühle hat sich gerade Treitschke

immer wieder gegen die „grausamen Sultanslaunen" mancher Dynasten gewandt (I, 20) und von einem, wenn auch hohenzollerntreuen Kulturstaat
gesprochen. Man vergleiche damit die Programme der „Völkischen" nach
1900, um sich die relative Harmlosigkeit dieses Nationalismus vor Augen
zu führen.

Erinnern wir uns, wie Treitschke es preist, daß die Deutschen im Zeitalter
Goethes wieder erkannten, wie reich die Welt des Herzens ist und dadurch
fähig wurden, tief empfundene Werke der Kunst zu verstehen, daß ihm Goethes
„Iphigenie" der Ausdruck einer liebevollen Milde ist, den die „Herzenshärtigkeit der Heiden" nie verstanden hätte. Solche Äußerungen zeigen mit
wünschenswerter Deutlichkeit, wie stark auch in den siebziger Jahren die
Fraternité, das Mitfühlen und Mitleiden noch immer seinen Wert behält.
Daher ist es nicht verwunderlich, wenn man auch bei Nietzsche trotz allen
Eiferns gegen die christliche Nächstenliebe einer starken lyrischen Empfindsamkeit begegnet, die sich nirgends stärker äußert als in seinem Mitleiden
mit sich selbst und dem Wichtignehmen seiner pathologischen Zustände.
Man fragt sich manchmal, welcher Nietzsche in ihm stärker ist, der Gründer
oder der Ergründer, der Propagandist des Übermenschen oder der raffinierte
Psychologe, der mit einer höchst reizbaren Einfühlungsgabe in die menschliche Psyche alle Kulturphänomene aus bestimmten seelischen Verhaltensweisen abzuleiten versucht und besonders in der Psychologie des Ressentiments, als der Grundlage für den Willen zur Macht, einen beachtlichen Spür-
sinn entwickelt.

Von solchen psychologischen Erkenntnissen und Feinheiten sind die Schriften
Nietzsches voll und für jeden Psychologen noch heute eine Fundgrube.
Nietzsche trifft sich hier mit Dilthey, seiner Theorie des Verstehens und
seinem Sinn für das Erlebnis in der Dichtung. Selbst der gehobene Ton seiner
Sprache verrät noch die sentimentale Stimmung des frühen 19. Jahrhunderts,
die sich so gern der familiären Zusammenhänge bedient, um ihr gefühlvolles
Mitleben mit anderen zum Ausdruck zu bringen:

> „Dort ist die Gräberinsel, die schweigsame; dort sind auch die Gräber
> meiner Jugend. Dahin will ich einen immergrünen Kranz des Lebens
> tragen.
> Also im Herzen beschließend fuhr ich über das Meer.
> Oh ihr, meiner Jugend Gesichte und Erscheinungen! Oh, ihr Blicke
> der Liebe alle, ihr göttlichen Augenblicke! Wie starbt ihr mir so schnell!
> Ich gedenke eurer heute wie meiner Toten" (VI, 160).

Familie und Familiengefühl, Zärtlichkeit und Seele sind es, die auch den
scheinbar so antik-sinnlichen und monumentalen Bildern der großen Maler
der siebziger Jahre eine gefühlvolle Note geben. Ein Dorn im Auge der Impressionisten, denen alle Sentimentalität verhaßt war, ein Grund des Wohl-
gefallens denen, die auch in dieser Kunst das Rührende und Deutsche suchen.

So wird in die Bilder, auf denen Menschen in stolzer Haltung die von der Zeit geschätzte Vornehmheit dokumentieren sollen, oft ein familiärer Ton hineingetragen. Auf dem Selbstbildnis Böcklins mit seiner Frau, in dem die beiden in repräsentativer Haltung, umrahmt von groß gesehenen italienischen Landschafts- und Architekturformen, auf den Beschauer zuschreiten, halten sich beide wie Verlobte innig bei der Hand. Bei Thoma wird das ältere Madonnenschema zum Ausdruck zärtlichster Kinderliebe umgewandelt und mit dem Titel „Religionsunterricht" (1878) versehen. Auf dem Bilde der Mutter und Schwester, bei dem die Tochter der lesenden Mutter den Arm um den Hals legt, dient der große Aufbau der Formen und ihre plastische Einheit ganz der Darstellung inniger Verbundenheit und eines intimen Zuhause-Seins. So sind es auch in den antik wirkenden Szenen von Marées immer gewisse stimmungsvolle Elemente, wie der Abschied des Mannes von Frau und Kind, mit anderen Worten von der Familie, die den Grad der Stimmung bestimmen. Auch bei Feuerbach spielen die Kinder eine große Rolle. Medea umarmt ihre Kinder und deutet darauf hin, daß es die Tragik der Mutter ist, die wir empfinden sollen. Durch die am Boden spielenden Kinder wird die kühle Hoheit der an einem antiken Sarkophag sitzenden Frau in einen familiären Rahmen gestellt. In dem rein dekorativ gemeinten Aufflug der Böcklinschen „Flora" (1870), ein Bild, das ganz im monumentalen Stile älterer Himmelfahrten komponiert ist, sind es wiederum die am Boden spielenden und die Flora umflatternden Kinder, die von der Erhabenheit ins Menschliche zurücklenken. Auch die Faunsbilder, die von wilder, ungebärdiger Natur sein könnten, sind oft voll menschlich rührender Zärtlichkeit. Bei Thoma gibt es eine Faunsfamilie, in der der Faun ein Musterbild der Vaterliebe darstellt, bei Böcklin bewundern zwei Faune eine eingeschlafene Nymphe, mit einer seltsam pfiffigen und doch verträumten Zärtlichkeit im Gesicht.

Die Lyrik dieser Bilder kommt am stärksten zum Ausdruck, wenn sie sich mit dem Thema der Musik verschwistert, als hätte Nietzsche recht, wenn er sagt, daß in Deutschland selbst Gott im Himmel Lieder singt. Bei Böcklin präsentiert sich der Heilige, der Eremit, nicht den Gläubigen, sondern geigt sich in einer kleinen Kapelle ein Lied, bei dem die Engel beseligt zuhören. Auf einem seiner Tritonenbilder spielt die Frau mit der Seeschlange, während der Triton auf einer Muschel bläst. Ein schwärmerisch blickender Hirte nimmt eine Syrinx zur Hand, um das Herz des in einer Laube sitzenden Mädchens zu rühren. Feuerbach gibt seiner Nanna ein Tamburin in die Hand, damit sie als Miriam bacchantisch vor ihm tanzt. Auf seinem „Ricordo di Tivoli" spielt der schöne Knabe auf der Laute, das Mädchen singt ein Lied. Ein andermal malt er musizierende Kinder, die vom Echo belauscht werden. Kinder, Gefühl, Musik: alles noch Elemente der empfindsamen Tradition. Dasselbe gilt für seinen „Mandolinenspieler": eine Familie, wo der Vater für die musikalische Untermalung sorgt, schwärmend als Musiker und als Liebhaber.

169

Sein letztes Bild, musizierende Frauen in einer Nische, ist geradezu ein Heiligenbild zum Thema „Musik". Thomas wirkungsvollste Bilder sind die beiden Redaktionen des „Dorfgeigers", von denen die zweite Fassung (1890) die gefühlvollere, sowohl gegenständlich als auch malerisch, ist. Auch seine Naturgeschöpfe Hirten, Faune und Satyrn machen Musik, wie auch eins seiner monumentalen Spätbilder, die Fresken der Villa Pringsheim, von Verliebten und Musizierenden handelt. Vergessen wir auch nicht, welche Rolle die Musik im Leben Nietzsches spielt, daß sich ein beträchtlicher Teil seiner Philosophie und Dekadenztheorie auf den Erlebnissen eines Menschen aufbaut, dem die gefühlvoll-abstrakten Eindrücke der Musik wichtiger waren als die politischen Realitäten seiner Zeit.

In der Konzertmusik dieser Jahre finden sich diese subjektiven Gefühlsentladungen vor allem bei Bruckner, der das monumentale Formschema seiner Symphonien immer wieder ins rein Emotionale entgrenzt. Sogar jene Impulse, die er von der großen Kirchenmusik und den Orgelwerken älterer Zeiten empfängt, werden weitgehend zu seelischen Aufrüttelungen verarbeitet. Das gleiche gilt für Brahms. Auch er hat das strenge Strukturgefüge seiner Werke oft genug ins spätromantisch Stimmungshafte erweicht. Wie stark versteckt sich gerade bei ihm unter der rauhen Schale ein höchst reizbares Gemüt, das sich am liebsten in schwelgerisch blühenden Melodien ausströmen möchte. Ganz zu schweigen vom späten Wagner, dessen germanische Götterwelt mit der Melancholie einer raffiniert verfeinerten Seelenhaftigkeit ausgestattet ist, die Nietzsche nicht als heroisch, sondern als dekadent empfand. Selbst der „Parsifal" ist nichts als ein romantisierter Stimmungszauber, bei dem sogar das Karfreitagsgeschehen in nervös-differenzierten Klangschwelgereien ertrinkt.

Die angestrebte Monumentalform wird daher immer wieder ins Gefühlsmäßige transponiert, das von einer subjektiven Betroffenheit zeugt. Nicht das Überindividuelle, Kalte und Anonyme will diese Kunst verwirklichen, sondern das Persönliche, den großen Eindruck einer ebenso großen Seele. So greift die Malerei, wenn auch ins Theatralische gesteigert und durch prunkhafte Farbigkeit belebt, zu einer echt romantischen Bildform zurück: dem vom Rücken gesehenen Träumer, der in die Ferne schaut und weniger durch seine Gestalt beeindrucken soll als durch das Mitgefühl, das er im Betrachter erweckt. Wer erinnerte sich dabei nicht an Caspar David Friedrich, dessen spärlich ausgestreute Bildelemente allein durch die Stimmung der Figur ihre Kompensation erfahren. Gründerzeitliche Beispiele für diesen Bildtyp sind Feuerbachs „Iphigenie" mit ihrer Sehnsuchtsstimmung und Böcklins „Heimkehrer" (1888), auf dem ein alter Landsknecht, der aus dem Krieg zurückkommt, sein Heimatdorf erst einmal von fern betrachtet, bevor er sich seinen alten Freunden zu erkennen gibt. Auf diese Weise geht der Heroenkult der siebziger Jahre, der an sich der Verherrlichung der Gestalt, ihrer Kraft und

Würde dient, häufig in eine novellistisch ausgesponnene Anekdote über, die noch die Tradition der biedermeierlich-realistischen Genrebilder verrät. Wir denken dabei an die Beziehung, die sich zwischen Angelika und Ruggiero, ihrem Befreier, anzubahnen scheint, an das neckische Verhalten der Frau in „Triton und Nereide" oder den scherzhaften Beziehungsreichtum bei Leibls „Ungleichem Paar", der in einem auffallenden Widerspruch zu dem starken Gehalt der Personendarstellung steht. Auch in den Werken von C. F. Meyer wird die große historische Gestalt nicht völlig abstrakt gesehen und dadurch ins Zeitlose entrückt, sondern immer wieder ins Menschliche verstrickt, wodurch er das Geschichtliche aus dem Bereich des Bewundernswerten auf die Ebene der persönlichen Sympathiegefühle transponiert. Ja selbst für Nietzsche ist es bezeichnend, wie er die einzelnen Abschnitte seines „Zarathustra" mit dem Rankenwerk novellistischer und anekdotischer Situationen umrahmt. Der Endeffekt dieser Kunst ist daher nicht das Monumentale, das sich nur in Zeitaltern anonymer Objektivität verwirklichen läßt, sondern das Paradoxon einer ins Übermenschliche tendierenden Kunst, die ganz aus dem eigenen Ich abgeleitet ist. Daß ein solcher Versuch nie ohne einige Gewaltsamkeiten abgeht, liegt im Wesen der Sache. Denn auch das größte Ich läßt sich nie zur Welt erweitern.

DIE SEHNSUCHT NACH DEM ELEMENTAREN

Neben der subjektiven Vorliebe für alles Stimmungshafte und Musikalische waren die Künstler und Philosophen der siebziger Jahre und wahrscheinlich auch die Menschen dieser Zeit am stärksten mit der Natur verhaftet, obwohl sie theoretisch und programmatisch nach der Unnatur der großen Gesellschaft, der fürstlichen Lebenshaltung, nach Rang und Vornehmheit strebten. Gerade bei Nietzsche spielt der Begriff der Natur eine kaum zu überschätzende Rolle. Selbst der Rang und die gesellschaftlichen Traditionen werden bei ihm auf Naturzustände zurückgeschraubt und durch sie begründet. Dabei ist allerdings ein wesentlicher Unterschied zu den liberalen Naturvorstellungen zu beachten. Während das 18. Jahrhundert gerade die Gleichheit aller Menschen aus dem Naturrecht abzuleiten versuchte, und zwar im Sinne einer kommunistischen Urgesellschaft, bei der die natürlichen Tugenden des Menschen noch nicht durch die unheilvollen Einflüsse der späteren Klassen- und Arbeitsteilung verdorben sind, betrachtet Nietzsche die Urzustände der Menschheit wesentlich barbarischer, als einen Kampf aller gegen alle, dessen Grundprinzip das Recht des Stärkeren ist. Wenn er seinen Machtmenschen Farbe geben will, so ist es meist das Bild der schweifenden Bestie inmitten primitiver Urzustände, von Menschen, die in der Wildnis leben und sich von Raub, Vergewaltigung und Überfall erhalten.

„Daß der älteste ‚Staat‘ demgemäß als eine fruchtbare Tyrannei, als eine zerdrückende und rücksichtslose Maschinerie auftrat und fortarbeitete, bis ein solcher Rohstoff von Volk und Halbtier endlich nicht nur durchgeknetet und gefügig, sondern auch geformt war. Ich gebrauche das Wort ‚Staat‘: es versteht sich von selbst, was damit gemeint ist — irgendein Rudel blonder Raubtiere, eine Eroberer- und Herrenrasse, welche, kriegerisch organisiert und mit aller Kraft zu organisieren, unbedenklich ihre furchtbaren Tatzen auf eine der Zahl nach vielleicht ungeheuer überlegene, aber noch gestaltlose, noch schweifende Bevölkerung legt" (VII, 382).

Immer wieder ist es das Raubtier, mit dem er den Machtmenschen und seine Rücksichtslosigkeit vergleicht: „Daß alles Böse, Furchtbare, Tyrannische, Raubtier- und Schlangenhafte des Menschen so gut zur Erhöhung der Spezies ‚Mensch‘ dient als sein Gegensatz" (VII, 65). „Die Raubmenschen, die gesündesten aller tropischen Tiere und Gewächse" (VII, 127). Der große Mensch und das große Werk wachsen daher für ihn nur in der „Freiheit der

Wildnis" auf. „Zurück zur Natur" — hieß es im 18. Jahrhundert bei Rousseau. „Napoleon, um es im Gleichnis zu sagen ... ein Stück Rückkehr zur Natur" — heißt es bei Nietzsche (VIII, 161). Und entsprechend: „Hinauf in die hohe, ferne, selbst furchtbare Natur und Natürlichkeit" (VIII, 161). Daher wird auch das Rangklassensystem als eine Naturgegebenheit verstanden:

> „Die Ordnung der Kasten, das oberste, das dominierende Gesetz ist nur die Sanktion einer Naturordnung, Naturgesetzlichkeit ersten Ranges, über die keine Willkür, keine ‚moderne' Idee Gewalt hat" (VIII, 301).

Er versucht das mit drei physiologisch verschiedenen Typen zu beweisen:

> „Die Natur, nicht Manu, trennt die vorwiegend Geistigen, die vorwiegend Muskel- und Temperamentsstarken, und die weder im einen noch im anderen ausgezeichneten Dritten, die Mittelmäßigen voneinander ab" (VIII, 301).

Die alte platonische Lehre, daß die Philosophen, Krieger und der Demos Rangunterschiede bedeuten, wird darum ausdrücklich auf die natürliche Veranlagung zurückgeführt, um der herrschenden Klasse eine instinkthafte Überlegenheit zu geben. Daß er damit eine verführerische Intelligenzutopie verbindet, die scheinbar außerhalb des rein Gesellschaftlichen steht, ändert zwar die illusorische Form, aber nicht den Klasseninhalt solcher Theorien. Daher ist Nietzsches Natürlichkeit ein höchst zwiespältiger, ja demagogischer Begriff, indem er einerseits auf das 18. Jahrhundert zurückweist, sich aber im Laufe seiner Entwicklung immer stärker ins ideologisch Negative verschiebt. Sein letztes Wort war daher die Anschauung, daß es Herrenrassen gibt, denen von der Natur das Recht verliehen ist, sich inferiore Rassen zu unterwerfen, wodurch sich die liberal-empfindsame Naturschwärmerei des 18. Jahrhunderts, deren Ziel die absolute Gleichheit aller Menschen war, geradezu in ihr Gegenteil verkehrt. Damit konnte Nietzsche, neben Gobineau, zum angebeteten Vorbild aller späteren Rassentheoretiker werden. Dieselbe Verdrehung des älteren Naturbegriffs steckt in der These, daß alle Vornehmheit nicht zu improvisieren sei, er jedoch diese Haltung nicht auf Erziehung zurückführt, sondern auf einen Naturprozeß: „Alles Gute ist Erbschaft" (VIII, 160). „Für jede hohe Welt muß man geboren sein" (VII, 166). Auch das Treueverhältnis und die Anerkennung des Herrn durch den Sklaven ist bei ihm ein Naturverhältnis, eine Anschauung, die in einem Zeitalter der Naturverehrung wie dem 19. Jahrhundert nur allzu bereitwillige Ohren fand.
Ebenso liberalistisch klingt seine Theorie, daß der Mensch nur seinen Instinkten folgen soll, nichts anerkennend als seinen eigenen Willen. Eine solche Bohemien-Wertung des Instinkts versucht Nietzsche selbst dem Benehmen der Vornehmen zugrundezulegen: „Alles Gute ist Instinkt — und folglich leicht, notwendig, frei" (VIII, 93). „Ein wohlgeratener Mensch, ein ‚Glücklicher', muß gewisse Handlungen tun und scheut sich instinktiv vor anderen

Handlungen; er trägt die Ordnung, die er physiologisch darstellt, in seine Beziehungen zu Menschen und Dingen hinein. In Formel: seine Tugend ist die Folge seines Glücks" (VIII, 92). Naturgefühl und Naturwissenschaft gehen hier Hand in Hand. Moral ist für ihn eine „Zeichensprache der Affekte, nur Semiotik, Symptomatologie" (VIII, 102). Nicht das Gewissen, sondern die physiologischen Voraussetzungen betrachtet er als die Quelle aller menschlichen Handlungen. Auch dies würde konsequent weitergedacht auf alle Wertung verzichten und den Verbrecher als pathologischen Ausnahmefall interpretieren — tout comprendre, c'est tout pardonner — aber niemals eine Rangordnung begründen oder einen „Willen zur Macht" rechtfertigen. Eng damit verbunden ist die Theorie, die gesamte Kulturentwicklung und die aus ihr resultierende Umwertung aller Werte als einen physiologischen Naturprozeß, eine darwinistische Vererbungslehre hinzustellen. So sieht er die Ursache der modernen demokratischen Ordnung weitgehend in der steigenden „Blutvermischung" von Herren und Sklaven:

> „Der moderne Mensch stellt, biologisch, einen Widerspruch der Werte dar ... Wir alle haben wider Wissen, wider Willen Werte, Worte, Formeln, Moralen entgegengesetzter Abkunft im Leibe, — wir sind, physiologisch betrachtet, falsch" (VIII, 51).

> „Ich definiere das Moderne als den physiologischen Selbst-Widerspruch" (VIII, 154).

> „,Ich weiß nicht aus noch ein; ich bin alles, was nicht aus noch ein weiß' — seufzt der moderne Mensch" (VIII, 217).

Entartung und Willenslähmung werden daher ausschließlich als Brechung der naturgegebenen Instinkte verstanden:

> „Der Mensch ist, relativ genommen, das mißratenste Tier, das krankhafteste, das von seinen Instinkten am gefährlichsten abgeirrte, — freilich, mit alle dem, auch das interessanteste!" (VIII, 229).

> „Wir leugnen, daß irgendetwas vollkommen gemacht werden kann, solange es noch bewußt gemacht wird" (VIII, 230).

> „Das grellste Tageslicht, die Vernünftigkeit um jeden Preis, das Leben hell, kalt, vorsichtig, bewußt ohne Instinkt, im Widerspruch gegen Instinkte war selbst nur eine Krankheit, eine andere Krankheit — und durchaus kein Rückweg der ‚Tugend', zur ‚Gesundheit', zum Glück — die Instinkte bekämpfen müssen — das ist die Formel für décadence: solange das Leben aufsteigt, ist Glück gleich Instinkt" (VIII, 74).

Mit ähnlichen Worten hätten auch die revolutionären Dichter des „Sturm und Drang", der junge Lenz, Klinger oder Wagner, ihren Kampf gegen den Rationalismus des Ancien Régime und ihre Vorliebe für alle Gefühlsverschwommenheit begründen können. Sprach man doch schon damals von den „großen Kerls", den „Naturgenies", die jeden brutal zur Seite drängen, der sich ihnen in den Weg zu stellen versucht.

Wie aber hätte man nach Nietzsche dieser „Dekadenz" abhelfen können? Nicht, indem man zum Arzt geht, sondern sich einem „caesarischen Züchter und Gewaltmenschen" unterwirft (VII, 151), der die Prinzipien seines Verfahrens von Darwin, von Tier- und Pflanzenzüchtern übernimmt, also nicht durch Lehre, sondern durch Erziehung, durch Beeinflussung der Vererbung und zugleich schonungslosen Vernichtung alles Entarteten und Parasitischen. Damit wird der gesamten Menschheit eine Prozedur angedroht, deren Furchtbarkeit und Folgen sie im „Dritten Reich" am eigenen Leibe erfahren hat:

„Das ‚europäische Problem' ist die Züchtung einer neuen über Europa regierenden Kaste" (VII, 221).

„Das Zeitalter der Experimente! Der Naturprozeß der Züchtung ... es könnten ganze Teile der Erde sich dem bewußten Experimentieren weihen" (XII, 191).

„Es müßten Versuche auf Tausende von Jahren eingeleitet werden" (XII, 191).

Zuweilen wird sich Nietzsche bewußt, daß durch diese Züchtung zunächst nur eine andere Art und damit noch nicht etwas Besseres geschaffen wird, wenn man nicht von vornherein einen bestimmten Zweck, eine innere Ausrichtung ins Auge faßt. Als die erste Stufe auf diesem Wege bezeichnet er die Stärkung aller instinkthaft-vitalen Kräfte der menschlichen Rasse. Nach dieser Richtung sollen die Gütetafeln zunächst eine „physiologische" Beleuchtung und Ausdeutung erfahren. Und diese Beleuchtung führt ihn zum stärkeren Menschen, zum Raub- und Herrenmenschen, der sich zum rücksichtslosen Tyrannen aufschwingt, um damit der menschlichen Rasse eine neue Dauerfähigkeit zu geben und zugleich die Herausbildung neuer Kasten, neuer Gesellschaftssysteme zu befördern. Wie zu erwarten, bleibt Nietzsche jedoch bei diesem Typus Mensch nicht stehen. Auch er ist ihm nur eine Vorstufe auf dem Wege zum Genie. „Die Erzeugung des Philosophen, des Künstlers und des Heiligen in uns und außer uns zu fördern und dadurch an der Vollendung der Natur zu arbeiten", ist sein höchstes Ziel (I, 440). Darum kehrt er ständig zu den „Schaffenden" zurück, den großen Wegbereitern der Menschheit, während von der Vernichtung der Parasiten keine Rede mehr ist. Und wenn es an anderer Stelle heißt: „Übrigens könnte man als Individuum dem ungeheuer langsamen Prozeß der Selektion zuvorkommen, in vielen Stücken und vorläufig den Menschen an seinem Ziele zeigen" (XII, 124), so sind wir wieder beim Geniekult der siebziger Jahre, der ja den Zeitgenossen nicht weniger dargebracht wurde als den Genies der Vergangenheit. Und Nietzsche wäre gewiß nicht geneigt gewesen, sich von diesen großen Zeitgenossen ausgeschlossen zu fühlen.

Auf die Kunst bezogen, bedeutet dieses ständige Reflektieren über Natur und Natürlichkeit, Instinkt und physiologische Voraussetzung der Moral, daß auch die große Einzelpersönlichkeit fast immer in einem natürlichen Rahmen, meist der Landschaft, dargestellt wird. Böcklins „Eroberer", der am stärksten Nietzsches Übermenschen, den Gewaltmenschen, die schweifende blonde Bestie verkörpert, ist kein Denkmal vor leerem Hintergrund, sondern in eine Landschaft entrückt, die ihm einen Schauplatz gibt, ihn in einer bestimmten Umgebung zeigt und deshalb miterlebbar, als Held eines Abenteurerromans erscheinen läßt, und zwar einer Landschaft, die durch ihre sengende Glut, Öde, schwer zugängliche Weite, ihre Furchtbarkeit als Schädelstätte einen stimmungshaft erlebten Augenblick umreißt: das Unheimliche, vor nichts Zurückschreckende, Mühselige und Unerbittliche. Ohne Landschaft kein Held, nicht dieser Held! Feuerbachs Medea am Strande: eine große Szenerie und herrliche Landschaft mit allen Effekten der wilden, menschenfernen Natur, der Stimmung der Einsamkeit. Auch hier ist Natur Schauplatz, die räumliche und seelische Situation klärend, das Haften an der Erde, der Entschluß zur Ferne. Oder die „Amazonenschlacht", besonders in der 1. Fassung: überall Weite, Wolken, Sturm. Die Gestalten vor dem düsteren, farbig zerrissenen Himmel, gespenstisch verweht wie die Silhouetten vom Sturm gepeitschter Bäume. Vor allem aber „Iphigenie", die große, vornehme Erscheinung, durch eine Mauer von Meer und Ferne getrennt, und doch ganz auf die Weite der Landschaft bezogen, die Augen des Betrachters an der Figur vorbei auf das Meer hinaus lenkend. Ohne dieses Meer wäre diese schönste aller Figuren Feuerbachs nur ein Modell, eine Haltungsstudie. Auch bei Marées sind die Figuren immer im Einklang mit einer von tiefen, feierlichen Farben wie von Choralmusik durchklungenen Landschaft gesehen, oft indem sie sich als raumklärende oder raumbauende Horizontalen oder Vertikalen ihrer landschaftlichen Umwelt anschließen. Böcklin und Feuerbach haben auch reine Landschaften gemalt, und Thomas Landschaften gehören nicht nur an Umfang, sondern auch an Qualität zum bedeutendsten Teil seines Werkes. Als Bauernsohn war er mit dem Lande und der Landschaft von vornherein verwachsen, und seine mythologische Staffage, die Faune und Satyrn, sind im Grunde nur auf klassizistische Formeln reduzierte Landbewohner.

Und doch sind diese Landschaften, trotz aller Natur, nicht die Landschaften des Stimmungsrealismus der fünfziger und sechziger Jahre. Zuweilen, besonders bei Böcklin, sind sie deutlich stilisiert, über die Vertrautheit unmittelbarer Umgebung herausgehoben, und zwar durch das klare Rund des Aufbaus, durch den ruhigen, kurvigen Zug eines Flußlaufes in das Bild hinein, durch die wie Säulen gereckten und den Raum absteckenden Bäume mit ihren klar herausleuchtenden Stämmen, durch die helle Farbe des smaragdenen Wiesengrüns, die gelbe Rinde der Bäume, das tiefe Blau des Himmels. All das wirkt nicht nur dekorativ, einen Raum mitgestaltend, sondern immer für sich als geschlossenes Bild, stimmungsvoll wie ein Landschaftserlebnis, bei dem das Erhabene im Sinne sonntäglicher Befreitheit über die Schwere des alltäglichen Daseins triumphiert, und zwar durch die Stimmung Italiens, die sonnige Farbigkeit und eine die Glückstemperatur, den Optimismus charakterisierende Staffage: ein Paar, eine in das Bild hineinwandelnde Jungfrau, badende Kinder. Bei Thoma sind es die klaren Weiten und Hügelschwellungen, die auch bekannten Gegenden einen großen Aspekt geben. Sonnen- oder Mondscheinstrahlen, die durch Wolken brechen, variieren mit den Stimmungen des Lichtes eine der Zeit gemäße Dramatik. Stilisierte Baumformen, die sich wie Hecken über die Fläche spinnen, machen aus dem klaren Landschaftseindruck ein Märchenland, das an Schwind erinnert. Bemerkenswert für die realistische Landschaftsdarstellung im Gegensatz zu einer bloß monumental dekorativen ist die naturnahe, deutliche und treffende Charakteristik des Elementaren. Wie Böcklin das Meer darstellt, ist von derselben verblüffenden und bewundernswerten Realistik, mit der er uns seine Meerwesen, Zentauren, Faune und Seeschlangen nahezubringen versucht. Sie scheinen zu leben, wie im zoologischen Garten abgemalt, und sind dabei doch so aus der Gesamtanlage des Bildes in Form und Farbe herausempfunden, daß es nie zu einer Vereinzelung wie auf den Städtebildern und Interieurs der Biedermeierzeit kommt. In Feuerbachs Landschaften liegt die Größe, die Steigerung in den kahlen, nackten Flächen einer Gebirgslandschaft aus der Umgebung Roms. Aber auch hier ist es nicht die Strenge, die Natur architektonisierende Form, die im Vordergrund steht, sondern die Stimmung der Einöde, der Verlassenheit, der Rauheit und Kargheit, wodurch das Landschaftliche seine Natürlichkeit behält.

Auf anderen Landschaften der siebziger Jahre wird die Dramatisierung als bedeutungssteigerndes Element verwendet. So wie Nietzsche seinen Übermenschen als Räuber und Bestie schildert, so Böcklin in dramatisch bewegten, pathetischen Stimmungen, seine mythischen Landschaften, eine Art Übernatur, auch sie nicht Dekoration, sondern Schauspiel, Drama, ein Erlebnis aufregendster, packender Art für den Betrachter. Die Landschaft mit den Seeräubern, die aus der überfallenen, brennenden Burg Menschen und Habe wegschleppen, flammend, düster, nächtig. „Prometheus" (1882): ein Vulkan, schroff aus dem Meer aufsteigend, die Bäume zwischen Felsen wie Wellen aufbrandend, auf der Kuppe Prometheus angeschmiedet, von Wolken umtost, selbst ein Stück des Berges, sein Gipfel. Das Mythische nicht als Person, sondern als Landschaft und Schauspiel. Ebenfalls ins Mythisch-Religiöse weisen seine heiligen Haine und Toteninseln, die durch eine gewisse Tektonisierung, meist kirchenschiffartige oder kathedralhafte Formen, und eine tiefe märchenhafte Farbigkeit eine Stimmung der Feierlichkeit verbreiten, aber nicht zum Gottesdienst führen, sondern musikalisch wirken, allgemein menschlich ein Gefühl der Befremdung, Märchenferne oder paradiesischer Entzückung vermitteln. In den „Gefilden der Seligen" (1878) ist alles vom Gewöhnlichen ins Ungewöhnliche verwandelt, eine Landschaft mit Nixen, Zentauren, alles voller leiblicher und farbiger Schönheit, alles voller ruhiger Beseelung, aber nirgends Person, die verehrt oder angebetet werden soll, keine Lobpreisung Gottes in seinem Bilde, sondern alles Landschaft, paradiesische Staffage, von der Kunst gebotenes Erlebnis, in sich abgeschlossen, eine eigene Überwelt. Mehr Märchen als Mythos und in keiner Weise Heiligenbild.

Die größte Leistung der gründerzeitlichen Malerei sind jene Bilder, in denen ein neuer Naturmythos als personifizierte Allegorie erscheint, bei der die Person ganz Mensch gewordene Landschaft bedeutet, die Landschaft in Charakter und Stimmung völlig mit der menschlichen Gestalt zusammengeht. Hier werden nicht wie im antiken Mythos verehrungswürdige Personen dem Menschen zum Kult vorgeführt, die hergeleitet sind aus der Furcht vor Mächten, die den Menschen bedrücken und daher zu ihrer Beschwichtigung eine bestimmte Verehrung verlangen. Meist sind es Gottheiten, bei denen nichts direkt auf die Natur hinzuweisen scheint. Jetzt aber ist auch die Landschaft da, und zwar nicht als Macht und Tremendum, sondern als volle Realität in landschaftlicher Besonderheit und bewegtem Reichtum, und aus ihr ersinnt der Malerdichter die Person, die alles Leben der Landschaft in sich birgt, und so das Miterleben und Vermenschlichen der Landschaft bereits vorwegnimmt, keine aus Furcht geborenen Mächte, sondern fühlende Wesen wie der das Bild betrachtende Mensch. „Triton und Nereide": Naturwesen, der Triton körperlich mit dem Felsen zur Einheit verwachsend, aus dem Meere geboren und die Wildheit und Kraft der Wellen verkörpernd; die Frau, den Glanz des Lichtes auf den spiegelnden Wellen und die weiten Horizontalen der großen Meeresfläche in ihrer Ruhelage versammelnd. „Das Schweigen im Walde": das Unheimliche, Fürchtenmachende des Waldes und doch nicht bedrohlich, sondern als wäre das stumme Dunkel zwischen den Stämmen selber ein Atemanhalten der Furcht, voller Geheimnis, die Phantasie anregend, was alles Seltsames im Walde lebt. Auf einem Fabelwesen, einem Einhorn, eine Jungfrau, mit geängstetem Blick, nicht wagend, sich zu rühren auf dem scheuen Tier, das selbst vorsichtig tastend, mit schlürfendem Schritt und scheuen Blickes aus dem Walde heraustritt. „Die Geburt der Venus": aus dem Wasser aufsteigend, mit Schleiern, die sich wie feuchte, durchsichtige Nebel entfalten, ein Bild des Wassers, eine Wasserhose, die sich jeden Augenblick in ein anderes Bild verwandeln kann, wie die Wolken des Polonius im Hamlet. „Meeresbrandung": eine Frau, scheinbar für immer in eine Felsspalte verbannt, das Leben dieses wilden, einsamen Ortes verkörpernd, auf einer Riesenharfe die Melodien arpeggierend, die die brandende Flut gurgelnd tönt, der untere Teil des Körpers mit einem violetten Gewand bedeckt, funkelnd und wellend wie der Gischt über dem Gestein, ein Naturwesen, das hier wohnt, scheu, mit wildem Blick und verwehten, feuchten Haaren. Der Felsen ist nicht Hintergrund, die Figur keine Plastik, sondern Natur hier und Natur dort, in Raum und Stimmung eine Einheit bildend, Mythos und Märchen und Musik fürs Auge.

Mit dieser Steigerung ins Ungewöhnliche, Wilde, Menschenferne wird eigentlich erst jetzt der Begriff der Natur als des Ungebändigten, Unberührten verwirklicht, wie er sich bereits im 18. Jahrhundert anbahnt, das heißt auch der Mensch, als ein Urwesen, in einen Teil der Natur verwandelt: alles nur noch Instinkt, Enthemmung, organisches Leben, atmende Natur, wenn auch im Sinne der Gründerzeit aus dem rousseauistisch Idyllischen ins Machtbetonte verdreht. Daher stammen alle Prädikate, die Nietzsche für seine Übermenschen wählt, aus diesen Gründen, denn wie den Naturwesen Böcklins ist auch ihre Heimat die Landschaft. Als er nach Italien ging, suchte er nicht die Denkmäler der klassischen Stätten, sondern die italienische Landschaft, so wie auch Heyse seinen Helden in den „Unvergeßbaren Worten" die Villa Palladios als eine lichterfüllte Landschaftsszenerie empfinden läßt. Überhaupt ist die Dichtung dieser Jahre voll von solchen naturhaften Partien, und zwar nicht nur als bedeutungssteigernde Hintergrundskulissen, die den Menschen als ein in den Himmel ragendes Wesen erscheinen lassen, sondern auch als Lebensraum. Überall liest man scharfe Ausfälle gegen die Stadt, die „bunte Kuh", die „große Kloake", wie sie in Nietzsches „Zarathustra" heißt. Städtisches galt als nivellierend, als ameisenhaft, da es kein Pathos der Distanz erlaubt. In der Natur dagegen sah man sich groß, elementar, als eine „starke Silhouette", die alles andere überstrahlt. Daher schrieb Leibl am 18. März 1879 aus dem Allgäu: „Hier in der freien Natur und unter Naturmenschen kann man natürlich malen". Dahinter steht kein Provinzialismus, kein Rückzug, keine Flucht, sondern eine Steigerung des eigenen Ich, das sich nur in der Weite, nur in der Natur entfalten kann. Versucht man sich diese Künstler vor einem geistigen Auge vorzustellen, sieht man sie nicht vor dem Schreibtisch oder an der Staffelei, sondern im Freien: Meyer vor dem Hintergrund der Alpen oder im Boot auf dem See, Heyse als Wanderer am Strande von Sorrent, Feuerbach und Marées in der Campagna, Nietzsche in Sils-Maria, Böcklin in Fiesole, hoch über dem Arnotal. Keiner dieser Künstler hat sich je als Stadtmensch gefühlt. Dasselbe läßt sich von ihren Figuren sagen. Auch hier gehen Größe der Gestalt und Größe der sie umgebenden Natur Hand in Hand. Jürg Jenatsch erscheint vor der Kulisse des felsigen Graubünden, die Richterin Stemma auf ihrer einsamen Felsenburg, Storms Schimmelreiter vor dem blindwütigen Meer, Heyses Fischermädchen vor dem blauen Rund des Mittelmeeres. Selbst wenn sie von ihren Gefühlen sprechen, herrschen meist naturhafte Metaphern: Sturm, Feuersbrunst, reißender Strom, Gewitter der Leidenschaft, um auf das Elementare ihrer Anlage hinzuweisen, das sich jeder kleinlichen Betrachtungsweise entzieht. Das gilt vor allem für Nietzsche. Trotz aller personifizierenden Elemente ist gerade seine Sprache voller Landschaft, getränkt vom Zauber der rollenden Wellen, der tiefen Schluchten, blitzenden Gewitter und rollenden Donner, und zwar mit allen Farben der Sprachmusik und der Vermenschlichung im Redenlassen der Elemente, wie in folgendem Zarathustra-Zitat:

> „Aus schweigsamem Gebirge und Gewittern des Schmerzes rauscht meine Seele in die Täler.

Zu lange sehnte ich mich und schaute in die Ferne ... Und mag mein Strom der Liebe in Unwegsames stürzen! Wie sollte ein Strom nicht endlich den Weg zum Meere finden! Wohl ist ein See in mir, ein einsiedlerischer, selbstgenugsamer; aber mein Strom der Liebe reißt ihn mit sich hinab — zum Meere!

Zu langsam läuft mir alles Reden: — in deinen Wagen springe ich, Sturm!

Zu groß war die Spannung meiner Wolke: zwischen Gelächtern der Blitze will ich Hagelschauer in die Tiefe werfen. Gewaltig wird sich da meine Brust heben, gewaltig wird sie ihren Sturm über die Berge hinblasen" (VI, 120/22).

An anderen Stellen, wie in dem Abschnitt „Auf den glückseligen Inseln", heißt es:

„Die Feigen fallen von den Bäumen, sie sind gut und süß; und indem sie fallen, reißt ihnen die rote Haut. Ein Nordwind bin ich reifen Feigen.

Also, gleich Feigen, fallen euch diese Lehren zu, meine Freunde: nun trinkt ihren Saft und ihr süßes Fleisch! Herbst ist es umher und reiner Himmel und Nachmittag" (VI, 123).

„Euer Blick nach fernen Meeren, eure Begierde, den Felsen und seine Spitze zu betasten — eine Sprache ist es nur für eure Sehnsucht. Menschen, sucht nur euren Blick und eure Begierde und das, was mehr ist als Mensch ...

Mit Menschlichem wollen wir die Natur durchdringen ...

Wir wollen aus ihr nehmen, was wir brauchen, um über den Menschen hinaus zu träumen. Etwas, das großartiger ist als Sturm und Gebirge und Meer soll noch entstehen — aber als Menschensohn" (XII, 361).

Hier wird klar, daß im Grunde auch die Idee des Übermenschen eine Personifikation des Elementaren ist, eine stilisierte Verkörperung aller Naturmächte, der Instinkte der Zerstörung, des Wachstums und des Werdens. Wiederum handelt es sich nicht darum, Macht zu haben, sondern Macht zu erleben, Rang zu fühlen oder überhaupt etwas zu erleben, einen Zustand, in dem sich der Mensch erhoben, geschwollen fühlt, seine Kräfte wachsen, sein Lebensgefühl gesteigert sieht. Und zwar all das ohne einen bestimmten Zweck, ohne sinnvolle Tätigkeit oder Richtung in einen größeren Zusammenhang. Eine „vornehme" Seele will ihre erhobenen, stolzen Gefühle als etwas Auszeichnendes empfinden. Im Vordergrund dieser Schätzung steht „das Gefühl der Fülle der Macht, die überströmen will" (VII, 240). Damit ist als Ideal des Lebens eine Betätigung des Menschen aufgestellt, die den Menschen erfüllt, sein Selbstgefühl aktiv werden läßt, indem sie ihm das Gefühl suggeriert, ein höheres Wesen als andere zu sein. Wir sprechen durchaus im Sinne von

Nietzsches Heroenkult und Naturgefühl, wenn wir diese Lebensform als Berg-steigerexistenz charakterisieren, freilich nicht im Sinne eines Almhirten, der, ins Tal gestiegen, wieder emporklimmt, um seinen Kameraden neue Subsi-stenzmittel zu bringen, oder der in Abgründe hinunterklettert, um ein verirrtes Stück Vieh zu suchen oder einen Abgestürzten zu bergen. Ein solches Tun hat weder einen heroischen Glanz noch eine vornehme Note. Bei Nietzsche handelt des sich stets um einen Mann, der aus Leidenschaft, nur aus eigenem Trieb heraus, hinauf in die ferne, furchtbare Natur strebt:

> „Ich bin ein Wanderer und ein Bergsteiger" (VI, 223), „durch Kriege und Siege gekräftigt, dem die Eroberung, das Abenteuer, die Gefahr, der Schmerz sogar zum Bedürfnis geworden ist; es bedurfte dazu der Gewöhnung an scharfe, hohe Luft, an winterliche Wanderungen, an Eis und Gebirge in jedem Sinne" (VII, 395).

> „Wer die Luft meiner Schriften zu atmen weiß, weiß, daß es eine Luft der Höhe ist, eine starke Luft. Man muß für sie geschaffen sein, sonst ist die Gefahr keine kleine, sich in ihr zu erkälten. Das Eis ist nahe, die Einsamkeit ist ungeheuer — aber wie ruhig alle Dinge im Lichte liegen! wie frei man atmet! wie viel man unter sich fühlt! Philosophie, wie ich sie bisher verstanden und gelebt habe, ist das freiwillige Leben in Eis und Hochgebirge" (XV, 2).

Dieses Bewußtsein ist von Nietzsche aus gesehen mehr als ein Bild, denn hier ist alles beisammen, was ihn und die heroischen Naturschwärmer dieser Jahre bewegt: Kraft, Energieentfaltung, Gefahren, landschaftlich große Na-tur, prometheische, den Göttern gleiche Annäherung an Himmel und Sonne. Der volksfremde Charakter dieser Ideologie von „Auserwählten", die nicht für das tägliche Leben zu sorgen haben, tritt hier besonders kraß zu Tage. Denn welcher Arbeiter konnte sich diesen Sport leisten, der von jetzt ab zum Ideal einer Gesellschaft wird, die sich zu dieser bergsteigenden Existenz wie zu großen, gesellschaftlichen Ereignissen trifft, am liebsten in Dirndlkleidern und kniefreien Lederhosen, um der Natur ganz nahe zu sein. Man wollte auf diese Weise den Bauern imitieren, wie man ihn von den Bildern Leibls und Defreggers kannte, den kräftigen, unerschrockenen Naturmenschen. Und doch tut man genau das Gegenteil. Nicht ein Leben der Arbeit steht hier im Vordergrund, sondern die Existenz von Heroen, von Übermenschen, die sich diese Lebensform nur zum Zwecke eines gesteigerten Daseins, zur Er-höhung ihrer Gefühle anzueignen versuchen. Es handelt sich damit um das-selbe, was auch für die frühbürgerlichen Menschen des 18. und 19. Jahrhunderts das Wesen der Kunst ausmachte, nämlich durch das Medium des **Bildes**, des schönen Scheins dem Menschen Erlebnisse, ja Lebensinhalte zu schenken, die zwar Fiktion, aber doch ein höheres, intensiveres Dasein bedeuten, — ein zweckloses, von keinem äußeren Gebot veranlaßt, zu keinem äußeren Nutzen bestimmt: ein Kunstwerk.

DER OLYMP DES SCHEINS

Damit kommen wir zu dem wichtigsten Punkt, und zwar Nietzsches Gedanken-
welt und die Kultur seiner Zeit als eine Lehre zu verstehen, die weitgehend aus
dem Ideal einer zweckfreien, praktisch untätigen, ja zwecklosen Haltung geboren
ist. Beruht nicht das meiste auf dem geistigen Nacherlebnis von Gebildeten,
die auf der ökonomischen Grundlage des arbeitslosen Einkommens für die
heroischen Epochen der Vergangenheit schwärmen? Gerade bei den Ver-
stiegenheiten, Überspanntheiten, Grausamkeiten muß man sich immer wieder
vor Augen halten, daß es sich hier nicht um Dinge handelt, die aus dem Leben
stammen, sondern aus der ästhetischen Schau, der literarischen oder künstle-
lerischen Überlieferung. Was die Künstler, die Dichter dieser Jahre wirklich
wollen, ist nicht die Wirklichkeit, sondern das „Jenseits von Gut und Böse",
der „Olymp des Scheins", der nur den Genies und Halbgöttern zugänglich
ist. Man sollte daher bei der moralischen Beurteilung der wirklich hohen Kunst
dieser Jahre etwas vorsichtiger sein als bisher. Naives Gleichsetzen von Sein
und Schein wäre hier ebenso gefährlich wie völliges Absehen von jenen macht-
und ranglüsternen Tendenzen, die nun einmal zum Wesen aller gründerzeitlichen Äußerungen gehören. So versucht Nietzsche bei der Schätzung der
Macht als Gewalttat immer wieder den Eindruck zu erwecken, daß es sich
dabei um Vorstellungen handelt, die über jeder Realität und Realisierungsmög-
lichkeit stehen. Er sieht in sich selbst nicht den Politiker, den Menschen der
Tat, sondern den Dichter, den Seher des Möglichen, den Wegbereiter der Zukunft, dem es aufgegeben ist, uns etwas von zukünftigen Heldentaten ahnen
zu lassen und an einem großen Menschenbilde weiterzudichten. Vor allem
sein Übermensch ist ein solches Bild, eine ästhetische Projektion, eine Dichtung
— „Der Übermenschen Schönheit kam zu mir als Schatten. Ach, meine Brüder!
Was gehen mich noch — die Götter an!" (VI, 126). Wonach er verlangt, ist
die höchste Kraft und Mächtigkeit des Typus Mensch, nach einem Leben,
das in „tausend Fernen" blickt, hinaus nach „seligen Schönheiten". Also
weniger ein Ideal der Tat als ein Produkt der Phantasie, Schatten und Sehnsucht, Schönheit, ästhetischer Schein. Ob es sich dabei um Helden oder Verbrecher handelt, ist ihm im Grunde gleichgültig, solange es sich um große,
faszinierende Gestalten handelt. Nicht die Moral, sondern das Bild wird als
das Entscheidende hingestellt. Er fragt daher höchst rhetorisch: „Ist es ver-
boten, den bösen Menschen als eine wilde Landschaft zu genießen, die
ihre eigenen kühnen Linien und Lichtwirkungen hat?" (IV, 315), und gibt

die ebenso rhetorische Antwort: „Das Reich der Schönheit ist größer" — als das der „Moral" (VI, 314).

Die Philosophie des „Jenseits von Gut und Böse", die auf einer moralinfreien Tugend, Tugend im Sinne von virtu, beruht, wird daher stets mit dem schönen Schein, der ästhetischen Fiktion verbunden. „Nur als ästhetisches Phänomen ist das Dasein und die Welt ewig gerechtfertigt", heißt es in der „Geburt der Tragödie" (I, 45). Wie oft hat man solche Sätze zugunsten der Direktinterpretation einfach übersehen. Das betrifft vor allem seinen Heroenkult. Nicht sein, sondern nur erblicken will Nietzsche den Übermenschen:

> „Aber von Zeit zu Zeit gönnt mir ... einen Blick nur auf etwas Vollkommenes, Zu-Ende-Geratenes, Glückliches, Mächtiges, Triumphierendes, an dem es noch etwas zu fürchten gibt! Auf einen Menschen, der den Menschen rechtfertigt, auf einen komplementären und erlösenden Glücksfall des Menschen, um dessentwillen man den Glauben an den Menschen festhalten darf!" (VII, 325).

In diesem Punkt ist Nietzsche ganz Ästhet des schönen Scheins, der in der Kunst, in Ton, Wort oder Bild, seine höchsten Lebensmomente erlebt und aus solchen Scheinerlebnissen sein eigentliches Leben gestaltet. Darum gilt ihm nicht die Wahrheit, sondern der Irrtum als der „Vater des Lebendigen". Was ihn interessiert ist nicht die Prosa des Alltags, sondern die Poesie, das Fiktive, das Kunstwerk. Das Leben, das auf diese Weise entsteht, ist ein rein ästhetisches. Er zieht daraus die sophistische Folgerung, um der Erkenntnis willen das Leben, um des Lebens willen den Irrtum zu lieben, um so dem menschlichen Dasein endlich eine zweckentbundene, das heißt in seinem Sinne „moralinfreie" Richtung zu geben. Auf den ersten Blick sieht das alles nach reinem Formalismus aus, der überhaupt keine Ziele mehr kennt. Hält man jedoch die späteren L'art-pour-l'art-Tendenzen daneben, spürt man sofort, daß es sich hier nicht um künstliche Paradiese handelt, die man mit blutlosen Fabelwesen füllt, sondern um die Vermittlung eines Lebendigen, eines überhöhten, den Menschen fortreißenden, stürmischen, gewaltsamen Lebens, eines Nacherlebens starker, großer, leidenschaftlicher Menschlichkeit im Bilde, das sich um eine tragische Erschütterung bemüht. Doch wie verhält sich Tragik und schöner Schein? Werden hier nicht Gegensätze miteinander verbunden?

Seit dem Auftreten einer bürgerlich-individualistischen, das heißt einzelmenschlichen, unhöfischen Literatur spielt das Problem des Tragischen eine große Rolle. Das Problem nämlich, wie es möglich ist, daß das Tragische als ein Gegenstand von Furcht und Schrecken, daß der Untergang eines Helden, der unsere Sympathie gewinnt, zugleich ein Gegenstand sein kann, der uns erhebt und erfreut. Namen wie Lessing und Schiller stellen sich ein. Was sie interessierte, war vor allem der idealische Aspekt dieser Frage. Die Antwort

Hegels lautete, daß der tragische Held durch die Auflehnung gegen eine höhere Ordnung, sei es des Staates oder der Götter, die sittliche Weltordnung verletzt hat und dadurch schuldig geworden ist und daß durch sein tragisches Ende diese Weltordnung wieder hergestellt wird. Rein theoretisch entspricht diese Anschauung ungefähr dem, was die antike Tragödie wollte und Aristoteles so formulierte, daß der Zuschauer durch Furcht und Schrecken von allen Affekten gereinigt wird, die der tragische Held durch seinen Untergang in ihm erregt, das heißt durch Einsicht in eine höhere religiöse Notwendigkeit wieder zur Ruhe der Ergebung in das gottgewollte Schicksal gebracht wird. Nur der ist für ihn ein tragischer Held, der sich anmaßt, den Göttern gleich zu werden, indem er gegen die von ihnen eingesetzte Ordnung verstößt und so den Zorn der Himmlischen erregt, die sich durch ein tragisches Schicksal an ihm zu rächen versuchen. Für den antiken Menschen, für den die Ordnung der Gemeinschaft und die religiöse Bindung an die Gebote der Götter wesentlich höher standen als die Forderungen des Individuums, war daher die Tragödie eine Art religiösen Schauspiels, das den Menschen an dem tragischen Schicksal des Helden die Übermacht der Götter zum Bewußtsein brachte, und zwar auf dem Weg von der Hybris zur Katharsis, ähnlich wie auch das mittelalterliche Schauspiel den Triumph des Guten und die Niederlage des Bösen dem Menschen vor Augen führt. Rebellen wie Prometheus und Luzifer, Antigone und Judas sind Beispiele einer solchen religiös-moralischen Tragik.

Nietzsche dagegen distanziert sich von Anfang an von jeder Form der „Schuldschnüffelei". Was er unter Tragik versteht, ist weder die Hybris noch die moralische Verfehlung, sondern ein großes Ja zum Leid als der einzigen stärkeren Kraft im menschlichen Leben, die den Einzelnen über das Allzumenschliche in den Bereich des Göttlichen erhebt. Sein Mitleid mit dem tragischen Helden ist daher kein Leiden im pessimistischen Sinne, ein Leiden, das traurig stimmt und den Menschen vom Besuch des Theaters abhalten müßte, sondern ein beseligendes Mitgefühl, ein Mitleben mit dem Helden als Helden, das heißt ein Blick auf eine höhere Art von Menschheit, eine Art Übermenschlichkeit, die einfach dadurch, daß sie existiert, dem Menschen einen Blick nach oben schenkt. Der Held wird für ihn erst dadurch zum Helden, daß er um des heldischen Daseins willen das Furchtbare und Leidenbringende nicht verschmäht, sondern es aufsucht. Diesen Willen zum Tragischen nennt Nietzsche einen Ausfluß der überströmenden Gesundheit, ein Zeichen für die Strenge und Stärke des Intellekts, ein gehobenes Dasein, ein Leiden an der Überfülle — eine versucherische Tapferkeit des schärfsten Blicks, die nach dem Furchtbaren verlangt als nach dem einzig würdigen Feinde, an dem sie ihre Kraft erproben kann. Er schreibt:

> „Es sind die heroischen Geister, welche zu sich selbst in der tragischen Grausamkeit Ja sagen: sie sind hart genug, um das Leiden als Lust zu empfinden" (XVI, 269).

„Die Lust an der Tragödie kennzeichnet starke Zeitalter und Charaktere" (XVI, 269).

„Vor der Tragödie feiert das Kriegerische in unserer Seele seine Saturnalien". Wer Leid gewohnt ist, wer Leid aufsucht, der heroische Mensch preist mit der Tragödie sein Dasein, — ihm allein kredenzt der Tragiker den Trunk dieser süßesten Grausamkeit" (VIII, 136).

Der Kampf des Helden gegen das Herkommen, das von der Moral und der Gemeinschaft Gebotene, und der Untergang desselben setzen daher bei Nietzsche nicht den Helden, sondern die Gemeinschaft ins Unrecht. Konsequenterweise sieht er den höchsten tragischen Held im Verbrecher, der sich vom Konformismus der Masse abgestoßen fühlt und nur den vollen Wuchs seiner eigenen Persönlichkeit im Auge hat. Daß er dabei oft scheitert, wird nicht als Versagen, sondern als Auszeichnung hingestellt. Der Nichtscheiternde, der Anständige erscheint ihm als der Uninteressante, dessen Leben sich nicht ins Ästhetische verklären läßt. Kunstwert hat für ihn nur das gefährliche Leben, an dem man sich „wie an einem Schauspiel weiden" kann (II, 52). Wer diese Auffassung nicht teilt, wird unter die Banausen gezählt. So schreibt er bedauernd: „Die Advokaten eines Verbrechers sind selten Artisten genug, um das schöne Schreckliche der Tat zugunsten ihres Täters zu wenden" (VII, 100). Gerade in solchen Äußerungen fußt Nietzsche ganz auf dem extremen Freiheitsstandpunkt des Liberalismus, des „Tout comprendre, c'est tout pardonner", indem er das ungeschriebene Gesetz der Natur über die Ratio des kodifizierten Rechtes stellt. Was ihn dabei von Rousseau unterscheidet, ist lediglich sein konsequenter Amoralismus. Während der empfindsame Idealismus des 18. Jahrhunderts ein Reich des leidlosen Humanismus, des arkadischen Idylls im Auge hatte, betont er gerade den kriegerischen, den leidbringenden Aspekt, der allen „natürlichen" Formen des menschlichen Zusammenlebens zugrunde liegt. Alle Leiden, die der tragische Held in seinem heroischen Kampfe auf sich nimmt, sind daher nach seiner Meinung nicht zu beklagen, sondern zu begrüßen, denn erst in ihnen beweist sich sein Heldentum. Er schreibt:

„Ihr wollt womöglich das Leiden abschaffen; und wir? — es scheint: wir wollen es lieber noch höher und schlimmer haben, als es je war! Wohlbefinden, wie ihr es versteht — das ist ja kein Ziel, es scheint uns ein Ende! ... Die Zucht des Leidens, des großen Leidens — wißt ihr nicht, daß nur diese Zucht alle Erhöhungen des Menschen bisher geschaffen hat" (VII, 180).

An anderen Stellen heißt es:

„Gelobt sei, was hart macht! Ich lobe das Land nicht, wo Butter und Honig fließt" (VI, 224).

„Die geistigsten Menschen erleben auch bei weitem die schmerzhaftesten Tragödien; aber eben deshalb ehren sie das Leben, weil es ihnen die größte Gegnerschaft entgegenstellt" (VIII, 129).

„Es bestimmt beinahe die Rangordnung, wie tief Menschen leiden können" (VII, 258).

Leiden und Untergang sind also nicht die beklagenswerten Folgen verhängnisvoller Konflikte, nicht trauriges Schicksal, sondern freier Wille, Rangbewußtsein, das sich zum Heidischen emporschwingt und alle Bedrohungen des Lebens im Glücksgefühl eines erhöhten Daseins auf sich nimmt. Aus dem Leiden wird so eine Leidenschaft, ein Orgiasmus eines sich selbst genießenden, überströmenden Lebens- und Kraftgefühls. „Vermöge der Musik genießen sich die Leidenschaften selbst" (VII, 99), heißt es über die Oper. Daher wird alles, selbst das Grausame, Brutale, Schreckenerregende, lediglich als Stimulans gesehen. Der tragische Held ist für ihn der Gladiator der Erlebnisse, der sich selbst zerfleischt, um sich und den Zuschauer mit dem Gefühl des Tragischen zu beglücken. Wie um des Schauspiels willen die Gladiatoren den todbringenden Kämpfen ausgesetzt, den wilden Tieren vorgeworfen werden und die Menschheit ihnen zujubelt, so werden in diesen Jahren die großen Menschen, die ihre Größe in der Tragik bewähren, dem Untergang überantwortet, um den Zuschauern den Genuß leidenschaftlicher Erregungen und Spannungen zu verschaffen. Auch im Leben sollen die Genies der Tragik ausgeliefert werden, damit es weiterhin Tragödien gibt. „Um den Helden herum wird alles zur Tragödie" (VII, 106).

Indem Nietzsche dabei vom Drama ausgeht, also vom ästhetischen Erlebnis, dem Leiden und Untergang erhöhter Menschen, anstatt sich mit einem konkreten Leiden zu beschäftigen, an dessen Abhilfe man mitarbeiten könnte, beweist er abermals, wie stark seine ganze Übermenschen-Theorie vom Standpunkt des Dichters und des Zuschauers gesehen ist. Das Tragische ist für ihn ein begrüßenswerter Zustand, weil es auf diese Weise Helden der Tragödie gibt. Die Tat des Helden damit zu rechtfertigen, daß er sein Leben um irgendwelcher Entdeckungen oder für die Gemeinschaft wichtiger Errungenschaften aufs Spiel setzt, kommt ihm gar nicht in den Sinn. Für Nietzsche und seine Helden ist Tragik kein Opfer, sondern ein Glück — und deshalb nur vom ästhetischen Standpunkt zu verstehen.

„Die Kunst und nichts als die Kunst! Sie ist die große Ermöglicherin des Lebens, die große Verführerin zum Leben, das große Stimulans des Lebens" (XVI, 272).

Das Verhängnisvolle ist aber nun, daß Nietzsche bei diesem ästhetischen Standpunkt nicht stehenbleibt, sondern diese Forderung doch in die Realität überträgt. Auch im Leben soll der nach Höherem strebende Mensch die Tragik suchen und damit zu einem wirklichen Helden und nicht nur zum Übermenschen eines Dramas, einer Dichtung werden. Das bedeutet der Aphorismus: „Wo ist Schönheit: wo ich mit allem Willen wollen muß; wo ich lieben und wo ich untergehen will, daß ein Bild nicht nur ein Bild bleibe" (VI, 180). Damit wird Nietzsches Werk eines der großartigsten, wenn auch gefährlichsten

Beispiele für alle jene Lebenshaltungen, in denen die wegen ihrer packenden und mitreißenden dichterischen Gestaltung nur für das Zusehen, den ästhetischen Genuß gültigen Lebensformen in das reale, tätige Leben übertragen werden. Die Menschen, die nach der Lektüre Nietzsches den Übermenschen in ihrem maßlosen Selbstgefühl und einem moralinfreien Sichausleben und schrankenlosen Rücksichtslosigkeit gegen andere Menschen zu realisieren versuchen, haben ihn nur halb verstanden. Manche könnte man mit Knaben vergleichen, die nach der Lektüre des „Lederstrumpf" die Aufregung von Krieg und Grausamkeit im Indianerspielen zu erleben versuchen. Daß eine ganze Epoche und ihre Regierungsschicht aus seinem Werk das Recht ableitete, die von Nietzsche dem Übermenschen angedichteten Grausamkeiten auf die ganze Menschheit anzuwenden, hätte er sicher abgelehnt, selbst wenn er diese Epoche gefordert und gefördert hat. Was ihm vorschwebte, war das ästhetische Vergnügen an tragischen Gegenständen, an Scheiternden, Grausamen, Maßlosen wie Cesare Borgia, Blaubart, Salome oder Nero, der das von ihm angesteckte Rom wie ein grandioses Schauspiel betrachtet und dazu seine Lieder singt, eher an Oscar Wilde als an Hitler erinnernd. Das soll keine Entschuldigung sein, sondern gehört zum Wesen aller übersteigerten Intelligenzutopien, in denen sich eine höhere Klasse auch als höhere Geistigkeit interpretiert. Wo liegt hier die Wahrheit, bei einem so ambivalenten Geist wie Nietzsche, der hinter das prophetisch Fordernde immer das luziferische Lächeln setzt, der sich nicht nur als Führer, sondern auch als Verführer bezeichnet, mit Ideen und Bildern jongliert wie ein „Tänzer", wie ein in seinem Sinne echter „Artist"?

Auf wissenschaftlichem Gebiet entspricht diesem gefährlich hin und her pendelnden Ästhetizismus ein ebenso problematischer Historizismus, der sich in dem Glauben wiegt, das vom Historiker nachempfundene Dasein älterer Zeiten als Vorbild eigener Entscheidungen benutzen zu können und somit die Vergangenheit unmittelbar in die Gegenwart zurückzurufen. Die Geschichtsschreibung dieser Jahre bemüht sich daher in steigendem Maße, die überlieferten Fakten aus dem Leben ihrer Helden als etwas Nacherlebbares darzustellen, anstatt wie die alte höfische Historie lediglich zeitlose Exempel des Guten oder Bösen zu geben. Justi beschreibt 1867 dieses Nachleben des Historikers in einer anonym erschienenen Selbstanzeige seines „Winckelmann" folgendermaßen:

> „Geniale Menschen besitzen eine Anziehungskraft, eine Unerschöpflichkeit innerer und äußerer Beziehungen, vermöge der sie noch ein zweites Leben ausfüllen, fast den Stoff zu einer zweiten Existenz hergeben können … Eine ihnen wahlverwandte, aber weniger selbständig schaffende als nachbildende, rezeptive Intelligenz kann eine Arbeit, eine Erhebung, eine Freude daran finden, solchen Größen auf Schritt und Tritt nachzugehen, den von Schicksal und Genius entworfenen,

von Schicksal und Zufall teils geförderten, teils zerstörten Plan ihres Lebens aufsuchen — wo der Wortgelehrte sein ganzes Leben an die Restitution eines alten Textes setzt."

Durch diese Verlebendigung historischer Fakten zum Menschenbilde wird auch der Historiker zum Dichter. So sagte Herman Grimm von Treitschke, den er gern mit Tacitus vergleicht: „Ein großer Geschichtsschreiber ist nicht denkbar, in dessen Adern nicht dichterisches Blut flösse" (Beiträge S. 17). Aus diesem Grunde verdichtete man die zusammenhangslosen, trockenen Tatsachen meist zu einem dramatischen Zusammenhang, bei dem die leeren Zeitabschnitte, die Trivialitäten des Alltags oder die Schrecknisse der die Umwelt betreffenden Schandtaten einfach übergangen werden, um nicht vom glänzenden Bilde des Helden abzulenken. Dieses gesteigerte und verklärte Bild wirkte auf die historisch denkenden Menschen der siebziger Jahre wesentlich intensiver und lebenswahrer als die eigene Gegenwart. Nur so läßt sich erklären, daß man die dichterische Wahrheit der Vergangenheit als Maxime des eigenen Handelns in die Gegenwart zu übertragen versuchte, ungeachtet der Tatsache, wie stark sich die bürgerliche Realität mit ihren Gaslampen, Fabriken und Eisenbahncoupés von der Idealität des geschichtlichen Fernbildes unterschied. Besonders umschwärmt wurde die wunderbare, ästhetisch nicht wieder erreichte Höhe des antiken Menschen im Bilde, als sei diese Welt auch in der Realität etwas gewesen, was sich unmittelbar nacherleben läßt. Wer dachte schon bei den „edlen Römern" an die Gemeinheit und Pöbelhaftigkeit der Soldatenkaiser, der Widerlichkeit des spätantiken Luxuslebens oder an die Not und die Aufstände der Massen? Kunst war es, worin man die Realität erblickte. Selbst wenn man von der Polis, vom Imperium sprach, meinte man immer die Kunst der Staatsführung, den kunstvollen Organismus, die aristokratische Struktur dieser Gebilde, die erst durch die christlichen Sklavenheere überrannt worden seien. Wie verbittert und ressentimentgeladen klingen daher die Worte Nietzsches:

> „Das, was aere perennius dastand, das Imperium Romanum ... war nicht fest genug gegen die korrupteste Art der Korruption, gegen die Christen, diese feige, femininische und zuckersüße Bande ... Das Christentum war der Vampir des Imperium Romanum" (VIII, 304/305).

Auch die Literatur der siebziger Jahre ist voller stolzer oder wehmütiger Rückblicke auf die großen Zeiten der Vergangenheit, je nachdem man sich ihnen gewachsen fühlt oder unter ihrer Größe leidet. So schreibt Meyer über die Schlußszene seines „Jürg Jenatsch": „Mahnt das nicht an die Atriden?" (II, 626). Andere berufen sich auf Plato, Horaz oder Homer. Selbst der wesentlich schlichtere Anzengruber beschließt seinen „Sternsteinhof" mit der Bemerkung, daß „auch in den ältesten, einfachen, wirksamsten Geschichten die Helden und Fürsten Herdenzüchter und Großgrundbesitzer" gewesen seien

(XIII, 233). Aber nicht nur Antike und Renaissance, auch Ägyptisches, Germanisches, Englisch-Schottisches, Spanisch-Navarresisches und Mittelalterliches findet sich in reicher Fülle. Überall werden die Bilder der Vergangenheit zu farbenprächtigen Makartbuketts zusammengestellt. So schreibt Meyer von den „Gedichten" (1873) Felix Dahns: „Wir betreten einen Zaubergarten, wo neben Lorbeer und üppigen Granatengebüschen schlanke Palmen aufschießen und den eine hohe, kräftige Schar nordischer Eichen beherrschend überragt" (II, 533). Er selbst liefert in seinen Novellen Bilder aus Früh- und Hochmittelalter, Renaissance und Barock, beschwört Gestalten wie Karl den Großen, Thomas Becket, Dante, Lukrezia Borgia, Vittoria Colonna, Coligny, Gustav Adolf von Schweden, und zwar immer in derselben Manier, nicht als historisch-realistische Charakterporträts, sondern als Akteure eines übermenschlichen Schauspiels. Nicht die Fakten interessieren ihn, sondern das große Bild, die ästhetische Fiktion, die heroische Leidenschaft, das Tragische, all das, was er in seinem eigenen bürgerlichen Alltag so bitter vermißte. „Großer Stil, große Kunst" ist sein immer wiederkehrendes Motto. Daher liebt er Ausdrücke wie „edle Gebärde", „herrischer Blick", „gewaltige Statur", „der Feuerschein wilder Kraft", „die Vollkraft des Wuchses", als sei die ganze Welt ein Schauplatz gravitätischer Gestalten, die sich um Haupteslänge über das Gesindel erheben. Trotz mancher historisch-belegbaren Züge spielen auch seine Werke auf dem „Olymp des Scheins", wo alles unter dem Gesetz der tragischen Fallhöhe steht. Dafür spricht die Briefstelle: „Mir individuell hinterläßt das Komische immer einen bitteren Geschmack, während das Tragische mich erhebt und beseligt" (II, 646). Die Probe aufs Exempel liefert die berühmte Stelle aus dem „Heiligen": „Was tut's? Glänzende Sonnen gehen blutig unter" (II, 31). Das Historische wird daher immer wieder vom Theatralischen überwuchert. Wie auf der Bühne ist alles auf effektvolle Kulissenwirkung berechnet. Nicht das Milieu bestimmt hier die Szene, sondern das Kostüm, die Draperie, der Faltenwurf. Besonders bei den häufig wiederkehrenden Schlachtenszenen, höfischen Versammlungen und feierlichen Umritten beschreibt man mit Vorliebe farbenprächtige Tableaus, die an den Stil des „Meininger Hoftheaters" erinnern. Man lese eine kurze Stelle aus dem festlichen Einzug, den Lukrezia und Angela Borgia in Ferrara halten:

> „Und dieses Theater entfaltete sich heute in ungewöhnlicher Pracht:
> Strahlender Himmel, glänzende Trachten, öffentlicher Jubel, der festliche Verkehr der Begünstigten und Glücklichen dieser Erde, berauschende Musik, stolzierende Rosse, reizende Frauen, verliebte Jünglinge, schmeichelnde Huldigungen, klopfende Pulse, die Welt, wie sie sich schmückt und lächelnd im Spiegel besieht, alle diese Lust und Fülle lag vor ihr ausgebreitet ..." (II, 319).

Selbst der schlichtere Heyse liebt solche theatralischen Überhöhungen. So heißt es von der Hexe vom Korso, einer Lukrezia Borgia en miniature:

„Sie trat rasch, mit ihrem prachtvollen, königlichen Schritt, wie man die tragischen Heldinnen auf der Bühne schreiten sieht, auf mich zu ..." (XVII, 186).

Fast ins Unerträgliche gesteigert wird diese theatralische Manier bei kleineren Geistern wie Ebers, Lingg, Lindner, Wilbrandt, Dahn oder dem Grafen Schack. Je farbenprächtiger desto besser, je tragischer desto bedeutsamer, scheint ihre Maxime zu sein. Im Sinne eines literarischen Berauschtseins am Caesarischen ist hier alles in schwindelnde Höhen stilisiert, wodurch sich das Überwirkliche ins Unwirkliche verdünnt. Ägyptische Königstöchter stehen neben Nibelungenrecken, frühchristliche Märtyrer neben syphilitischen Vampiren der Renaissance. Im Gegensatz zur kulturhistorischen Detailliertheit bei Gustav Freytag oder Wilhelm Riehl ist das Ganze nur ein Vorwand, um sich zu den „Höhen der Menschheit" aufzuschwingen. Nicht Geschichte will man darstellen, sondern das berauschende Ineinssein von Laster und Macht, wie es in Lindners „Bluthochzeit" (1870) und Wilbrandts „Arria und Messalina" (1872) zum Ausdruck kommt. Eine besondere Rolle spielt dabei die Nero-Gestalt, das heißt jener Nero, der sogar das brennende Rom als einen rein ästhetischen Reiz genießt und dazu seine hybriden Gesänge anstimmt. Wohl das beste Beispiel für dieses Genre bildet Hamerlings „Ahasver in Rom" (1866): ein einziges Schwelgen in theatralischen Tableaus und erotischen Orgien. Mal ist es der Park, mal das Festgelage, mal das Boudoir, das im Mittelpunkt steht. Und doch ist alles nur Dekoration, ebenso unecht wie der Theater-Nero, der von Szene zu Szene immer größenwahnsinniger wird. Inmitten goldumränderter Onyxwannen, Purpurtücher und persischer Teppiche herrscht hier ein Titanengeschlecht von übermenschlicher Gliederpracht, das sich ständig in tragischen Gebärden gefällt. Überall spürt man die Schminke, den Schauspieler, der vor dem Spiegel steht. Das Ganze wirkt daher wie ein Versuch, sich parvenühaft am Fürstlichen zu berauschen, seine eigene Kümmerlichkeit hinter entlehnten Masken zu verbergen.

Dieselbe Schätzung der Vergangenheit und der damit verbundene Historismus der Stile läßt sich auf kunstgewerblicher und architektonischer Ebene beobachten. Indem sich die Reichen der Zeit mit Stilmöbeln nachgeahmter oder gesammelter Vergangenheit umgaben, wurden sie entweder gezwungen, ein unnatürliches Verhalten anzunehmen oder ein Leben in ästhetischer Beschaulichkeit zu führen. Ein Möbelstück galt nicht als Gebrauchsgegenstand, sondern als Bild, das weniger zum Benutzen als zum Betrachten dient. Dieses bildgenießende Verhältnis zu Wohnung und Möbel entspricht der Art, wie der Privatgelehrte Schwarz in Heyses „Unvergeßbaren Worten" die Architektur Palladios betrachtet, die er ganz als Bild versteht und menschlich lebendig macht:

„... will ich nur eingestehen, was für Regungen in meiner armen Seele durch diesen Palladio geweckt worden sind. Sie kennen ihn ja. Sie haben

ohne Zweifel alle die Wunderwerke gesehen, die er da unten in der
Stadt errichtet hat, von der überherrlichen Basilika, dieser einzigen
Vermählung der Anmut mit der Majestät, bis zu dem Häuschen am
Korso, das mit seiner schmalen Front zwischen den Bürgerhäusern steht
wie ein Prinz von Geblüt. Ich weiß nicht, ob sie einen besonderen Sinn
für Architektur haben. Mir hat er bis dato gefehlt ... erst hier sind mir
die Augen aufgegangen und mit den Augen das Herz. Denn gerade,
weil mir die übrigen Künste, obwohl ich selbst keine ausübe, immer
Herzenssache waren und die Baukunst nur zu meinen äußeren Sinnen
sprach, ist sie mir fern geblieben. Und nun komme ich nach Vicenza
und gehe ganz arglos unter diesen Steinen herum, die alle einen Namen
tragen, und plötzlich sieht mich aus all den stummen Säulen, Pilastern
und Giebeln ein Menschengesicht an, das heiterste, erhabenste, liebens-
würdigste, das ich je gesehen, und wo ich sonst nur ein unpersönliches
Wesen zu verehren pflegte ... entdecke ich jetzt zum ersten Male ein
Menschenherz voll unsterblicher Wärme, das mir etwas zu sagen hätte
und dessen leisestes Wort ich verstände" (XVIII, 261).

Den damals viel bewunderten Höhepunkt dieser historischen Einfühlsamkeit
bildete Makarts Atelier, das von Kunstfreunden aus aller Welt aufgesucht
wurde. Hier war der Versuch gemacht, eine Inneneinrichtung in ein Gemälde
zu verwandeln, ein Bild zu bauen, von ähnlicher Wirkung wie die Ideallland-
schaften dieser Jahre, etwa Böcklins „Villa am Meer" (1865). Von der Realität
aus gesehen, bedeutet das eine weitgehende Lebensentfremdung. Was jedoch
die ästhetisch nachempfindenden Gebildeten dabei fühlten, war gerade das
Gegenteil: das wahre Leben, der Olymp des Scheins, die Erhebung des Alltäglichen ins Übermenschliche. In diesem Sinne spricht Nietzsche von der
Kunst als der großen „Totenbeschwörerin", deren Aufgabe darin besteht,
„verblichene Vorstellungen" wieder neu „aufzufärben" (II, 158). Überall
will man das Große, Ewige, Überzeitliche und flieht doch in die zeitbedingte
Dekoration, die historische Maske. So wird bei der Einweihung des Münchener Künstlerhauses Backwerk in Bildwerk, zum Genuß Dienendes in künstlerische Stilleben verwandelt. Auch die großen Festzüge, die Makart in Wien
inszenierte und in seinem Schaugemälde „Einzug Karls V. in Antwerpen"
(1878) als Paradigma aufgestellt hat, versuchen das gesellschaftliche Leben ins
Geschichtliche zu erheben. Das Ergebnis ist, daß selbst das gelebte Leben
zum lebenden Bild erstarrt. Immer wieder hat man den Eindruck des Vor-
geformten, Drapierten, künstlerisch Zurechtgestutzten, der nie die äußere
Wirkung aus dem Auge läßt. Sogar das religiöse Pathos des „Zarathustra"
ist kein unmittelbarer, persönlicher Stil, sondern ein von der Historie ein-
gegebenes Produkt, in dem sich Traum und Wirklichkeit, ästhetische Selbst-
beräucherung und Bekenntnislyrik seltsam vermischen. Eine Kunst von Zentauren.

Das Ergebnis dieser Haltung ist ein Historismus, der auf Grund einer sich im Historiker spiegelnden Vergrößerung des historischen Objekts den herostratischen Versuch unternimmt, Geschichte zu machen, indem er sich anmaßt, ohne einen zeitmöglichen oder realisierbaren Zweck die ungeheuerlichsten Phantasmata ins Leben zu tragen. Was anderes spricht aus Nietzsche, wenn er am Schluß des „Antichrist" sagt:

> „Und man rechnet die Zeit nach dem dies nefastus, mit dem dies Verhängnis anhob, — nach dem ersten Tag des Christentums! — Warum nicht lieber? — Nach Heute? — Umwertung aller Werte! ..." (VIII, 314).

SCHLUSSBETRACHTUNG

Wie gesagt, die Ideen vom Willen zur Macht, zum Rang, zur Vornehmheit hatten in den siebziger Jahren ihren Herd nicht dort, wo wirklich Macht und Rang seit altersher vorhanden waren, sondern dort, wo eine emporgekommene Schicht von Gründern und Kapitalisten, schnell und unmäßig reich geworden, mit Hilfe eines erschwindelten, erspekulierten und fabrikmäßig erarbeiteten Vermögens hektisch bemüht war, den Lebensstil der traditionell Rangvollen zu imitieren. Hier gab es, soweit es sich um Unternehmer handelte, die Macht über ungezählte Arbeitssklaven, den Willen zur Macht im Willen zur Expansion auf wirtschaftlicher Ebene, die Betonung des Herr-im-Hause-Standpunktes, die Begierde nach politischem Einfluß und Zugang zur regierenden Schicht und herrschenden Klasse, zum Eintritt in die vornehme Gesellschaft, in die das Geld den Zugang über studentische und Offizierscorps, Geldheiraten und Kredite eröffnete. Hier blühte das Streben nach arbeitslosem Einkommen mit Hilfe von Aktien, Banknoten und Börsenspekulationen. Hier war der Krieg, die Konkurrenz, die über Leichen ging wie Böcklins Abenteurer, hier die Ausbeutung vieler durch den rücksichtslosen Herrenstandpunkt einzelner. Auf diese Verhältnisse hätte Nietzsche seine Theorien abstimmen oder kritisieren sollen.

Aber wenig von dem. Die Künstler, Dichter und Philosophen gingen an dem wichtigsten Problem dieser Jahre vorbei, der Arbeit, das in der Tat eine Umwertung aller Werte in sich schloß. Die gewaltigen Möglichkeiten, die sich in der Maschine für eine Erschließung der Natur zum Nutzen der Menschheit auftaten, hätten besser als die Machtbegriffe den fetischhaften Begriff von der allein seligmachenden Natur zerstören können oder dem Machtbegriff als prometheischer Herrschaft des Menschen über die Natur eine zeitgemäße Wendung geben können. Aber auch das wäre keine Umwertung im Sinne der neuen Zeit gewesen. Eine wahrhaft neue Wertung hätte vom Begriff der Leistung ausgehen müssen, vom Phänomen des Werkes, als des entscheidenden Maßstabes, an dem eine Leistung sich kundgibt, das heißt der Arbeit, die in einem Werke steckt. Doch es blieb beim Gegensatz von Arbeitenden und Nichtarbeitenden, Mächtigen und Ohnmächtigen, Leistungsmenschen und Parasiten. Für eine neue Wertkategorie, die nichts mit Rang zu tun hat, wären weder die Unternehmer und Kapitalisten, noch die Künstler und Philosophen zu haben gewesen. Für sie ging es immer noch um den Aufstieg nach oben, zur Herrenkaste, um die gesellschaftliche Gleichstellung mit den feudalaristokratischen Kreisen, sei es durch Geld oder Genie. Leben als Arbeit zu betrachten, wäre ihnen wie ein Abstieg in den vierten Stand erschienen. Was die Unternehmer interessierte, war nicht die Qualität ihrer Produkte oder die Organisation ihres Betriebes, sondern der Erwerb von Machtmitteln, von Kapital. Anstatt die Arbeit, das Schaffen, das Schöpfertum als Lebensziel zu betrachten, sahen sie in alledem eher einen Abweg vom Leben. Arbeiter zu sein, war für sie die niedrigste Stufe des Menschseins überhaupt. Was sie sich vom Leben erträumten, war entweder der Zugang zur Gesellschaft und den rauschhaften Festen dieser Gesellschaft oder jene Lebenssurrogate, die ihnen durch die Kunst und eventuell auch durch die Geschichtsschreibung geboten wurden. Da dieses Leben, verdichteter und verschönter durch die Poesie, für den arrivierten Bürger des 19. Jahrhunderts das höhere Leben schien, so waren es die Künstler, die ihnen dieses Leben schenkten, die höheren Menschen, auf die man sich angewiesen fühlte. Daher wurden diese nicht als Arbeiter gewürdigt und ihr Werk als erarbeitete Leistung, sondern als Vertreter eines gehobenen Daseins, an dem man wie an einem von den Göttern veranstalteten Gastmahl teilnehmen durfte. Mäzenatentum war daher ein selbstverständlicher Bestandteil der Noblesse oblige. Die Künstler ihrerseits wurden durch dieses Mäzenatentum eng an die kapitalistischen Kreise gebunden, strebten nach arbeitslosem Einkommen und waren darum der Verachtung der Handarbeit ebenso zugänglich wie die reichgewordenen Unternehmerschichten. Auch sie empfanden, daß ihr geistiges Schaffen keine Arbeit sei, sondern Ausdruck eines höheren Lebens, das sie in spontaner Äußerung freiwillig von sich gaben, um damit jenen eine Erhebung zu bieten, die sich in vornehmer Muße lediglich dem Genuß von Kunstwerken hingeben konnten. Vor allem bei Nietzsche führt dieses Parvenütum zu einem maßlos übersteigerten Machtverlangen, und zwar in einem Pathos und einer Form, die einer besseren Sache würdig gewesen wären. Nur hie und da taucht einmal ein Gedanke auf, der in eine völlig andere Wertwelt zu weisen scheint: „Trachte ich denn nach Glücke? Ich trachte nach meinem Werke!" (VI, 476).

An die Manifestation der Industrie mit ihrem ungeheuren Apparat von Maschinen und geschäftlichen Auswertungen zu denken, hätte Nietzsche vollkommen fern gelegen. Nicht nur der Herrenstandpunkt und die Feindseligkeit gegen die Masse, die ihn die Arbeiterfrage nur unter dem Aspekt der Auflehnung gegen die Herren von Geburt sehen ließ, sondern auch das übermächtige Naturgefühl, in dem er wie die ganze Zeit so stark verhaftet war, hätten ihn die Anerkennung moderner, das heißt naturverarbeitender Mächte oder auch nur das Eingehen auf ihre Problematik weit von sich weisen lassen. Wie die meisten Gebildeten dieser Ära zu dem kommenden Maschinenzeitalter standen, verdeutlichen folgende Worte von Justi: „Der Mensch schuf sein eigenes Symbol, indem er, sich selbst zum Teil einer drolligen Maschine machend, als zwecklos den Raum verschlingendes Monstrum des Königs

Heerstraße durchrast" (W II, 265). Daher war er gegen Photographien in seinen Büchern und ließ sie durch Holzschnitte ersetzen. Von der „Kunstgeschichte der Zukunft" entwarf er 1881 folgendes satirisches Bild: „Vielleicht wird ein Professor der Kunstgeschichte Anno 1931 etwa nach folgendem Gerippe vorgehen: Firma R. Santi & Cie. Bureau: früher Perugia und Florenz, seit Empfang heiligster Ordres Rom, Borgo. Hauptbranche: Fresco in grosso (stramme Tendenz). Nebenbetrieb: heilige Familien (freundliche Stimmung), Grotesken (sehr animiert), auch Porträts loco hübsche Frage. Hauptabsatz: hohe Klerisei und Finance. Sehr an Position gewonnen durch Beteiligung des Kleinkapitals mit Kompagnons: Pippi, Penni, Johann von Undine usw. Geographische Vertriebssphäre, Preiskourant usw." (W II, 266).

Dennoch ist die Gründerzeit nicht in jedem Falle reaktionär, weder im Sinne der romantischen Natursentimentalität des 19. Jahrhunderts, noch in der hymnischen Verherrlichung der älteren Rechte der Feudalität. Die Industrialisierung des ganzen Lebens schritt so mächtig vorwärts, daß sich das Problem der Arbeiterfrage, auch im ideologischen Sinne, nicht mehr übergehen ließ. Schließlich sind es die Jahre der im Kampf gegen den kleinbürgerlichen Lassalleanismus erstarkenden Sozialdemokratie, in denen das Klassen- und Wertebewußtsein der Arbeitermassen seinen ersten Höhepunkt erreicht. Daher kommt es auch in der Kunst, bewußt oder unbewußt, zu einer steigenden Entwertung der arbeitsfeindlichen Weltanschauungen, vor allem des verschwommenen Naturgefühls und des Rangstrebens der siebziger Jahre. Nur wo die Macht in den Regenbogenfarben der Ästhetik und dem poetischen Schein der Vergangenheit aufleuchtet, schwärmt Nietzsche für sie, wo sie ihm real gegenübertritt, weiß auch er nicht mehr zu verehren und liefert jedem Revolutionär ein Arsenal herrlichster Schimpfwörter. Neben Wilhelm Busch ist er wohl der rücksichtsloseste Pamphletist gegen die herrschenden Mächte dieser Jahre: Bismarck — Deutschlands Schneider. „Zwei Könige sehe ich — und nur einen Esel!" (VI, 355). „Den Herrschenden wandt ich den Rücken, als ich sah, was sie jetzt Herrschen nennen" (VI, 141). „Abseits vom Markte und Ruhme begibt sich alles Große: abseits vom Markte und Ruhme wohnen von je die Erfinder neuer Werte" (VI, 74). Die „sogenannte industrielle Kultur" ist „die gemeinste Daseinsform, die es bisher gegeben hat" (V, 77). Auch die Ausmalung des Machtmenschen im Bilde, als Raubtier, als Bestie, also als Tier, als Untermensch, ist ja im Grunde ebenfalls ein Zeichen von Mangel an Ehrfurcht, ein Zeichen von Zynismus. Man ziehe die ästhetische Verkleidung ab und man wird fühlen, wie stark die Würdigung Nietzsches von Macht und Vornehmheit bereits herabgestiegen ist.

Ähnlich ist es mit Böcklins Mythologie. Was seine Tritonen, Nereiden und Zentauren von griechischen Göttern unterscheidet, ist auch hier das Untermenschliche, die Realität und Glaubwürdigkeit des Tierischen. Trotz aller

Naturschwärmerei, aller Landschaftlichkeit und Sentimentalität ist es ein Staunen, das uns packt, wie uns im zoologischen Garten oder Aquarium seltsame Geschöpfe verblüffen und uns zugleich ihre Glaubwürdigkeit demonstrieren. Böcklin hat damit die Achtung vor dem Mythischen auf die Sachlichkeit des Zoologen herabgedrückt und so denselben Weg zur Objektivierung beschritten wie Nietzsche mit seiner das Heiligste sezierenden Psychologie. Respektlosigkeit — ein Weg über die Parodie zur Sachlichkeit. Dasselbe gilt für Leibl. Obwohl er seine Bauern nicht bei der Arbeit, sondern im Sonntagskostüm präsentiert, wird alles Wohnliche, Einladende, Mitfühlende vermieden. Wo sich Anekdotisches findet, geht es unter in der kühlen Entschleierung ihrer bäuerlichen Wesenheit und dem Besonderen ihrer Tracht. Das ist nicht mit dem zärtlichen Blick eines Heimatschutzlers gesehen, sondern eher mit dem beobachtenden eines Ethnologen oder Volkskundlers.

Wichtiger aber als diese steigende Versachlichung, die sich gegen das sentimentale Naturgefühl des frühen 19. Jahrhunderts richtet, das im Laufe der Zeit zu einem seelischen Komfort edler Müßiggänger geworden war, der positive Beitrag zur Entwicklung des menschlichen Geistes im Sinne einer neuen Wertung der Produktivität des Geistes und des Werkes als Produkt. Hier scheint sich eine neue Wertkategorie anzudeuten, die sich in einen deutlichen Gegensatz zu den bisherigen Rangvorstellungen stellt, und stattdessen das Schöpferische, die Leistung, das Erarbeitete in den Vordergrund rückt. So ist in Böcklins Memoiren, die seine Schüler übermittelt haben, weniger von Erlebnissen und Inspirationen die Rede als von Malrezepten, künstlerischen Arbeitsmethoden und Kompositionsprinzipien, warum diese Farbe hier, jene dort stehen müsse. Damit hört die Kunst auf, ein Bekenntnis oder Gefühlsausbruch zu sein und wird ein Werk, das Resultat einer überlegten Leistung. Das Problem der Form und zugleich die Problematik der Form werden wichtiger als das romantisch vertiefte Gefühl. Die Sachlichkeit eines Leibl hat immer wieder zu dem Urteil geführt: das ist gemalt, durchgearbeitet bis ins Letzte, bei aller scheinbaren Abmalung des Modells sorgfältig komponiert, geformt durch und durch. Diese Form ist nicht Lebensform, sondern Bildform, nicht die schöne Pose eines Modells oder einer Dame der Gesellschaft, sondern eine vom ganzen Bildzusammenhang geforderte Haltung. Als man Böcklin vorwarf, seine Gestalten seien oft verzeichnet, entgegnete er, daß es nicht auf die äußere, sondern die innere Richtigkeit ankäme, auf die Form und Farbfläche, die der Bildzusammenhang an dieser Stelle erfordere. Allen Bildern dieser Zeit sieht man an, welchen Wert sie auf die Technik legen, auf die formale Stimmigkeit im Großen und Kleinen. Von dem immer erneuten Übermalen seiner Bilder durch Marées war schon die Rede. Besonders gut läßt sich diese Bildkomposition als von den Personen unabhängiger Zusammenhang an Leibls „Zwei Dachauerinnen" erläutern. Beide sitzen dem Beschauer in einer offenen Haltung gegenüber, wie es einfache

Menschen im Sonntagskostüm tun, die sich dessen Bedeutung bewußt sind. Aber die Art, mit der hier die künstlerischen Akzente gesetzt sind, die Beschattung und Erhellung der Gesichter entsprechend dem Charakter und der Mimik der Frauen, wie die ganze Bildfläche gefüllt ist mit dem Bild an der Wand einerseits, dem Krug andererseits, dem dunklen Objekt auf hellem, dem hellen auf dunklem Grund, wie dadurch die ganze Bildfläche systematisch aufgeteilt wird, wie die Farben gewählt und verteilt sind: all das ergibt ein solches Kompositionsgefüge, daß dieses allein schon einen Bildeindruck, einen Augengenuß bietet, auf dem der eigentliche Wert des Bildes beruht. Auch Böcklins „Ruggiero und Angelika" sind weder der Form noch der Haltung nach schön, wie jedoch helles Fleisch und dunkle Rüstung nebeneinandergesetzt und zu einer einzigen, fast grotesken Silhouette zusammengezogen sind, wie die Farben sich steigern und sich dahinter ein prachtvoller Wolkenhimmel erhebt, wie der „Zentaur" in die Holzarchitektur vor dem Haus des Schmiedes eingebaut ist, mit gliederprallen Flächenbezügen, und alles scheinbar Unfarbige einen Flächenton erhält, wie in „Triton und Nereide" überall Gegensätze und Richtungsgleichheiten sich entsprechen und das Meer wie ein einziges Farbentremolo um die zusammengefaßten Gestalten wirbelt, das sind genau berechnete Bildwerte, die nur dadurch so wenig auffallen, weil sich das Gegenständliche und Anekdotische zu stark in den Vordergrund drängt.

Wie verwandt sind damit die Formprinzipien der gründerzeitlichen Musik. Auch hier eine gebändigte Fülle genau überlegter Kontraste, von Dur und Moll, piano und forte, Streicher- und Bläsergruppen, in denen das sich hemmungslos aussingende Gefühl, das Wagner zur Praxis der unendlichen Melodie verführte, in klare Bahnen geleitet wird. Selbst die romantischste aller Künste, die Musik, der bloße Klang, das Schwelgen in Stimmungen und schwermütigen Resignationen, erfährt so eine Straffung und Tektonisierung, die sie wieder zu Höchstem befähigt, zur Klassik eines Brahms, zur monumentalen Form eines Bruckner. Wie gearbeitet wirken ihre Werke neben allem, was vorher und nachher kommt. Hier herrscht nicht die stimmungsselige Inspiration eines Schumann oder Hugo Wolf, sondern der etwas schwere, bedächtige Geist von Künstlern, denen ihr Werk eine ständige Aufgabe ist und nicht ein Überfallenwerden von momentanen Eingebungen. Hier ist von vornherein Größtes gewollt, und zwar nicht nur aus Genieanspruch, sondern in allmählicher Aneignung aller kompositionellen Techniken. Wie gehämmert wirken manche Brahms-Motive, in denen eine augenblickliche Stimmung so stark motivisch verarbeitet ist, bis sie ihre letzte kompositionell brauchbare Form erhält. Liegt doch der 1. Symphonie von Brahms eine fast zwanzigjährige Werkstattarbeit zugrunde, der 1. Symphonie von Bruckner eine Reihe anderer, die er nicht in die Serie seiner gültigen Werke aufgenommen hat. Das Pathos, das hier zum Ausdruck kommt, ist daher nicht das von Gefühlsexplosionen, von einem persönlichen Berauschtsein, sondern wird in einer Klangarchitektur aufgefangen, die neben dem gefühlsmäßigen Aspekt sehr stark an das geistige Verstehen appelliert.

Auch in der Dichtung spielt die Form eine so große Rolle, daß sie die starken Gefühle und den gegenständlichen Reichtum in ein geistiges Gefüge bannt, das ihnen fast etwas Emblematisches, Inschriftenhaftes gibt. So handelt es sich in C. F. Meyers Gedichten nicht um die Harmonie einer gefälligen und geläufigen Form, sondern um die Überlegenheit in jedem Wort, in jedem Rhythmus, in jeder Versbeziehung und Sinnentsprechung. Was er im Auge hat, ist keine erleichternde Form, keine sangbare, sondern eine Konstruktion, die an die Auffassungsgabe des Lesers, sein nachschöpferisches Verständnis hohe Anforderungen stellt, die weniger das Gefühl erweckt als den Geist beansprucht. Dafür das Beispiel „Fülle" (I, 7):

> „Genug ist nicht genug! Gepriesen werde
> Der Herbst! Kein Ast, der seine Frucht entbehrte!
> Tief beugt sich mancher allzu reich beschwerte,
> Der Apfel fällt mit dumpfem Laut zur Erde.
>
> Genug ist nicht genug! Es lacht im Laube!
> Die saftge Pfirsche winkt dem durstgen Munde!
> Die trunknen Wespen summen in die Runde:
> ‚Genug ist nicht genug!' um eine Traube.
>
> Genug ist nicht genug' Mit vollen Zügen
> Schlürft Dichtergeist am Borne des Genusses,
> Das Herz, auch es bedarf des Überflusses,
> Genug kann nie und nimmermehr genügen!"

Auch Nietzsches Gedichte oder Prosalyrik wie der „Zarathustra" sind von einer außerordentlichen Künstlichkeit — Kunst als Schöpfung, Konstruktion verstanden und damit positiv genommen. Trotz aller Musikalität werden sie von einer Sinnschwere durchzogen, die nicht einwiegen, sondern aufrufen soll. In diesem Sinne sind die Sprüche Zarathustras höchste Kunst, deren tiefsinnige, vieldeutige, sprachmächtige und musikalische Wortkombinationen auch dann noch Wert behalten, wenn man sich über den Propheten und seine Lehre geärgert hat. Im Gedanklichen ist es das Geistreiche, das den Reiz seines unlogischen Denkens ausmacht, eines Denkers, der Gründe seiner Meinungen oft vergessen hat. Er hätte vieles nicht gesagt, wenn ihm nicht die witzige Formulierung mehr wert gewesen wäre als der Inhalt. Man denke an die Verse von Gottes Ehebruch oder die Zeilen (VI, 358):

> „Einstmals — ich glaub', im Jahr des Heiles Eins —
> Sprach die Sibylle, trunken sonder Weins:
> ‚Weh, nun gehts' schief!

> Verfall! Verfall! Nie sank die Welt so tief!
> Rom sank zur Hure und zur Huren-Bude,
> Rom's Caesar sank zum Vieh, Gott selbst — ward Jude!'"

Selbst in einem so schönen Gedicht wie „Mein Glück" fällt ihm die Freude am Bonmot in den Arm — „Französisch wärst du sein accent aigu?" (V, 358):

> „Die Tauben von San Marco seh' ich wieder:
> Still ist der Platz, Vormittag ruht darauf.
> In sanfter Kühle schick' ich müßig Lieder
> Gleich Taubenschwärmen in das Blau hinauf —
>   Und locke sie zurück,
> Noch einen Reim zu hängen in's Gefieder
>   — mein Glück! Mein Glück!
>
> Du stilles Himmels-Dach, blau-licht, von Seide,
> Wie schwebst du schirmend ob des bunten Bau's,
> Den ich — was sag ich! — liebe, fürchte, neide ...
> Die Seele wahrlich tränk' ich gern ihm aus!
>   Gäb' ich sie je zurück? —
> Nein, still davon, du Augen-Wunderweide!
>   — mein Glück! Mein Glück!
>
> Du strenger Turm, mit welchem Löwendrange
> Stiegst du empor hier, siegreich, sonder Müh'!
> Du überklingst den Platz mit tiefem Klange —:
> Französisch wärst du sein accent aigu?
>   Blieb ich gleich dir zurück,
> Ich wüßte, aus welch seidenweichem Zwange ...
>   — mein Glück! Mein Glück!"

Fort, fort Musik! Laß erst die Schatten dunkeln
Und wachsen bis zur braunen lauen Nacht!
Zum Tone ist's zu früh am Tag, noch funkeln
Die Gold-Zieraten nicht in Rosen-Pracht,
    Noch blieb viel Tag zurück,
Viel Tag für Dichten, Schleichen, Einsam-Munkeln
    — mein Glück! Mein Glück!

Aus der Gedanklichkeit, die bei Nietzsche oft über den Inhalt triumphiert, wird so eine l'art pour l'art des Gedankens, Freude an der Produktivität, dem Gedankenreichtum an sich — ein Spiel des Geistes.
Es ist kein Zufall, daß der Höhepunkt der Böcklin- und Nietzsche-Begeisterung, überhaupt der Gründerzeitrenaissance, nicht in die achtziger und neunziger Jahre

fällt, sondern in das erste Jahrzehnt des 20. Jahrhunderts, in eine Zeit, wo man durch Jugendstil und Neuklassizismus allen formalen Reizen eine besondere Empfänglichkeit entgegenbrachte. Stuck berief sich auf Böcklin, George auf Nietzsche, Reger auf Brahms, die Heimatkünstler auf Thoma, die Völkischen auf Lagarde: überall ist eine Aneignung im Gange, die auf den ersten Blick wie eine unmittelbare Fortsetzung des gleichen Geistes wirkt. Und doch zeichnen sich gerade in den Ähnlichkeiten die scharfen Gegensätze ab. Was in den siebziger Jahren noch prall und formerfüllt wirkt, weil überall ein kräftiger Realismus weiterwirkt, verblaßt um 1900 plötzlich ins Formalistische, wird zum Ornament oder zum pseudoreligiösen Schauer einer ganz im Ästhetischen versunkenen Literatengesellschaft, die die Werte des Heiligen und des Helden nur noch als Schmuck des Daseins empfindet, oder erfährt eine fortschreitende Zuspitzung ins Imperialistische wie bei den „Völkischen" dieser Jahre. Damit ist nicht nur ein geistiger, sondern auch ein künstlerischer Abstieg verbunden. Man stelle Böcklin neben Stuck, Conrad Ferdinand Meyer neben Paul Ernst, Brahms neben Reger, Nietzsche neben George, Bruckner neben Pfitzner, Thoma neben Boehle, Marées neben Erler, Leibl neben Makkensen, um nur ein paar gleichgeartete Künstler herauszugreifen, und man spürt sofort den Unterschied des Niveaus, den Abstieg in jeder Weise. Dort eine Fülle charaktervoller Einzelpersönlichkeiten, die zum Teil in die Weltkultur eingegangen sind, hier eine Reihe krampfhaft bemühter Stiltalente und Lokalgrößen, deren Namen nur noch die Fachwelt beschäftigt. Dasselbe gilt auf wissenschaftlichem Gebiet. Obwohl das Jüngere den Vorteil des Aktuellen hat, erinnert man sich auch hier eher an Namen wie Justi, Treitschke, Dilthey und Grimm als an Chamberlain, Simmel oder Natorp, mag man zu den Inhalten beider Richtungen stehen, wie man will. Das soll weder eine Ehrenrettung noch eine Verteidigung sein. Die Kunst dieser Jahre hat eine solche noch nie nötig gehabt. Bei der Wissenschaft ist man sich stets über den geistigen Rang einig gewesen, was noch nicht alles ist, aber wenigstens die Beschäftigung damit legitimiert.

Rudolf Henneberg: Die Jagd nach dem Glück (um 1870).
Berlin, Nationalgalerie (Ost).

Hans Makart: Atelier (um 1875). Wien.

Hans Makart: Einzug Karls V. in Antwerpen (1878). Hamburg, Kunsthalle.

Gabriel von Seidl: Künstlerhaus, Festsaal (1900). München.

Anselm Feuerbach: Das Konzert (1878). Zerstört, früher Berlin, Nationalgalerie.

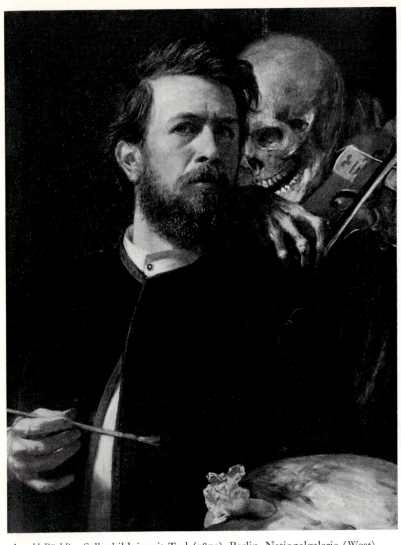

Arnold Böcklin: Selbstbildnis mit Tod (1872). Berlin, Nationalgalerie (West).

Hans Thoma: Selbstbildnis (1875). Karlsruhe, Staatliche Kunsthalle.

Arnold Böcklin: Das Drama (um 1880).

Arnold Böcklin: Euterpe (1872). Darmstadt, Hessisches Landesmuseum.

Anselm Feuerbach: Nanna als Lukrezia (1866).
Frankfurt, Städelsches Kunstinstitut.

Hans von Marées: Selbstbildnis (1874). Berlin, Nationalgalerie (West).

Wilhelm Leibl: Freiherr von Perfall als Jäger (1876).
Zerstört, früher Berlin, Nationalgalerie.

Wilhelm Leibl: Zwei Dachauerinnen (1875).
Zerstört, früher Berlin, Nationalgalerie.

Hans von Marées: Doppelbildnis Marées und Lenbach (1863).
München, Bayerische Staatsgemäldesammlungen.

Hans Thoma: Mutter und Schwester (1866). Karlsruhe, Staatliche Kunsthalle.

Wilhelm Leibl: Drei Frauen in der Kirche (1878–1881).
Hamburg, Kunsthalle.

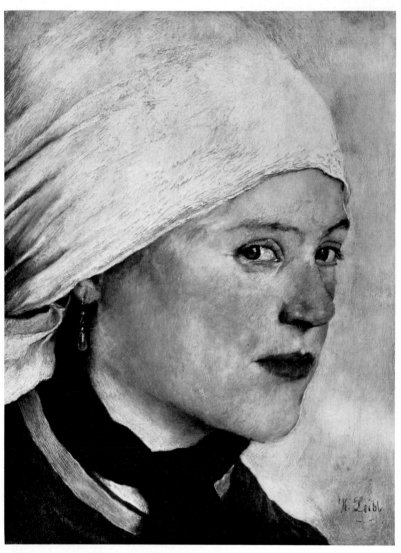

Wilhelm Leibl: Mädchen mit Kopftuch (1877).
München, Bayerische Staatsgemäldesammlungen.

Arnold Böcklin: Der Bildhauer Joseph von Kopf (1863).
Berlin, Nationalgalerie (West).

Arnold Böcklin: Der Abenteurer (1882). Bremen, Kunsthalle.

Arnold Böcklin: Zentaurenkampf (1873). Basel, Kunstmuseum.

Arnold Böcklin: Ruggiero und Angelika (1879).
Verschollen, früher Düsseldorf, Kunstmuseum.

Anselm Feuerbach: Ricordo di Tivoli (1867). Berlin, Nationalgalerie (West).

Hans von Marées: Drachentöter (1880). Berlin, Nationalgalerie (West).

Wilhelm Leibl: Wildschützen (1882–1886). Berlin, Nationalgalerie (West).

Wilhelm Leibl: Das ungleiche Paar (1873). Frankfurt, Städelsches Kunstinstitut.

Anselm Feuerbach: Das Urteil des Paris (1870). Hamburg, Kunsthalle.

Hans von Marées: Die Hesperiden (1884–1887).
München, Bayerische Staatsgemäldesammlungen.

Hans von Marées: Rosseführer und Nymphe (1883).
München, Bayerische Staatsgemäldesammlungen.

Arnold Böcklin: Frau Böcklin als Muse (1864). Basel, Kunstmuseum.

Anselm Feuerbach: Des Künstlers Stiefmutter (1878).
Berlin, Nationalgalerie (West).

Anton von Werner: Die Kaiserproklamation in Versailles (1877).
Früher Berlin, Stadtschloß.

Hans Makart: Charlotte Wolter als Messalina (1878).
Wien, Historisches Museum.

Franz von Lenbach: Bismarck (um 1890).

Anselm Feuerbach: Medea (1870). München, Bayerische Staatsgemäldesammlungen.

Arnold Böcklin: Triton und Nereide (1875).

Arnold Böcklin: Meeresbrandung (1879). Berlin, Nationalgalerie (West).

Anselm Feuerbach: Iphigenie (1871). Stuttgart, Staatsgalerie.

Hans Thoma: Der Dorfgeiger (1871).

Anselm Feuerbach: Das Gastmahl (1873). Berlin, Nationalgalerie (Ost).

Franz von Defregger: Heimkehrender Tiroler Landsturm (1876).
Berlin, Nationalgalerie (West).

ANHANG

LITERATURNACHWEISE

Folgende Werke und Gesamtausgaben sind im Text nur nach ihrer Band- und Seitenzahl zitiert: Julius Allgeyer, Anselm Feuerbach, 2. Aufl., Berlin und Stuttgart 1904; Ludwig Anzengruber, Werke in 14 Teilen, hrsg. v. A. Bettelheim, Berlin o. J.; Wilhelm Busch, Sämtliche Werke, hrsg. v. O. Nöldeke, München 1943; Wilhelm Dilthey, Gesammelte Schriften, Stuttgart 1957–1960; Herman Grimm, Zehn ausgewählte Essays zur Einführung in das Studium der modernen Kunst, Berlin 1871 (zitiert als Zehn Essays); derselbe, Beiträge zur deutschen Kulturgeschichte, Berlin 1897 (zitiert als Beiträge); Robert Hamerling, Werke in vier Bänden, hrsg. v. M. Rabenlechner, 3. Aufl., Leipzig o. J.; Paul Heyse, Gesammelte Werke, Berlin 1882 ff.; Carl Justi, Diego Velazquez und sein Jahrhundert, Bonn 1888 (manche Stellen leicht abweichend nach der 3. Aufl., Bonn 1922); Paul de Lagarde, Deutsche Schriften, 4. Aufl., München 1940; Conrad Ferdinand Meyer, Werke, hrsg. v. H. Engelhard, Stuttgart 1960; Friedrich Nietzsche, Werke in zwei Abteilungen, Leipzig 1910 ff.; Friedrich Spielhagen, Sämtliche Romane, Leipzig 1901; Robert Stiassny, Hans Makart und seine bleibende Bedeutung, Wien 1886; Heinrich von Treitschke, Deutsche Geschichte im 19. Jahrhundert, 3. Aufl., Leipzig 1882 ff.; Wilhelm Waetzoldt, Deutsche Kunsthistoriker, Leipzig 1924 (zitiert als W). Alle anderen Werke werden nach ihrer Erstauflage zitiert, deren Jahreszahl jeweils hinter dem Titel vermerkt ist. Wenn spätere Auflagen benutzt sind, findet sich stets ein besonderer Hinweis.

QUELLENNACHWEISE DER ABBILDUNGEN

Basel, Kunstmuseum, Foto Spreng: 216 (unten), 224
Berlin, Akademie der Künste (Ost): 205
Berlin, Nationalgalerie (Ost): 211, 217, 220, 226 (oben), 231, 232 (oben)
Berlin, Nationalgalerie (West), Foto Steinkopf: 209, 215, 225
Darmstadt, Hessisches Landesmuseum, Gemäldegalerie: 207
Düsseldorf, Foto Dr. Stoedtner: 201 (oben), 201 (unten), 206, 227
Frankfurt, Städelsches Kunstinstitut, Foto Busch-Hauck: 208
Hamburg, Kunsthalle, Foto Kleinhempel: 202 (oben), 222 (oben)
Karlsruhe, Staatliche Kunsthalle: 212 (unten)
Marburg, Bildarchiv Foto Marburg: 202 (unten), 203, 204, 210, 213,
   216 (oben), 218, 221, 228 (oben), 228 (unten), 229, 232 (unten)
München, Bayerische Staatsgemäldesammlungen: 212 (oben), 214,
   222 (unten), 223
Stuttgart, Staatsgalerie: 230
Wien, Historisches Museum der Stadt Wien: 268

226 ?
unten

NAMENREGISTER